U0672995

历史合力论视域下
高校思想政治理论课协同育人
的建构路径研究

曹银忠　黄晓利　｜ 等 著
覃优军　马静音

人民出版社

目　　录

导　　论

　　高校思想政治理论课关系到"培养什么人、怎样培养人、为谁培养人"这一根本性问题。当前,不仅要充分发挥思想政治理论课对大学生思想引领的主渠道作用,也要尽力发挥其他专业课程和行政职能部门的思想政治教育优势,使其与思想政治理论课同向同行,共同构成协同育人新局面。"没有革命的理论,就不会有革命的运动"①。科学理论指导下的具体路径建构是推动高校思想政治理论课协同育人新局面出现的重要动力。历史合力论作为马克思主义理论的重要内容,它从宏观与微观两个层面对推动社会发展的合力进行了系统研究与深入剖析,其关于推动社会发展的力与合力的重要思想时至今日依然具有重要的方法论指导意义,高度契合新时代高校思想政治理论课协同育人的路径构建。高校思想政治理论课是多种因素交互施力的产物,其中宏观要素和中观要素构成协同育人的外生动力,微观要素构成内生动力,内生动力与外生动力在彼此协调和相互转换中共同化生为协同育人的总动力。因此,以历史合力论为理论基础和指导,深刻剖析高校思想政治理论课协同育人的合力构成,搭建历史合力论与"协同育人"的互动机制,从而优化高校思想政治理论课协同育人的发展模式和育人效果,推动高校思想政治理论课育人模式创新升级,这既符合新时代高校思想政治教育创新发展和教学效果优化的内在要求,也契合互联网发展新形势下大学生思想政治教育的发展趋势。

第一节　问题缘起

　　思想政治理论课作为高校落实立德树人根本任务的关键课程和核心阵

---

① 《列宁选集》第 1 卷,人民出版社 2012 年版,第 153 页。

地,必须与时俱进,随着时代的发展而不断发展。历史合力论为我们认识、推动复杂事物的发展动力提供了理论指导,具有重要的方法论意义。高校思想政治教育本身是一个庞大且复杂多样的机制体系,借助历史合力论能够在合理认识系统内部各子系统作用的同时,科学处理其内部关系,整合各种资源,从而形成系统内部和系统之间齐抓共管的合力,构建起高校思想政治理论课协同育人的科学体系。

问题是时代的口号。下面,本书将从"何以所需"和"何以可为"两个维度对历史合力论视域下高校思想政治理论课协同育人的路径建构研究的问题缘起展开具体探讨。

一、何以所需

历史合力论视域下高校思想政治理论课协同育人路径构建既是顺应时代发展新要求、适应学生成长新特点、满足国家思想政治教育新需要的重要举措,也是高校思想政治理论课自我革新与发展的必由之路。

(一) 源于高校思想政治教育协同育人发展的必要性

20 世纪以来,第三次科技革命席卷全球,信息化的革命性变革正发生在人类社会生活的各个领域,深刻重塑了人类社会生活的方方面面。值此背景下,高校思想政治教育不再是一种只有教师教与学生学的封闭单一的教学循环,网络信息技术深度参与到高校思想政治教育课程,逐渐形成科学技术支持下的教学互动新模式,开放性、多样性、创新性成为其显著特点。当前高校思想政治教育的发展处于多种要素共同作用和影响之下,如科学技术手段、教师角色、教学理念、教学模式、学生角色、管理体系、其他学科的创新发展,等等。要使高校思想政治教育效果最大化、最优化,则必须捋顺和整合其要素与要素之间、子系统与子系统之间的关系,使其在各自发挥出最大作用的同时达到协调和整体效果的最优化。而协同发展理念就是要将各子系统要素放在整个高校思想政治教育系统中,在充分发挥各自优势的基础上加强各要素主体之间的联系,实现合作性的优势互补,以达到协同育人的目标。高校思想政治理论课协同育人就是要立足信息技术,顺应时代发展要求,通过深入研究影响思想政治教育发展与效果的重要因素,开展并推动高校思想政治理论课的教学模式变革。但需要注意的是,协同育人绝不只是各种要素的简单组合与叠加,而是在优化各要素的基础上重新建构新的教学体系与教育模式,在传统模式的基础上达到新的质的飞跃,致力于建构的是高校思想政治教育课程内部的各要素、各系统、各结构乃至于高校思想政治理论课与其他学科之间的由此及彼、由内而外的相互影响与积极联系。与此同时,一方面,网络信息技术为高校思想政治教育协同发展提供了强有力的技术支持,不仅使得弥合不同区域之间的教育鸿沟成为可能,也能够在极大程度上实现教学资源共享并提高资源利用效率;另一方面,历史合力论指导下的思想政治教育协同发展具有强大的内生动力和无限可能,从思想政治教育所内含的教育主客体的互动优化、结构要素的升级优化、思想观念的创新发展到学科视野的拓展优化等,都为思想政治理论课协同育人带来了更多的发展潜能和可能。最后,从本质上来看,高校思想政治教育的根本任务是铸魂育人,所有教学模式、教学理念或教学方法的变革都是围绕着这一根本目的而展开的。新时代,思想政治教育的根本目的没有变,但教学模式、教学理念和教学方法却必须随着时代的发展作出时代的回应,而高校思想政治理论课协同育人就是对时代发展的一种及时回应。

（二）源于高校思想政治理论课协同育人的理论指导与创新需要

客观而言,传统的思想政治教育模式已经不能满足国家对于人才培养的新需求,不能适应新一代青年学生成长学习的新特点与新需要,加强高校思想政治理论课教学及教育模式的改革刻不容缓。高校思想政治理论课协同育人本质上就是对高校思想政治理论课教学改革的一种有效探索。改革本身的复杂性和艰巨性要求必须以科学理论为指导,并成为推动改革实践的重要动力和指南针。因此,从理论指导的层面来讲,高校思想政治教育理论课协同育人的路径构建首先必须明确科学的理论指导,并丰富发展高校思想政治教育理论课协同育人的教学理论。当然,在对这一课题进行研究时,应该在厘清高校思想政治教育理论课协同育人基本概念的基础上,从高校思想政治教育理论课协同育人的理念、主体、教学模式、教学方法、教学内容、教师队伍以及考核机制等方面构建起系统全面的协同育人理论体系,进而以这一理论指导并推动高校思想政治教育协同育人整体路径的建构和发展。在理论指导实践的过程中,协同育人教学实践也会反过来促进理论的进一步创新发展与完善。总而言之,根本目的都是为了能够充分调动高校思想政治教育内部各因素的积极性,充分利用并整合校内的思想政治教育资源,搭建好思政课教师与辅导员队伍、思想政治理论课与其他各类课程协同育人的桥梁,并争取校内外教育资源的有机联动以实现校内外协同育人。

(三) 源于高校思想政治理论课培养时代新人、守好意识形态阵地的时代使命

高校思想政治理论课一方面要为国家富强、民族复兴培养信念坚定、本领过硬的优秀人才,另一方面则要充分认识并切实加强大学生意识形态安全教育,坚守意识形态主阵地。而在万物互联的信息时代,面对更加开放创新、自信独立的新一代青少年,传统的思想政治教育课程单一且固定的教学模式显然难以引起他们的学习兴趣并达到思想引领或共鸣的教育效果,仅仅依靠思想政治教育一方的力量也难以形成良好的教育环境和共振效应。高校思想政治理论课协同育人就是在结合互联网新媒体技术创新教学模式的基础上坚持全员育人、全过程育人、全方位育人,并从高校思想政治教育全局出发协同整合利用好校内外的优秀教育资源,形成教育合力,以使协同育人机制能够成为实现新时代高校思想政治教育时代使命的强大推动力。

其一,高校思想政治理论课协同育人能够更好地坚持以人为本的理念,适应和满足青年学生的成长特点和学习需求,实现培养时代新人的教育目标。高校思想政治理论课协同育人坚持"育人为本"的理念,这意味着在教学过程中要将思想政治理论课的课程目标与满足学生自身的成长需求和期待结合起来,意味着教育主体在教学过程中要将理论教学与实践教学结合起来。首先,高校思想政治理论课协同育人表现在教育主体与教育客体之间的相互理解与

尊重。教育主体在对教育客体实施教育活动之前,必须了解教育客体的学习需求、学习特点,形成关于教育客体学习特点、需求等方面的整体认识,然后据此调整教学内容的表达形式和教学模式、方法等,从而实现高校思想政治理论课整体教学的与时俱进。其次,高校思想政治理论课协同育人表现在理论教学与实践教学的融合共生。思想政治理论课就是要让青年学生在坚定马克思主义信仰的同时,形成正确的世界观、人生观、价值观,并学会运用马克思主义基本立场、观点和方法认识世界和改造世界。在这一过程中,教育主体对教育客体单纯地进行理论讲解或灌输,则很难让理论入脑入心。因此,只有在讲解理论的同时与实践结合起来,使大学生更加具象地理解、感知理论的科学性与重要性,才能够使他们更加自觉地学习和接受理论,实现对理论的内化和认同,并最终外化为生活中的自觉行动。此时,高校思想政治理论课协同育人才真正实现了培养社会主义合格建设者与接班人的目标。

其二,高校思想政治理论课协同育人能够更好地筑牢意识形态防线,巩固马克思主义在意识形态领域的话语权和指导地位。在过去数年,全球范围内新冠病毒疫情阴霾笼罩,世界局势波诡云谲,不确定性、不稳定性因素明显增多,而西方国家虽然深受疫情困扰,但仍不忘运用各种手段对我国大学生群体进行意识形态渗透。统一的思想具有凝聚共识、团结人心的强大力量,一旦思想防线被攻破,其他防线也就犹如"马奇诺防线"不堪一击。苏联解体的惨痛历史教训更是警醒我们,指导思想一旦动摇,就会有亡党亡国的危险,我们绝不能重蹈覆辙。因此,必须始终高度重视意识形态工作。高校作为意识形态斗争的前沿阵地,必须在结合意识形态教育工作特点的基础上,充分利用网络媒体新技术,协同思想政治理论课与专业课、校内与校外等充分调动各方力量并构建起全方位的意识形态安全防线。从守好意识形态的角度来看,思想政治理论课协同育人首先就意味着课程教学与网络新媒体的协同联动,而这又包含两个层面的意思:一是在互联网信息技术快速发展普及的今天,思想政治教育课程教学既要能够充分利用各种新技术为课程教学带来的便利,也要能够识别新技术背后是否隐藏着意识形态的圈套或陷阱,教师要有能力帮助大学生进行识别与判断;二是面对互联网媒体报道的各种"舆情事件",教师要引导大学生正确理性地看待,帮助大学生坚定思想定力,不盲从不跟风,不被别有用心的人蒙骗。其次,思想政治理论课协同育人也意味着思想政治理论课与其他专业乃至社会诸多群体的协同联动。要通过协同教育的方式扩大意识形态理论影响灌输的广度和深度,加强受教育者的意识形态敏感性,使其能够自觉捍卫社会主义主流意识形态。通过思想政治理论课和专业课中有意识或无意识的价值引导、理论灌输等方式,坚定广大青年学生的政治方向,提高其政治判断力、政治领悟力、政治执行力,增强其政治归属感和认同感。通过学校与社会的协同联动,在全社会不断巩固马克思主义在我国意识形态领域的根本指导地位,激励大学生自觉贯彻落实党和国家的各项方针、政策和路线。

二、何以可为

科学技术的发展与党和国家的重视推动是高校思想政治理论课协同育人路径构建的外在动力,历史合力论与高校思想政治教育协同育人的本质契合则是其路径构建的内生动力,这就为高校思想政治理论课协同育人的路径构建提供了政策支持、技术支持和理论支持,使得高校思想政治理论课协同育人大有可为。

(一) 党和国家对高校思想政治教育协同育人的高度重视

教育是国之大计、党之大计。思想政治理论课作为落实立德树人根本任务的关键课程,在其中发挥着不可替代的重要作用。思想政治教育建设与发展作为意识形态工作的重要抓手始终摆在国家发展战略的重要位置之上。莲发藕生,必定有根;大国复兴,必定有魂。为了应对新形势、新任务、新挑战,弥补高校思想政治理论课存在的短板与不足,全面提高思想政治理论课的质量和水平,党的十八大以来党中央作出了一系列重大决策和部署,通过出台相关政策法规为高校思想政治理论课高质量发展提供了强有力的政策支持。

2015 年,中宣部和教育部联合印发的《普通高校思想政治理论课建设体系创新计划》指出,"坚持思想政治理论课与专业课相结合,注重发挥所有课程的育人功能,所有教师的育人职责"。这本质上就是思想政治理论课与专业课协同育人的政策先导,扩大了思想政治理论课的育人范围,挖掘专业课中蕴含的思想政治教育信息,能够进一步加强思想政治教育效果,提升思想政治教育质量与水平。2016 年 12 月,习近平总书记在全国高校思想政治工作会议上指出:"要用好课堂教学这个主渠道,思想政治理论课要坚持在改进中加强,提升思想政治教育亲和力和针对性,满足学生成长发展的需求和期待,其他各门课都要守好一段渠、种好责任田,使各类课程与思想政治理论课同向同行,形成协同效应。"①这进一步明确了思想政治理论课与其他各类课程协同发展的前进方向。2019 年 3 月,习近平总书记在学校思想政治理论课教师座谈会上再次强调:"各级党委要把思想政治理论课建设摆上重要议程,抓住制约思政课建设的突出问题,在工作格局、队伍建设、支持保障等方面采取有效措施。要建立党委统一领导、党政齐抓共管、有关部门各负其责、全社会协同配合的工作格局,推动形成全党全社会努力办好思政课、教师认真讲好思政课、学生积极学好思政课的良好氛围。"②同年 8 月,中共中央办公厅、国务院办公厅印发《关于深化新时代学校思想政治理论课改革创新的若干意见》再次指出,要坚持思政课在课程体系中的政治引领和价值引领作用,统筹大中小学思政课一体化建设,推动各类课程与思政课建设形成协同效应。政策变化发展的背后是党和国家对思想政治理论课发展方向的总体把握和引导,即从教育主体、教育客体、教育载体、教育环境等多个角度为高校思想政治理论课协同育人提供解决思路,成为高校思想政治理论课协同育人的重要行动指南和根本遵循,更是支持和推动高校思想政治理论课实现向协同育人模式创新转变的重要政策保证和动力。

---

　　① 《习近平在全国高校思想政治工作会议上强调:把思想政治工作贯穿教育教学全过程 开创我国高等教育事业发展新局面》,《人民日报》2016 年 12 月 9 日第 1 版。

　　② 《习近平主持召开学校思想政治理论课教师座谈会强调:用新时代中国特色社会主义思想铸魂育人　贯彻党的教育方针落实立德树人根本任务》,《人民日报》2019 年 3 月 19 日第 1 版。

（二）历史合力论为促进高校思想政治理论课协同育人提供方法论指导

恩格斯晚年提出的历史合力论,既是对唯物史观的重要补充,也是对马克思主义的深化和发展。历史合力论是将复杂的社会历史发展看作一个由各个子系统共同构成的有机整体,通过对推动其发展的各种因素的作用与地位的科学研究和分析,形成人们认识和推动社会历史发展的科学理论,恩格斯特别强调了合力在社会历史发展中的重要作用。纵使时代快速发展,社会发生深刻变革,历史合力论作为马克思主义理论的重要组成部分,仍然能够为我们认识和处理现实问题提供科学的世界观与方法论。首先,历史合力论要求我们必须以整体思维认识高校思想政治理论课协同育人,构建思想政治理论课协同的整体合力。将高校思想政治教育看作一个完整的系统,充分认识系统中教育主体、教育客体、教育载体和教育环境四个子系统的优势,探索最佳的结合方式,既发挥各个子系统的最大力量,又充分建立起子系统之间的良性互动和相互影响,最终形成思想政治教育的整体合力。其次,高校思想政治理论课协同育人必须坚持合目的性与合规律性相统一的原则。历史主体选择性的实现程度取决于它合规律性的程度。就高校思想政治理论课协同育人来讲,教育主体所采取的改革措施必须尊重思想政治教育发展规律、大学生成长成才规律,不能犯机械主义的错误,在尊重规律的基础上充分发挥人的主观能动性。高校思想政治理论课协同育人本身也是一个自然历史过程,它是客观的、不以人的意志为转移的,我们应该努力探寻其发展规律,在合乎规律的基础上促进其发展。最后,高校思想政治理论课协同育人要注意把握合力的最优方向。整体合力是由许许多多的分力构成的,如果要使整体合力的方向最优,就一定要对各分力的方向施加影响。就高校思想政治教育而言,要使其整体合力达到最优,就要注意通过宣传教育等方式形成教育向心力和凝聚力,协调好校内外的优秀教育资源,形成全校、全社会的整体联动。

（三）互联网信息技术为高校思想政治理论课协同发展提供了强有力的技术支持

　　蓬勃发展的互联网不仅深刻改变了人类的生产生活方式,也极大地影响着人类的思维模式和学习范式,掀起教育领域的革命性变革。因此,因时而进、顺势而为就是"要运用新媒体新技术使工作活起来,推动思想政治工作传统优势同信息技术高度融合"①。新媒体技术的加持,对于协同育人无异于如虎添翼。首先,互联网能够帮助实现高校思想政治教育的个性化、智慧化发展,全面提高协同育人成效。立足丰富的教育资源,利用网络技术搭建线上学习平台,通过公众号建设、数字化教学等多种方式增强思想政治教育的时效性、新颖性,充分调动学生的学习兴趣。同时,利用互联网、大数据和人工智能等技术优势建构智慧思政系统,革新教育理念,创新教学内容与方式,助力智慧课堂的形成与发展,增强高校思想政治教育课程的吸引力。其次,利用新媒体技术能够打破高校思想政治教育协同发展的时空界域,加速教育教学资源的时空流动,提高资源配置和利用效率,实现全球优质资源的共建共享,从而在很大程度上缩小不同地区、不同领域之间的"教育鸿沟"。并且,互联网与高校思想政治教育的进一步融合也能够在很大程度上促进整体制度的更新。最后,互联网在思想政治教育工作中的广泛应用,能够增强思想政治理论课教师的自我革新能力和协同育人的思想意识。互联网时代的迅速发展要求思想政治理论课教师不断加强信息技术应用能力和学习方式与认知更新,通过对教材教法的深入钻研、对学生的准确把握以及对协同教育理念的自觉践行,不断增强育德育心意识和育人铸魂能力。

第二节　国内外相关研究状况

　　梳理概括国内外学者关于高校思想政治教育协同育人研究,厘清当前研

----

　　① 《习近平在全国高校思想政治工作会议上强调:把思想政治工作贯穿教育教学全过程 开创我国高等教育事业发展新局面》,《人民日报》2016 年 12 月 9 日第 1 版。

究的重点、热点、难点,发现既有研究的薄弱处与空白点,能够为本研究提供有益参考。

一、国内研究综述

近年来,党中央通过召开重要会议、发表重要讲话、出台政策文件等多种方式反复强调构建高校思想政治教育协同育人格局的重要性和必要性。在这样的时代背景下,学界对高校思想政治教育协同育人的研究明显呈现升温趋势。截至 2021 年 10 月,以"思想政治协同育人"为关键词在中国知网上进行检索,其中有效的相关期刊文章 1376 篇,博硕士论文 71 篇。梳理发现,学者们对高校思想政治教育协同育人的研究主要集中于以下几个方面。

(一)高校思想政治教育协同育人的基本问题阐释

1. 高校思想政治教育协同育人研究的理论视角

关于高校思想政治教育协同育人的理论视角,国内学者主要围绕协同论、整体性理论以及合力论展开,但不同学者的着重点有所不同。

第一,以协同论为基础的高校思想政治教育协同育人研究,主要从协同理论和协同创新理论这两个维度展开。其一,以协同理论为研究视角。孔卓、朱江、黄华、杜鹃等学者对协同理论的一般原理进行详细阐释,指出其核心思想是"协同导致有序"。[①] 徐长忠从目标一致性、系统开放性以及合作的多元性阐发了协同理论与大学生思想政治教育具有的内在联系。[②] 高雅、鲁宽民详细分析了协同理论中的不稳定性原理、伺服原理、自组织原理如何影响思想政治教育的实效性,并在协同理论的指导下对提升思想政治教育的实效性进行

---

① 孔卓、朱江:《高校思想政治教育工作协同育人机制研究》,《绥化学院学报》2017 年第 12 期;黄华、杜娟:《基于协同理论的高校大思政教育创新路径研究》,《湖北开放职业学院学报》2020 年第 21 期。

② 徐长忠:《协同理论视域下的大学生思想政治教育创新研究》,《吉林广播电视大学学报》2019 年第 5 期。

了路径探索。① 杨咏在指出协同及协同理论价值内涵的基础上,从理论和实践两个维度揭示其与研究生思想政治教育的契合性,认为促进思想政治教育内部各子系统的协同配合能够极大地促进研究生思想政治教育的协同效应和目标利益的最大化。② 其二,以协同创新理论为研究视角。王海建强调协同创新理论在促进高校思想政治教育创新发展、高质量发展中具有重要作用,并从高校思想政治教育协同创新观念、队伍建设及机制构建等方面进行了实践探索。③ 王学俭、李晓莉以协同创新理论为研究基础,从宏观和微观两个角度对思想政治教育协同创新的育人机制进行研究,通过育人理念、原则、方法、模式、实践、反思等环节构筑起协同创新思想政治教育实现其教育价值的完整链条。④

第二,以整体性理论为支撑对思想政治教育协同育人进行研究。王学俭、顾超基于整体性理论深入考察思想政治教育转型发展过程中存在的各种问题,认为整体性理论契合思想政治教育协同创新的发展要求,并在这一理论的指导下从重塑价值目标、完善教育内容、引导部门协作、统筹利益诉求、协调内外环境、注重团队发展等方面建构兼具整体性、统一性和综合性的思想政治教育协同创新模式。⑤ 李友富在整体性思想的指导下认为构建共同愿景、完善协同机制和实施平台战略是做好思想政治教育工作的三个着力点。⑥ 刘俊峰、王晓珊则从界定“目标”和“需求”两个变量出发,深入探讨了高校思想政治教育整体协同的内在关系,并基于此从价值导向、资源配置、基层组织能力等方面探索建立思想政治教育整体协同长效机制的现实路径。⑦

————————————

①　高雅、鲁宽民:《协同理论视域下大学生思想政治教育实效性提升分析》,《西安文理学院学报(社会科学版)》2016 年第 1 期。

②　杨咏:《研究生思想政治教育协同育人机制的构建》,《高等农业教育》2015 年第 5 期。

③　王海建:《协同创新:高校思想政治教育创新发展的必然路径》,《探索》2013 年第 1 期。

④　王学俭、李晓莉:《思想政治教育协同创新的育人机制探析》,《教学与研究》2015 年第 10 期。

⑤　王学俭、顾超:《思想政治教育整体性协同创新》,《湖北社会科学》2016 年第 12 期。

⑥　李友富:《论整体协同把握思想政治教育的三个着力点》,《学术论坛》2015 年第 5 期。

⑦　刘俊峰、王晓珊:《构建大学生思想政治教育整体协同机制探究》,《学校党建与思想教育》2015 年第 1 期。

目前以合力论为指导的大学生思想政治教育合力研究成果比较多,历史合力论指导下的高校思想政治教育协同育人的相关研究却非常少,但这两者研究本质上的一致性使得已有研究对历史合力论指导下高校思想政治教育协同育人研究具有重要的参考和借鉴意义,其研究不足与空白也是合力论指导下高校思想政治教育协同育人研究的重要创新点和发展点。比如,王金利认为大学生思想政治教育合力是指大学生思想政治教育系统内各构成要素及其环境系统相互作用,在运行过程中产生的新的教育力量。[1] 刘社欣指出,缺乏政治意识、合力意识,主观合力难以转化为现实合力,整体合力尚未形成是促进思想政治教育合力的阻碍。[2] 周光耀认为高校思想政治教育合力育人机制的构建必须从战略全局的高度出发,整合利用各种资源,以协调联动的张力形成思想政治教育的合力。[3] 此外,学者还从思想政治教育的内容、方法等方面进行了研究。总的来看,既有研究主要集中于思想政治教育本身的整体合力构建,缺乏新时代构建"大思政"格局的认识高度,理论研究也不够深入,仍需做出更多努力。

2. 高校思想政治教育协同育人的内涵

目前学界关于高校思想政治教育协同育人的内涵界定尚未达成一致意见,学者在对其内涵进行阐释时主要立足于协同理论的基本内涵以及协同理论在多学科、多领域交叉应用后所产生的具有教育借鉴意义的新内涵。对高校思想政治教育协同育人特征的分析则更多基于协同理论与思想政治教育融合后的整体认识与思考。

第一,关于协同育人内涵的研究。袁小平从广义角度上将"协同育人"定义为在开放市场经济体制下,两个或两个以上的不同资源或个体,基于社会和用人单位的需求,在系统内坚持资源共享、优势互补、责任分担、利益互赢、能量积蓄的原则,共同培养符合社会需要的高技能人才的有效互动过程或活动,

① 王金利:《大学生思想政治教育合力论》,博士学位论文,天津师范大学,2007 年。
② 刘社欣:《思想政治教育合力研究》,人民出版社 2013 年版,第 149 页。
③ 周光耀:《高校思想政治教育合力育人机制思考》,《黑龙江高教研究》2012 年第 9 期。

并认为系统性、开放性、互动性以及融合性是协同育人的基本特征。① 孙建从高校角度出发,认为协同育人是指高校各子系统通过环境条件的改变,使新的序参量出现,从而形成各育人目标相互配合、各部门相互协调、资源实现优化配置的有序结构。② 由此可以看出,协同育人强调的是教育主体内部各子系统或要素之间通过协调配合达到整体教育效果的最大化、最优化。

第二,关于思想政治教育协同育人内涵的研究。李玉强认为高校思想政治教育协同育人就是"聚溪流以成海",协调各个要素共同为大学生思政教育服务。③ 肖宝佳、潘援从思想政治教育课程出发,认为协同育人本质上就是在教育过程中合理配置和利用各方面优质资源,全方位合作,有效完成教学目标的教育理念。④ 崔江婉认为思想政治教育协同育人是一个动态的发展过程,总体目标是培养全面发展的社会主义合格建设者和可靠接班人,主要内容包括教育的主体、内容、目标、途径、环境和管理六方面。⑤

第三,关于思想政治教育协同创新育人内涵的研究。王学俭、李晓莉认为,现代化趋势、多元化趋势、互通化趋势、人文化趋势的协同框架是对思想政治教育协同创新育人理念内涵的有效诠释。⑥ 姚瑜滢认为,思想政治教育协同创新育人是围绕思想政治教育的创新目标,有效整合各种教育资源与教育力量,通过多主体、多因素相互协作、优势互补、协调配合,形成教育合力,提升

---

① 袁小平:《高校思想政治教育与创新创业教育的协同育人模式研究》,《教育评论》2014年第6期。

② 孙建:《论协同育人视角下高校思想政治工作机制及实践反思》,《学校党建与思想教育》2014年第24期。

③ 李玉强:《协同育人机制下的大学生思想政治教育研究》,《沈阳干部学刊》2017年第3期。

④ 肖宝佳、潘援:《协同育人视域下高校思想政治理论课与专业课相融合的价值探究》,《教育观察》2019年第4期。

⑤ 崔江婉:《协同学理论视域下大学生思想政治教育研究》,硕士学位论文,西安建筑科技大学,2017年。

⑥ 王学俭、李晓莉:《思想政治教育协同创新的育人机制探析》,《教学与研究》2015年第10期。

思想政治教育的实效性。① 赖金茂认为,协同创新主要是指在系统中为了实现共同的目标,重新优化系统各要素的组合与配置,借助有效的协调沟通机制,以平台和制度作保障,相互配合,相互协作,形成具有良性循环的新的组织结构,最终产生新的协同效应和整体效应。②

3. 高校思想政治教育协同育人的价值意蕴

第一,从学生角度来看,汪啸宇认为思想政治教育协同发展是坚持了"以生为本、以人为本"的教育理念,真正从大学生的切实需要和成长特点出发,能够通过全方位的育人模式和协同教学方法激发大学生的内生动力,使其主动接受思想政治教育,是大学生思想政治品德正确树立的关键。③

第二,从高校层面出发,万明龙认为协同育人能够将思想政治教育贯穿到高校教学、管理、服务的各个环节,调动高校全方位的育人力量,形成良好的育人环境和氛围,实现高校全员、全过程、全方位育人。④ 李辉和陈三宝认为高校思想政治理论课与日常思想政治教育的协同育人能够根据当前思想政治教育中的问题采取切实有效的解决措施,处理好实际教育中理论与实践的关系问题,增强思想政治教育的针对性和实效性。⑤ 可见,学者们在强调高校思想政治教育重要性的基础上特别强调了协同育人对于进一步创新高校思想政治教育方式以增强其教育效果的重要意义。

第三,从国家层面出发,温新荣、李德贵指出高校思想政治教育理论课协同育人是培养中国特色社会主义现代化建设的可靠建设者和合格接班人的重

---

① 姚瑜滢:《基于协同创新理论的民办高职院校思想政治教育实效性探析》,《青少年研究与实践》2017 年第 1 期。

② 赖金茂:《高校思想政治教育协同创新育人机制构建研究》,《新余学院学报》2015 年第 5 期。

③ 汪啸宇:《大学生思想政治教育协同发展研究》,硕士学位论文,淮北师范大学,2018 年。

④ 万明龙:《大学生思想政治教育主渠道主阵地协同育人研究》,硕士学位论文,西华大学,2019 年。

⑤ 李辉、陈三宝:《高校思想政治理论课与日常思想政治教育融合之研究》,《学校党建与思想教育》2018 年第 1 期。

要抓手。① 张青、张波认为高校思想政治教育协同育人机制的探索实践是应对西方资本主义意识形态侵蚀、严防"颜色革命"、旗帜鲜明宣扬和捍卫马克思主义、维护高校意识形态主阵地的重要举措,对于建设中国特色社会主义高校、培养德才兼备的人才具有重要意义。② 宋玉静认为高校思想政治教育协同育人是顺应经济社会发展的需要,是提升高校思想政治教育有效性的必然举措。③

（二）高校思想政治教育协同育人的困境及成因分析

1.高校思想政治教育协同育人的现实困境

第一,从高校思想政治理论课教学角度来看,陈爱萍认为,在当前的思政课教学中,思政课教师、辅导员、专业课教师等教育主体还没有形成协同教学力量,教学内容缺乏统筹安排难以体现科学性和时代性,传统的教学模式与落后的评价体系已经成为阻碍思想政治理论课充分发挥作用的重要原因,亟待创新发展。④ 赵静认为,高校、专业课教师等主体对推进思想政治理论课协同育人的重要性认识不足,采取措施不充分,与新时代对思想政治教育协同育人的要求尚有较大差距,同时学生获得感不足也成为思想政治理论课协同育人必须面对并解决的难题。⑤ 王洪贤、杨越明指出,思政课教师忽视了对思想政治教育规律的应用且其教育方式存在着单一僵硬的情况,同时思想政治教育隐性课程开发有待进一步探索,学生自主道德学习的积极性和实现路径仍需老师的积极引导、培养和落实。⑥ 高雅、鲁宽民认为,在经济全球化背景下,价

---

① 温新荣、李德贵:《"三全育人"视角下高校思想政治理论课与各类课程协同育人新模式构建的必要性及可行性探析——"课程协同育人"系列论文之二》,《教育观察》2019 年第 27 期。

② 张青、张波:《高校思想政治教育协同育人机制研究》,《学校党建与思想教育》2017 年第 23 期。

③ 宋玉静:《高校思想政治教育协同育人机制研究》,《鞍山师范学院学报》2018 年第 20 期。

④ 陈爱萍:《高校思政课实践教学及其协同育人机制构建路径探究》,《思想政治课研究》2020 年第 6 期。

⑤ 赵静:《协同推进高校思想政治理论课建设研究》,《思想理论教育导刊》2019 年第 9 期。

⑥ 王洪贤、杨越明:《构建高校思想政治教育合力存在的问题与对策》,《教书育人(高教论坛)》2014 年第 3 期。

值观的多元化、西方文化的侵袭以及过度追求利益的社会观念等不良意识形态对大学生思想政治教育形成冲击,而高校思想政治理论教育与实践教育的脱节则进一步削弱了思想政治教育的实效性。①

第二,从高校思想政治教育队伍协同育人的角度来看,秦淑娟、梁存宁指出,思政课教师队伍和辅导员队伍在协同育人过程中存在具体教育目标分离、教育过程分离、教育教学人员分离的情况,造成两支队伍难以相互支持,相互沟通交流以实现资源共享、优势互补并形成完整的教育系统,也导致难以有效掌握学生的心理思想动态并切实帮助他们解决难题等。② 郭秀丽认为,思政课教师和辅导员队伍分属不同系统,两者之间缺乏沟通交流的基础和平台,且部分思政课教师对辅导员岗位的认识存在偏颇,而辅导员自身也缺乏思想政治教育的专业知识和能力,这些都是影响二者形成协同育人局面的重要因素。③ 刘琳进一步指出,高校促进思政课教师和辅导员队伍协同育人的氛围和客观条件都较为缺乏,且相应的考核评价激励保障机制的缺位也使得两支队伍的协同育人发展难以得到较好的推动力。④ 高远、李明建则从专业课教师和思政课教师两支队伍的协同育人出发,认为阻碍两支队伍对协同育人的主要问题在于其对协同育人认知的缺乏、实践的不足以及教育方法的陈旧。⑤

第三,从高校思想政治教育协同育人的机制构建来看,李绍源分析认为当前思想政治教育协同育人机制建设存在"有顶层、无设计,有资源、欠整合,有支持、缺保障"等主要问题,大部分高校没有针对本校思想政治教育的实际情况和教育目标设计建立自上而下的协同育人机制,难以实现高校内部各教育

---

① 高雅、鲁宽民:《协同理论视域下大学生思想政治教育实效性提升分析》,《西安文理学院学报(社会科学版)》2016 年第 1 期。

② 秦淑娟、梁存宁:《思想政治理论课教师与辅导员合力育人机制研究》,《思想理论教育》2010 年第 21 期。

③ 郭秀丽:《高校思想政治理论课教师与辅导员合力育人机制研究》,《湖北经济学院学报(人文社会科学版)》2014 年第 1 期。

④ 刘琳:《高校思想政治教育协同育人问题探讨——基于辅导员与思政课教师的视角》,《理论观察》2015 年第 10 期。

⑤ 高远、李明建:《论专业课教师与思想政治教育工作者的协同育人》,《江苏高教》2016 年第 3 期。

主体和教育资源的协同育人,更没有与校外教育资源形成良好联动效果。经
费不足和外部规章制度的不规范、不完善也使得协同育人机制构建缺乏切实
的支持保障。① 楼艳认为,思想政治教育主体育德自觉不够且主体之间缺乏
协同动力,是影响高校思想政治教育协同育人机制发挥良好作用和效果的重
要因素。② 胡会平认为,当前高校思想政治教育协同创新机制存在的问题是
系统性的、全方位的,并从绩效评价机制和激励机制的不完善、心理咨询机制
和实践教育机制的不健全、学校思想政治教育管理部门职能分配和教师教育
界限的不合理等方面系统阐明了高校思想政治教育协同创新工作机制、方法
机制、管理机制中存在的问题。③

2. 高校思想政治教育协同育人困境的成因

范芹认为高校没有充分认识到思想政治教育协同育人机制建构的重要
性,投入精力严重不足,教育观念的滞后、教学方法的落后以及教学机制本身
的僵化失衡等使得高校内部及高校之间难以形成协同育人合力,并且高校外
部各育人主体如家庭、社会、网络之间既缺乏自觉育人的内生动力也缺乏激励
奖惩制度、制度机制保障下的外生动力。④ 王良盛认为其成因首先是组织建
设不健全,领导力不足;其次是高中与大学阶段的思想政治教育存在断层,削
弱了思想政治教育的有效性;最后是学校、家庭和社会之间相互脱节,缺乏协
调运行的合作机制,难以形成协同育人局面。⑤ 钱小林从大数据时代背景出
发,认为在高校思想政治工作协同育人的过程中,教育主体的思想认知与立德
树人的导向有差距,教育队伍的职业化分工与全员育人要求相背离,大数据技
术尚未自然灵活地融入思想政治教育模式,且大数据资源碎片化、分散式储存

①　李绍源:《高校思想政治教育协同育人机制建设研究》,硕士学位论文,吉林大学,
2019 年。
②　楼艳:《德育共同体视角下高校思想政治教育协同育人机制探究》,《学校党建与思想教
育》2020 年第 11 期。
③　胡会平:《新时期高校大学生思想政治教育协同创新机制研究》,硕士学位论文,太原科
技大学,2018 年。
④　范芹:《大学生思想政治教育协同育人机制研究》,硕士学位论文,天津工业大学,
2017 年。
⑤　王良盛:《大学生思想政治教育合力研究》,硕士学位论文,重庆师范大学,2017 年。

等特性也成为构建全方位协同育人网络的阻碍。同时当前的思想政治教育尚未在入学前后、课堂内外、线上线下、家庭学校之间形成连贯通畅的工作机制，成为制约思想政治工作从阶段育人向全程育人发展的阻碍。①

（三）高校思想政治教育协同育人的实践路径研究

1. 以教育主体为研究视角的高校思想政治教育协同育人路径研究

高校辅导员与思政课教师协同育人的路径研究是学者研究的重点，相关文章较多，其路径建构思路主要围绕观念转变、机制构建、政策支持、平台搭建、实践交流、队伍建设等方面展开。李秀芳、王鑫以问题为导向，认为应该打破思政课教师与辅导员队伍之间的藩篱限制，创新管理机制，设置独立的管理部门，利用大数据技术创建沟通协同的平台和载体，整合资源并创造条件以充分发挥出两支队伍的优势，并建立起动静结合的双向交流渠道以共同解决遇到的理论实践问题。② 王倩认为高校领导层首先要牢固树立全员育人的"大思政"理念，顶层设计并建立协同育人机制、系统严谨的规章制度、考核评价体系、激励奖惩体系，同时加强两支队伍的协同建设使其教育目标一致，教育时间与空间互补，并不断提升自身的专业性，最后则要搭建起协同育人平台，充分利用各种教育资源，不断拓展协同育人的工作路径。③ 王亭、吴明华认为，应加强辅导员与思政课教师的科研合作，并以此作为两支队伍协同育人的切入点，使其组成科研同盟，使其在此过程中充分发挥各自优势并加强了解与融合，在交流中促进育人工作发展。④ 谭群英、何会宁则对两支队伍结合建设的具体构成与工作模式进行了探索，从两支队伍结合的规模、人员结构，理论

---

① 钱小林：《大数据时代高校思想政治工作协同育人研究》，硕士学位论文，电子科技大学，2020年。

② 李秀芳、王鑫：《高校思想政治理论课教师与辅导员育人协同机制研究》，《思想政治课研究》2016年第4期。

③ 王倩：《高校辅导员与思政课教师协同育人机制研究——以哈尔滨工程大学为例》，硕士学位论文，哈尔滨工程大学，2020年。

④ 王亭、吴明华：《思政课教师与辅导员合力育人的协同机制研究》，《广西青年干部学院学报》2016年第4期。

与实践相结合的培训途径以及兼职合作、互邀合作、转岗合作三种合作模式进行了符合实际的具体阐释,具有重要的借鉴意义。① 崔祥翠认为,提升专业课教师的思想政治教育素质和教学水平,使其将思政知识与专业知识相结合并融入专业课教学中对于实现协同育人意义重大,应该加强专业课教师与思政课教师的沟通交流,使专业课教师能够更全面深入地理解思想政治教育。②

2. 以思想政治理论课为研究视角的协同育人路径研究

关于高校思想政治理论课协同育人的路径研究。涂刚鹏、刘宇菲从"思政课程"和"课程思政"协同育人的角度出发,认为首先要从制度上实现协同育人,加强教学管理的顶层设计;其次是要从课程性质、课程内容、课程形式的协同设计来建构多维立体的课程体系,实现各类课程与思政课的协同育人;最后则是要从教师队伍的协同上提升育人实效。③ 卿云立足于显性教育与隐性教育理论,从时代发展、学生需求以及教育教学改革需要等方面认真分析了高校思想政治教育中隐性教育与显性教育协同育人的必要性,然后从课程协同、校园文化建设、校内外教育资源联动以及网络媒体平台的作用发挥等维度具体探讨了高校思想政治教育中隐性教育与显性教育协同育人的路径构建。④赵宏文认为应该使思想政治理论课与专业课同心同向,协同育人,增加专业课教师的思想政治理论课教学经历,进一步加强学工队伍的专业化程度,以学生的需要和成长发展需求为工作基点,进一步加强高校的课堂教学管理,并使学生社团成为大学生思想政治教育和文化实践活动开展的重要载体,争取将思想政治教育工作贯穿到教育教学的全过程。⑤

---

① 谭群英、何会宁:《高校辅导员与思政课教师队伍的融合建设探讨》,《学校党建与思想教育》2012 年第 34 期。

② 崔祥翠:《基于课程思政的专业教师与思政教师协同育人路径研究》,《吉林省教育学院学报》2021 年第 3 期。

③ 涂刚鹏、刘宇菲:《思政课程与课程思政协同育人的三维路径》,《学校党建与思想教育》2020 年第 21 期。

④ 卿云:《高校思想政治教育的显性与隐性协同育人机制探析》,《贵州广播电视大学学报》2019 年第 4 期。

⑤ 赵宏文:《新时代高校协同育人工作的实践与探索》,《当代教育实践与教学研究》2019 年第 18 期。

关于高校思想政治理论课与日常思想政治教育协同育人的路径研究。冯刚指出,要从新形势下思想政治教育发展的实际难题和重点问题出发,发展完善高校思想政治理论课与日常思想政治教育协同育人的体制机制,促进其交流融合,优化资源配置,同时通过学科的理论科学研究进一步增强其协同发展的内生动力,并要培养一批兼具教学、科研、实践、管理能力的骨干队伍。① 何旭娟、梅兰英认为,应该强化高校领导层关于思想政治理论课与日常思想政治教育协同育人的意识,并发挥其领导组织作用,通过各种实践活动搭建多种协同育人平台,实现二者的协同育人创新发展。②

3. 以党建为视角的思想政治教育协同育人路径研究

曲一歌认为,高校党建与思想政治教育协同育人必须紧跟时代要求,立足"立德树人"的根本任务,创新构建二者协同育人的有效机制,从领导机制、组织结构、人员构成等方面统筹协调,及时掌握学生的思想动态,创新协同教育形式,在理论与实践的相互促进中不断增强二者协同育人的针对性、实效性和亲和力。③ 曹迎春、刘伟认为,应该从党建和思想政治教育的内容协同、队伍协同和教育途径协同来加强和推动两者协同育人的科学性和时代性。④ 王林杰认为,应该用党的方针政策强化创新思想政治教育工作思维,用思想政治教育丰富激发党建工作的生命力,在这种双向碰撞中建设两者深度结合的协同育人体系,注重学生党员的质量,发挥党员群体的先进模范作用,不断促进思政教育和党建工作的创新互补与协同。⑤

4. 以协同创新为视角的高校思想政治教育协同育人路径研究

王海建认为,首先要从观念上树立协同创新的思想,形成目标一致、开放

---

① 冯刚:《思想政治理论课与日常思想政治教育协同育人的理论思考》,《学校党建与思想教育》2017 年第 21 期。

② 何旭娟、梅兰英:《新时代高校思想政治理论课与日常思想政治教育协同育人的思考》,《长沙大学学报》2021 年第 1 期。

③ 曲一歌:《大学生党建与思想政治教育协同育人论》,《学校党建与思想教育》2019 年第 16 期。

④ 曹迎春、刘伟:《试论高校党建工作与思想政治教育协同育人模式的建构》,《改革与开放》2016 年第 24 期。

⑤ 王林杰:《高校学生党建和大学生思想政治教育的协同育人模式构建》,《佳木斯职业学院学报》2020 年第 9 期。

协作、创新发展的价值共识；其次要提升参与主体的协同创新能力，建设一支过硬的协同创新队伍，提升协同创新质量，并通过协同创新育人机制和评价机制的构建保障思想政治教育中各参与主体的协调、稳定、有序和机制本身自我革新发展的能力；最后应该整合校内外教育资源，搭建校内外协同创新平台。① 王源平从主体视域详细探讨了教育主体自身及双方的良性互动对高校思想政治教育协同育人的重要作用，提出要构建教育者主体从单一性走向多元化的协同机制，深挖大学生自我教育、相互教育的资源与载体，通过建立平等的师生关系、互动式的教学模式、包容的沟通渠道等来增强思想政治教育的实效性。② 肖薇薇、陈文海从动力机制、整合机制和保障机制的建构三个方面具体阐明了大学生思想政治教育协同创新机制的构建，认为这三个机制缺一不可，它们构成的有机整体共同发挥作用，才能够实现大学生思想政治教育宏观的协同效应。③ 王洪贤着重强调了专业学科知识对思想政治理论课创新发展的重要意义，认为应该挖掘思想政治教育本身之外的隐性资源，探索学生个体自主学习的路径，打破高校思想政治教育中专业、学科、管理的边界，创新教育管理模式，以实现大学生思想政治教育的协同创新。④

5. 心理健康教育与思想政治教育协同育人路径研究

齐桂林从思想政治教育和心理健康教育协同育人的管理机制、队伍机制、工作机制和保障机制四个维度详细深入地分析了两者实践运行的有效模式，教师队伍培训与优化整合的原则方法，课堂与网络平台育人的基本遵循以及充分发挥两者协同作用的保障措施等，对形成思想政治教育和心理健康教育的育人合力，发挥协同效应的具体路径探索提供了重要参考。⑤ 李娜、白小强

---

① 王海建：《协同创新：高校思想政治教育创新发展的必然路径》，《探索》2013 年第 1 期。

② 王源平：《论主体视阈下的高校思想政治教育协同创新》，《学校党建与思想教育》2014 年第 20 期。

③ 肖薇薇、陈文海：《大学生思想政治教育协同创新机制：条件、效应与建构》，《学校党建与思想教育》2015 年第 19 期。

④ 王洪贤：《构建大学生思想政治教育协同创新机制的问题探讨》，《湖州师范学院学报》2014 年第 6 期。

⑤ 齐桂林：《高校思想政治教育与心理健康教育协同育人机制研究》，《辽宁经济管理干部学院学报》2019 年第 1 期。

从积极心理学的视角出发,提出应该运用积极情感体验创新高校思想政治教育理念,依据积极心理特质理论发展建构高校思想政治教育中的人格教育、个性教育,形成积极的教育关系,运用积极组织系统优化家庭、学校、社会的育人环境,以达到心理学与思想政治教育协同育人的最终效果。① 赵芳认为,要建设一支心理咨询专业人员与思想政治教育工作者相结合的"双育"队伍,以学生的实际心理健康需求为切入点,通过课程内容与方法的改革、校园文化建设等将心理素质教育和思想道德素质教育结合起来贯彻落实到教学过程和文化实践活动中,扩大经费投入并以联动机制为手段实现心理健康教育与思想政治教育的全员、全过程育人过程。②

6."互联网+"背景下高校思想政治教育协同育人路径研究

任伟以互联网技术为支撑,从摆正教学关系、处理教学矛盾的角度出发,认为要充分利用互联网技术灵活、多维、高效、创新的特点,将互联网技术充分运用到思想政治理论课教学过程中去,从多个维度、多个角度、多个主体的协同联动中重构思想政治教育内容、教育手段、教育主体和教育服务,以互联网技术与思想政治教育的协同育人格局切实提升高校思政教育的效力与效能。③ 龙妮娜指出,目前主要有"网下为主,网上为辅""网上为主,网下为辅""网上网下并行推进,各尽所长"三种协同育人路径。④

通过以上的文献梳理与总结,可以对目前学界关于高校思想政治理论课协同育人的相关研究有一个较为清晰的认识和了解。已有成果为本研究奠定了研究基础,提供了许多有益借鉴,但也存在一些不足,主要表现在以下几个方面。

---

① 李娜、白小强:《高校思想政治教育与积极心理学协同育人路径探索》,《延安大学学报(社会科学版)》2020 年第 6 期。

② 赵芳:《发挥心理健康教育与思想政治教育协同育人效应》,《淮北职业技术学院学报》2021 年第 1 期。

③ 任伟:《"互联网+"时代高校思想政治理论课协同教学路径探析》,《民族教育研究》2020 年第 5 期。

④ 龙妮娜:《大学生思想政治教育网上网下协同育人模式刍议》,《思想理论教育》2014 年第 5 期。

第一,研究成果多,创新研究少。上文从多个方面对高校思想政治教育协同育人的研究进行了文献梳理,可以发现学者从多个角度、多个领域、多个主体对高校思想政治教育协同育人进行了研究与发展路径探索,并取得许多具有重要意义的研究成果,但总体来看,学者们的研究侧重于对基础理论的研究,主要从其发展的必要性、存在的问题和解决路径等方面进行研究,内容同质化较为明显,缺乏创新性,重复研究和研究不足的情况同时存在。

第二,理论思辨多,实证分析少。当前学界已有的大部分研究成果,其研究内容与方法大都是从理论层面出发,以学术探讨和学理论证为主,通过对相关理论或文献或现象的分析得出其研究结论,研究方法单一,以定性的研究为主,缺乏实证调研和定量分析,大部分文章不能以真实可靠的数据支撑其观点,可信度与说服力不强。

第三,研究角度多,深入研究少。学者们善于从不同角度切入对高校思想政治教育协同育人的研究,但在对其协同的必要性、可能性和路径发展进行探索之后便止步不前,深刻且系统性的研究较少,大多是蜻蜓点水、泛泛而谈。同时,通过文献梳理可以发现,学者们专门以历史合力论为理论指导进行高校思想政治教育协同育人研究的非常少,这也说明目前高校思想政治教育协同育人研究存在空白点,需要进一步努力探索。

二、国外研究综述

通过整理资料发现,国外学者关于协同理论以及高校德育等相关研究较为丰富,这能够为我国高校思想政治教育协同育人工作提供借鉴,对拓宽研究视野与路径具有重要意义。

（一）关于协同理论的研究

"协同"起源于希腊,意为"共同合作"。后来,德国著名学者赫尔曼·哈肯经过长期探索与积累,于20世纪70年代的一次演讲中首次提出"协同学"这一概念和思想。他认为,当远离平衡态的系统与外界能量和物质交换达到一定状态时,子系统会自发地集体行动起来,形成新的有序结构。系统由杂乱无章变为井然有序,实现质的飞跃,且这一过程是不受外界干预的自组织过程。① 此后,协同理论便被人们广为熟知,同时随着协同学理论研究的成熟完善,学者们也不再仅仅局限于对协同学理论本身的研究,而是将协同学理论应用到其他诸多学科领域中并试图以此协助解决各种问题。其中最引人注目的是协同理论与企业管理发展的结合研究,研究的关键问题就在于如何使企业能够最大程度地利用各种资源,实现经济利益最大化。美国学者伊戈尔·安索夫在《公司战略》一书中首先将协同理论运用到企业管理领域中,他分析了如何利用协同理念将企业中的各个子系统有机联合起来,对企业有效利用各种资源实现发展具有重要意义。协同理论与创新理论的结合是协同学发展的另一个重要成果。美国学者彼得·葛洛认为协同创新是由自我激励的人员所组成的网络小组形成集体愿景,借助网络交流思路、信息及工作状况,合作实现共同目标。协同创新能够打破系统、领域、区域之间的限制,并促进思想、人才、资本、信息技术等创新因素的聚集,实现促进事物创新发展的目的。目前,协同创新成为世界科技活动创新的一种最新发展趋势,同时被认为是提升企业效益的有效途径。这一理论受到国内外学者的关注研究,并将这一理论应用到多个领域。

(二) 关于高校德育的研究

国外高校非常注重对于大学生道德品格的培育,并形成了一定的教育体系。从其教育的目的来看,其本质都是为了培养满足国家统治阶级需要的人才,是具有政治倾向的。欧美发达国家在培养人才时,强调要培养"合格公民"。就美国而言,他们认为德育是要培养爱国、守法且具有健全人格的公民,而美国宪法和《独立宣言》是其德育的基本组成部分。法国德育强调的是学生的公民责任感和对国家的热爱。从其教育内容来看,由于每个国家的历史文化、民族文化、国家需要和成长需要都不相同,所以其德育内容具有很强

---

① [德]赫尔曼·哈肯:《协同学——自然成功的奥秘》,戴鸣钟译,上海科学普及出版社1988年版,第34页。

的独特性和民族性。比如,美国会开设许多人文社科课程,主要是向学生传递自由、民主、人权等内容,英国的德育课程不仅有德育课程还有宗教课程和礼仪课程,日本的德育内容不仅包含爱国主义教育、人生观教育还包括心理教育、职业教育等,与学生的实际生活联系紧密。从教育方法来看,各个国家的德育教育方法都体现出了显性教育与隐性教育相结合、多方教育相结合的特点。

（三）关于各方协同育人的研究

其一,关于家校合作育人的研究。国外学者非常重视家庭的教育作用。美国学者詹姆斯·科尔曼认为资本是内在于家庭和社会组织中的整套资源,有利于儿童的成长发展。法国社会学家塔尔德认为家长是最重要的协同育人主体,家庭教育的好坏会在孩子在学校学习的过程中表现出来,良好的家庭教育能够使学校教育的效果充分发挥出来,反之,则会让学校教育困难重重。因此,国外学者非常重视家校合作研究,强调家庭教育对学校教育、对学生发展的重要作用。其二,关于校企合作研究。美国学者卡德·维尔强调企业管理因素在育人过程中发挥着重要作用。亨利·埃兹科维茨则进一步深化了校企合作研究,提出应该构建教学、科研、产业创新三者相结合的协作育人模式,形成完整的育人网络。这些研究促进了各国高校与企业合作交流的发展。其三,关于学校内部协同的研究。英国学者帕特丽夏在《公民品德与公共教育》一书中认为价值观教育应该贯穿到各个课程的教育中去,学生与教师之间应该形成良好的互动。爱普尔认为课程协同非常重要,不同课程之间应该贯彻一致的教育理念,这就需要课程之间的协同,也只有这样才能够达到德育的目标,即控制社会。

综上所述,国外非常重视对大学生的协同教育,善于将科学理论与德育相结合,调动各种教育力量并充分发挥各专业学科的优势,潜移默化地对大学生进行公民教育。这为我们当前开展思想政治教育协同育人起到了非常重要的借鉴作用,能够拓宽我们对高校思想政治教育的研究视角。

第三节　研究思路、方法与重难点及创新点

一、研究思路

本研究坚持以问题为导向,沿着"以现实问题为起点、以理论剖析为导向、以实际效用为旨归"的思维脉络,围绕核心问题"历史合力论视域下高校思想政治理论课协同育人"有序推进,探讨高校思想理论课协同育人的国内外研究现状、理论依托、基本内涵、合力结构、辩证逻辑、现实状况、影响因素、实现路径与价值意蕴等问题。通过理论分析与实证调研相结合,从历史与当下、理论和实践、虚拟与现实的多维视角,探索历史合力论视域下高校思想政治理论课协同育人的宏观现象与微观镜像,构建切实可行的路径体系,提升高校思想政治理论课的协同育人成效。

二、研究方法

第一,文献研究法。通过对高校思想政治理论课协同育人相关的著作、期刊论文的搜集、整理、研读和分析,充分把握当前最新的学术研究动态,明确当前研究成果的优势与不足,进而明晰本研究的新增长点和拓展空间。

第二,调查分析法。通过调查问卷、深度访谈等实证方式,收集真实、可靠的资料数据,并对收集到的信息进行理性评估,筛选和剔除无效信息,在有效信息的基础上进行数据分析,提升统计结果的准确性和科学性,检视出当前高校思想政治理论课协同育人的既有成绩、不足之处及其成因,为本研究提供可靠的数据支撑。

第三,系统分析法。将高校思想政治理论课协同育人看作完整体系,根据历史合力论对高校思想政治理论课协同育人进行系统构建,统筹兼顾高校思想政治理论课协同育人子系统之间的关系,由点及面、由表及里、从理论到实践,以寻求高校思想政治理论课协同育人目标机制的最优化。

三、研究重难点与创新点

（一）研究重难点

研究重点：通过深入的理论分析，明晰历史合力论与高校思想政治理论课协同的契合点；开展有针对性的信息采集与深度访谈，评估高校思想政治理论课协同的宏观状态；剖析影响育人合力的关键因子，构建高校思想政治理论课协同育人的合力系统。

研究难点：一是信息采集量大。本书调研对象多，内容广，信息采集需要投入较多的时间和精力。二是数据处理庞杂。客观技术条件的有限性与调研对象主观动机的复杂性，数据分析有较高的技术要求。三是为弥补量化研究遵循简单线性逻辑的弊端，要协调好客观数据与辩证思维逻辑的关系。四是理论提炼不易。以现实问题为导向构建的路径体系要上升为理论，尚需实践经验填充与实践成果的检验。

（二）研究创新点

党的十八大以来，以习近平同志为核心的党中央多次要求实现协同育人，形成协同效应。高校思想政治理论课协同育人本身就是一个具有时代性、前沿性的重大课题。具体来说，本研究内容的创新性体现为四个方面。

第一，理论创新。运用历史合力论分析新时代高校思想政治理论课协同育人这一重大命题，是对历史合力论的继承和发展，展现了历史合力论的生命力和指引力，实现了历史合力论的与时俱进，丰厚了高校思想政治教育理论课协同育人研究的理论土壤。

第二，视角创新。坚持马克思主义基本立场、观点和方法，运用恩格斯的历史合力论对新时代高校思想政治理论课协同育人进行量与质双重研究，突破了既有研究普遍运用西方的协同理论、系统理论对高校思想政治理论课协同育人进行研究的单一模式，进而拓展了新时代高校思想政治理论课协同育人的研究视野。

第三,观点创新。基于历史合力论的科学内涵,从立德树人、党的领导、全面发展、点线面体四个维度解析历史合力论视域下高校思想政治理论课协同育人的基本内涵,同时根据历史合力论,从合力构成、合力形态、合力生成三个方面洞悉历史合力论视域下高校思想政治理论课协同育人的内在结构,提出合力构成包括主体合力、内容合力、载体合力、场域合力,合力形态包括显性合力与隐性合力、正向合力与反向合力、主干合力与分支合力、线下合力与线上合力、连续合力与阶段合力、有效合力与无效合力,合力生成涉及生成根源、生成过程、生成规律。

第四,路径创新。在历史合力论方法论原则的指导下,坚持以问题为导向,建构起一体化协同育人路径,充分考虑影响高校思想政治理论课协同育人效果的内外因素,实现了对高校思想政治理论课协同育人路径构建的全面、系统考量。

第一章 历史合力论视域下高校思想政治理论课协同育人的意蕴解析

历史上以合力论为主要观点的思潮众多,从古希腊城邦时期的各个阶层协作共赢的统一体,中世纪人类社会是神统治下的共同体,近代社会是类似于生物进化论控制的有机体,再到工业时代社会是一台不同系统之间齿轮咬紧的大机器,合力理论结合每个时代的突出特征展现了与时代共进步的思想武器功能。把恩格斯的历史合力论应用于高校思想政治教育协同育人研究,发挥历史合力论的价值与功能,其首要前提是对马克思主义的历史合力论进行科学阐释。基于历史合力论的科学阐释,对高校思想政治理论课协同育人基本内涵进行全面解读,立德树人作为高校思想政治理论课协同育人的主题、主线发挥着核心凝聚力的作用,党的领导作为高校思想政治理论课协同育人的引领和导向发挥着组织保障的作用,培养全面发展的时代新人作为高校思想政治理论课协同育人的育人立场具有重要的理论武装力,而高校思想政治理论课协同育人进行的"点线面体"的全方位布局则是历史合力论中协同支撑力量的具体展现。

第一节 历史合力论的科学阐释

一、历史合力论的提出背景

任何理论的提出都有其特定的时空背景。了解该背景无疑是把握该理论的基本前提。本研究认为,可从时代背景、社会背景和学术背景三方面把握恩格斯的历史合力论的生成背景。

（一）时代背景：工业革命的巨大影响

历史中最具有决定作用的事情往往发生在"一瞬间"，而这"一瞬间"却是从量变到质变的飞跃。"革命是历史的火车头。"①第一、第二次工业革命这个"火车头"以生产力大步跃进为动力带动整个世界飞速奔跑，生产工具迭代更新、生产方式颠覆变革、生产力大步跃进以及生产关系洗牌重组，世界在新的基础上存在和运行。

在近代，工业革命给社会带来的生产力的变革主要呈现在"立"的方面。19 世纪中期，以美国、德国、日本等为代表的资本主义国家掀起了第二次工业革命浪潮，人类社会由此迎来"电气时代"。面对资本主义经济发展的巨大需求，自然科学中的诸多学科实现了快速商业化，同时在人类不断增长的物质需求的引导下快速社会化，例如电的发现、电器的发明和内燃机的创新与使用直接推动交通运输领域、机械工程领域、化学化工领域等生产领域迈入一个新的阶段。生产工具联合机械力与电力迭代更新产生了新的生产方式，并将它们普遍应用于各大工厂，有效缩短了生产时间、增强了生产效能，使生产力大幅提高。垄断组织应运而生，各个国家之间、国家中的各个企业之间竞争加剧，中小工厂被兼并内化为大型垄断组织的"齿轮"和"零件"，生产工具、生产原料等高度集中在少数采用先进技术的资本家手中。于是以垄断为特征的生产与竞争方式积累了雄厚的资本存量，资本家对资本更多增量的迫切渴求撑起了西方先进资本主义国家开拓建立世界殖民体系的野心。

生产关系的变革主要呈现在"破"的方面，工业革命带来的世界发展新动能、新阶级和新目标有力地颠覆了旧阶层、旧秩序、旧制度，尽管每个国家的具体革命任务存在差异，但概括来说工业革命分别针对政府、教会和各个阶层产生了政治、宗教和社会等方面的颠覆性影响，为建立资本主义世界体系扫清了障碍。尤其是生产力与现实世界中的生产关系之间的矛盾运动直接推动了社

① 《马克思恩格斯文集》第 2 卷，人民出版社 2009 年版，第 161 页。

会制度变革。正如马克思所说,"在人们的生产力发展的一定状况下,就会有一定的交换[commerce]和消费形式。在生产、交换和消费发展的一定阶段上,就会有相应的社会制度形式、相应的家庭、等级或阶级组织,一句话,就会有相应的市民社会。"①生产力提高后,人类社会的互动、竞争与参与的意识从经济领域延伸至政治领域并渗透进人们的思想意识之中。原本"嵌入"②于政治、宗教和社会之中的经济居于支配与统治地位,"互惠""再分配"等原则被"利益"原则排挤在外。由于"原则要对历史产生影响,必须先转变为利益"③,于是生产关系便在"利益"的诱导下致力于"脱嵌"为不断扩展的自发调节市场。当土地、劳动与货币都变成商品可以自由买卖时,社会的自我保护机制被触发,一方面社会生活的"现代生意经世界"④中延续的私有财产统治变本加厉,另一方面社会保护机制不断从人的道德、心理、伦理和文化等方面挽救江河日下的人性危机,这种"双向运动"的张力不断给时代加压。

(二) 社会背景:理论与实践的"双重变奏"

唯物史观作为马克思的两个"伟大发现"之一,凝练了马克思主义的思想晶核与理论灵魂。尤其是马克思找到了人类历史发展的真正基础,"即人们首先必须吃、喝、住、穿,就是说首先必须劳动,然后才能争取统治,从事政治、宗教和哲学等等,——这一很明显的事实在历史上的应有之义此时终于获得了承认"⑤,此时"唯心主义"终于从它最后的历史观中被彻底驱逐。历史唯物主义这种对"世界史观"的颠覆变革与重新定义在亚欧大陆上的诸多国家中都产生了广泛又深远的影响。

马克思逝世之后,恩格斯一边继续对马克思的两个伟大发现进行不懈探索,一边独自扛起科学社会主义理论的大旗指导工人运动。恩格斯曾言:"在

---

① 《马克思恩格斯选集》第4卷,人民出版社2012年版,第408页。
② [英]卡尔·波兰尼:《大转型:我们时代的政治与经济起源》,冯钢、刘阳译,浙江人民出版社2001年版,第15页。
③ 《马克思恩格斯文集》第1卷,人民出版社2009年版,第92页。
④ 《马克思恩格斯文集》第1卷,人民出版社2009年版,第95页。
⑤ 《马克思恩格斯全集》第25卷,人民出版社2001年版,第136页。

实际鼓动工作方面,我不会比别的任何人做得更多,然而在理论工作方面,直到现在我还没有看到有谁能够代替我和马克思。"①马克思主义理论在传播中面对各种理论曲解、学术质疑时,恩格斯对马克思主义理论的坚守、自信与笃定发挥着重要的理论自信功能。

马克思主义一方面以与其他思想辩论交锋的方式不断传播和发展,另一方面又以实践的方式对国际共产主义运动进行指导加以巩固。从 1847 年 6 月在伦敦成立共产主义者同盟、1848 年欧洲革命、1864 年建立的国际工人联合组织"第一国际",到 1871 年的巴黎公社无产阶级政权的伟大尝试等,都是马克思恩格斯运用唯物史观指导工人运动的重要实践活动。而恩格斯在传播历史唯物主义思想之时频繁被资产阶级学者和德国社会民主党"青年派"扰乱,为了国际共产主义工人运动的稳定发展和不断前进,为了捍卫唯物史观在揭示历史发展的辩证关系和过程的科学理论,恩格斯提出了"力的平行四边形"说法以加深历史唯物主义的科学内涵和理论基础,即"历史合力论"被提出。可见,历史合力论是在理论争锋与实践应用"双重变奏"的社会背景下诞生的产物。

(三)理论背景:在学术争鸣中捍卫观点

"镜不能自照,权不能自衡。"历史合力论就是在对马克思主义理论进行多种解读模式对比的过程中为了证明历史唯物主义理论的科学性而提出的。唯物史观传播与实践过程中的误读模式主要分为两种,一种是以保尔·巴尔特为首的西方资产阶级学者将"唯物史观"解读为"经济决定论""技术经济史观""社会静力学"。在《黑格尔和包括马克思及哈特曼在内的黑格尔派的历史哲学》一书中,保尔·巴尔特这位"平庸得令人难以置信的家伙"②用他惯用的手段曲解唯物史观的根本观点、凭空捏造乱七八糟的东西歪曲马克思主义理论的基本立场,然后再对这种并不是唯物史观的"唯物史观"进行批判。

---

① 《马克思恩格斯全集》第 36 卷,人民出版社 1975 年版,第 19 页。
② 《马克思恩格斯选集》第 4 卷,人民出版社 2012 年版,第 644 页。

保尔·巴尔特对唯物史观工于心计、肆意歪曲、故意曲解的污蔑与叫卖甚至一度获得了许多青年的赞赏和支持，其蛊惑力可见一斑，这对许多马克思主义者和攻击共产运动的工人们造成了不可低估的负面影响，引起了思想上的混乱。同时，他还挑起马克思与恩格斯之间思想的对立以引发马克思主义者之间的混乱，以达到削弱马克思主义思想的战斗力和生命力的目的。

　　另一种是德国社会民主党内的"青年派"，他们是唯物史观"危险的朋友"，主张将马克思主义标签化使用的"机械决定论"和"社会宿命论"。德国社会民主党内的成员大多是小资产阶级无政府主义派别，以年轻大学生、作家以及地方党报编辑等为主要力量，带着"厚颜无耻、胆小怯懦、自吹自擂、夸夸其谈这些特有的柏林习气"①。同时，在革命实践中他们沿着保尔·巴尔特的"经济决定论"思想，用自己极其匮乏的理论极端否定人的主观能动性，认为马克思主义理论唯物史观中对人的定位就是一颗棋盘上的棋子，任由自然规律的摆布和支配，这种极端的思想观点和疯狂的言行举止严重破坏了马克思主义者对马克思主义理论的坚定信仰。

　　针对以上两种对唯物史观的主要误读模式，恩格斯顿感有必要迎头痛击，拿起"批判的武器"和"武器的批判"帮助人们准确理解唯物史观的基本内容和观点，以此坚决捍卫马克思的伟大发现。恩格斯对"经济决定论"进行理论批判，不仅能够澄清唯物史观的主要观点内容和立场，而且还极大地促进了唯物史观理论内容的丰富完善和唯物史观应用的与时俱进。但恩格斯由于忙于整理、出版和处理马克思《资本论》手稿而没有更多的时间和精力写作专著对"经济决定论"进行更加全面系统又深刻的批判，"经济决定论余火未熄，在随后的历史中再度复燃"②，甚至一度对历史唯物主义留下挥之不去的阴影。

　　对持有"机械决定论"论断的德国社会民主党内的"青年派"，恩格斯将批判与教化相结合，呈现理论与实践相得益彰的效果。首先，恩格斯把脉了"青

---

①　《马克思恩格斯选集》第4卷，人民出版社2012年版，第603页。

②　牛先锋：《"经济决定论"的谬误与"历史合力论"对其的批判》，《马克思主义研究》2020年第9期。

年派"滋生的理论土壤,即一方面"青年派"没有读通读透弄懂马克思主义各种理论思想的精髓,另一方面"青年派"将历史唯物主义当作死板教条应用于历史事实和文艺作品中而并不考虑现实情况。其次,恩格斯对"青年派"的机械唯物主义应用带来的机会主义错误等进行了强烈批判,但这种批判中也带着改造的"希望",即要求"青年派"把批评与自我批评相结合,系统地总结过去的工作,汲取经验和教训,不断完善和改进自己的工作。① 最后,恩格斯对"青年派"的暴力行为进行批判,对"暴力"的历史发展阶段和阶级本质进行梳理和加以区别,教化"青年派"区别不同的暴力类型并且让德国社会民主党认识、理解和掌握"议会斗争"这一无产阶级革命方式。

二、历史合力论的思想溯源

从恩格斯的诸多著作中可以爬梳、提取、整合出历史合力论的思想基础和理论调性。把历史合力论的思想渊源探究视角放置于恩格斯的个人经历中,在他思想嬗变、立场转变、思维质变的视域下还原历史合力论的出场语境。

马克思主义理论"受精"于欧洲政治与社会理论的主流传统,它真正的特性、真正的实质、真正的统一,在于它是"综合的"②。同样,恩格斯的历史合力论作为马克思历史唯物主义理论的"相变"之一,也传承了这种综合了带有"超越性视角"的"理想因素"和"理解和科学视角"的"认知因素"的特性。因此,恩格斯对历史唯物主义的探索和转向共产主义的实践是追溯历史合力论生成的重要渊源。

1. 恩格斯立场转变视域中的历史合力论思想渊源

历史合力论虽是恩格斯晚年提出的重大理论,但它与恩格斯青年时期的成长经历密不可分。青年时期的恩格斯受家庭背景和学校教育的影响对宗教和哲学等领域兴趣颇浓。初入社会的七年,恩格斯由于对商业运作内容的了

① 种鹍:《有效提升青年党建工作的三维透视——基于恩格斯对德国社会民主党"青年派"的批判》,《北京科技大学学报(社会科学版)》2020年第2期。

② [美]R. N. 伯尔基著:《马克思主义的起源》,伍庆、王文扬译,华东师范大学出版社2007年版,第8—9页。

解成为反封建、反神学、反资本主义的激进革命民主主义者。来到柏林后,恩格斯经过接触黑格尔的"历史哲学"和谢林的"启示哲学"等思想以及广泛的哲学巡礼之后逐渐积累了丰富的理论积淀和实践经验。尤其是他受费尔巴哈思想的影响,对黑格尔《历史哲学》中对"人类意志"是人的活动的发生进行超越,升华了"历史结果超出了个人的愿望"的结论,将"观念之经线"换成了"实践之经线",并提炼出"热情"之纬线为"人的主观意志"之纬线。他一方面对历史哲学进行批判性改造,不断超越黑格尔关于历史发展的思想;另一方面及时从最新发展的自然科学知识中汲取养料,突破自身之前对待社会历史与经典传统的感性态度,锻造出一种理性沉思透析客观世界的思维方式。在英国曼彻斯特进行工人生活状况的考察过程中恩格斯转变为一名社会主义者,并在对社会和经济的深度研究中转变为一名切实的马克思主义者。这种人生经历和马克思主义理论的受精孕育生成的过程大同小异。

2. 恩格斯思想嬗变视域中的历史合力论思想火花

恩格斯历史合力论的渊源分散为思想碎片,犹如璀璨星辰散落在他所参与著作的诸多"文本群"中。如果说马克思、恩格斯创造了历史唯物主义是广袤无垠的星空,那么"历史合力论"就是这片星空中最具有代表性的"星座"之一。

众所周知,从唯心主义到唯物主义立场转变的过程中,恩格斯超越了"青年黑格尔派",撰写了诸多文章对当时德国的哲学思想进行反思批判,对英国工人状况进行详尽考察并对法国的社会主义进行了深入认识。恩格斯不仅在《德意志意识形态》(与马克思合著)和《路德维希·费尔巴哈和德国古典哲学的终结》两篇文章中重点阐述了历史唯物主义,在《反杜林论》中也详尽地阐释了历史唯物主义思想。同时,恩格斯的自然科学知识蕴藏量颇丰,他对物理学、数学等多个自然科学领域内容的精通成就了《自然辩证法》一书,书中列有19世纪物理和数学领域的最新发展成果。恩格斯在札记中写道,"力还进一步地被分解,被看做复合的东西","如果把力的平行四边形所表示的真正合力的类比应用到真正简单的力上,那么这些简单的力并不因此就变为真正的合力"。① 恩

---

① 《马克思恩格斯文集》第9卷,人民出版社2009年版,第535页。

格斯对"力"非常谙熟,他明确反对"片面地表示一切"的"力"的作用,强调应在"牛顿的引力"和"牛顿的力的平行四边形"中阐释"力"的发生作用与形成合力的前提条件,"在自然界中任何事物都不是孤立发生的,每个事物都作用于别的事物,反之亦然"①,力亦如此,在"作用"与"被作用"之间,力展现了辩证观的运动、联系和发展的范畴,力作为"物理学"的专有名词被恩格斯赋予了哲学意味。

总之,恩格斯的自然科学深厚素养与历史唯物主义的深刻洞见不仅为历史合力论的提出打下了坚实的理论基础,而且对历史唯物主义大众化传播作出了重要贡献,这具体表现在他擅长利用自然科学的研究方法研究人文社会历史现象,并运用自然科学知识来生动形象地阐释社会历史事件和规律。恩格斯在《路德维希·费尔巴哈和德国古典哲学的终结》中道出了"合力"一词,并在多封书信中对"历史合力论"的平行四边形模型进行了详尽的阐释。

3. 恩格斯思维质变后的历史合力论思想调性

从青年到晚年,实践经历不仅仅推动着恩格斯的世界观和价值观发生了深刻变化,而且也雕琢着恩格斯的思维方式不断突破层层感性的、唯心的、肤浅的思想屏障,引导恩格斯来到客观的、唯物的、深邃的本质、规律之渊中。历史合力论的本质属性、基本立场与方法视域都是以历史唯物主义为本质核心的,历史唯物主义的总体逻辑是历史合力论的总基调,在总基调之上融进自然科学理论等结构性调整和形象化比喻的创新,让历史合力论的历史唯物主义理论内核披上了精确的公式般的外衣。因此,历史合力论具有鲜明的复调性特征,这种复调性特征在人文逻辑与科学逻辑的张力互动中更加鲜明,体现在客观性与主体性共振、人文性思维与科学性思维合鸣、必然性与偶然性交织、群体与个体互动、量变和质变统一、纵向历史流变与横向社会发展综合等方面。历史合力论建模般的形式与科学的创新因子突出了历史合力论自身独特科学品质的同时,也给了诸多思潮学派批驳历史合力论的机会,从经济决定

---

① 《马克思恩格斯选集》第3卷,人民出版社2012年版,第996页。

论到机械决定论的质疑、批判的声音此起彼伏。但历史合力论之"革命因子"不断鞭策着自身朝真理寸寸迈进，尤其是恩格斯对德国民主党青年派的反驳和回应，反而增加了历史合力论的曝光度，达到传播马克思主义与完善历史唯物主义一箭双雕的效果，恩格斯作为"第二提琴手"为马克思主义理论更加完善的世界观方法论奏响了及时、明亮又动人的乐音。

三、历史合力论的深刻内涵

以下主要从历史合力的理论原像、理论内涵、理论化境三方面阐释历史合力论蕴含的主要内容、基本观点和实践应用。

（一）历史合力论的理论原像

如果说质疑与批判的声音倒逼历史合力论的"理论迫降"，那么从不同著作中抽出相关文本做历史合力论的理论原像呈现便是还原历史合力论的原本视界，这是阐释历史合力内容观点的前提。历史合力论的原像隐藏在《路德维希·费尔巴哈和德国古典哲学的终结》《致约·布洛赫的信》《致康·施密特的信》以及《致弗兰茨·梅林》等作品中。

恩格斯在写作《路德维希·费尔巴哈和德国古典哲学的终结》时已经出现了历史合力论的萌芽，这种雏形表现在以下这段话中：

　　……在社会历史领域内进行活动的，是具有意识的、经过思虑或凭激情行动的、追求某种目的的人；任何事情的发生都不是没有自觉的意图，没有预期的目的的。但是，不管这个差别对历史研究，尤其是对各个时代和各个事变的历史研究如何重要，它丝毫不能改变这样一个事实：历史进程是受内在的一般规律支配的。因为在这一领域内，尽管各个人都有自觉预期的目的，总的说来在表面上好像也是偶然性在支配着。人们所预期的东西很少如愿以偿，许多预期的目的在大多数场合都互相干扰，彼此冲突，或者是这些目的本身一开始就是实现不了的，或者是缺乏实现的手段的。这样，无数的单个愿望和单个行动的冲突，在历史领域内造成了一种同没有意识的自然界中占统治地位的状况完全相似的状况。行动的目的是预期的,但是行动实际产生的结果并不是预期的,或者这种结果起初似乎还和预期的目的相符合,而到了最后却完全不是预期的结果。这样,历史事件似乎总的说来同样是由偶然性支配着的。但是,在表面上是偶然性在起作用的地方,这种偶然性始终是受内部的隐蔽着的规律支配的,而问题只是在于发现这些规律。①

这段话规定了历史合力论的三个前提,并对历史合力作用的最终结果进行了三种类型的比较。三种前提分别为:(1)历史合力的作用者是"具有意识的、经过思虑或凭激情行动的、追求某种目的的人";(2)作用者的"作用力"的存在——"各个人都有自觉期望的目的";(3)历史合力中的各个分力之间的相互作用——"许多预期的目的在大多数场合都彼此冲突,互相矛盾"。三种类型的比较分别为:作用力之间相互作用的预期结果和最终结果相比较;将人类历史领域中的相互作用结果和自然界范围内的相互作用结果进行比较;将支配这种结果的背后的两种力量进行比较,即偶然性与必然性进行比较。在阐述了上述三个前提与三种比较之后,恩格斯又一次提出一个黑格尔曾经提出但是无法完全回答的哲学问题:"在这些动机背后隐藏着的又是什么样的动力? 在行动者的头脑中以这些动机的形式出现的历史原因又是什么?"

1890 年,恩格斯在《致约·布洛赫的信》中回答了这个问题,他从唯物史观的立场出发探寻"动机"背后的"动机",明晰了背后的"规律"所在,即"历史过程中的决定性因素归根到底是现实生活的生产和再生产"②。历史唯物主义中的"生产"概念与"劳动"和"实践"等概念有着源流相通的本体论意义,都在各自"统辖"的领域起着基础性地位和决定性作用。根据恩格斯的致思走向与行文风格,一旦挖掘出经济中扎根的个人分力的动机和规律,他便会对历史合力论进行复盘、整合与再现。历史合力论便在这个文本中得以全然出场:

> ……历史是这样创造的:最终的结果总是从许多单个的意志的相互

---

① 《马克思恩格斯选集》第 4 卷,人民出版社 2012 年版,第 253—254 页。
② 《马克思恩格斯选集》第 4 卷,人民出版社 2012 年版,第 604 页。

冲突中产生出来的,而其中每一个意志,又是由于许多特殊的生活条件,才成为它所成为的那样。这样就有无数互相交错的力量,有无数个力的平行四边形,由此就产生出一个合力,即历史结果,而这个结果又可以看做一个作为整体的、不自觉地和不自主地起着作用的力量的产物。因为任何一个人的愿望都会受到任何另一个人的妨碍,而最后出现的结果就是谁都没有希望过的事物。所以到目前为止的历史总是像一种自然过程一样地进行,而且实质上也是服从于同一运动规律的。但是,各个人的意志——其中的每一个都希望得到他的体质和外部的、归根到底是经济的情况(或是他个人的,或是一般社会性的)使他向往的东西——虽然都达不到自己的愿望,而是融合为一个总的平均数,一个总的合力,然而从这一事实中决不应作出结论说,这些意志等于零。相反,每个意志都对合力有所贡献,因而是包括在这个合力里面的。①

恩格斯在这段话中形象地表达了历史合力论的作用机理,从社会存在决定社会意识的维度彻底解决了旧历史观中历史发展的动力问题,同时把人的主体性地位凸显出来,强调社会意识对社会存在所具有的反作用力。恩格斯在人存在的现实基础与人自身的现实需要二者的张力之间调和了一种动力系统,这种动力系统既能够遵循社会历史发展的基本规律又能够达到人合目的意义的价值满足。这种调和看起来可以以一种公式化的平行四边形做出描述,但是实际过程远比一个力的平行四边形复杂得多,当人们各自的意志、交互过程以及作用结果在数量上不断增多的时候,就会引起社会历史领域中局部的、整体的质变。这种飞跃式、断层式、涌现式的质变结果看似从一片混沌中平空而出,但却是无数个人的意志经过多者多次多时多地作用的结果。

随后,恩格斯在《致康·施密特的信》中进一步强调了历史合力论的客观规律不以人的意志为转移,并在《致弗兰茨·梅林》中着重讲道:"因为我们否认在历史中起作用的各种思想领域有独立的历史发展,所以我们也否认它

---

① 《马克思恩格斯选集》第4卷,人民出版社2012年版,第605—606页。

们对历史有任何影响。"①恩格斯强调以中观视角观照历史合力论,即分力在历史发展的各个时期和社会各个领域中都有其自身的发展历史。这种中观视角联结了微观个人意志和宏观历史最终结果,延展了历史合力论的映射范围。同时,他又提出"这是由于通常把原因和结果非辩证地看做僵硬对立的两极,完全忘记了相互作用"②,即坚决抵制力与力之间机械的、片面的、刻板的联系。

(二)历史合力论的理论内涵

如果说历史唯物主义的基本立场作为历史合力论的"骨骼",那么从理论原像中抽出历史合力论的基本观点则是合力理论的"血肉"。科学性与人文性、客观性与主观性、部分与整体、必然性与偶然性以及相对性与绝对性等辩证逻辑是维系着"骨骼"与"血肉"的紧密联系,让历史合力论成了一个动力、活力、张力并存的整体系统。

首先,历史合力论是一个系统性的理论,包含经济、政治、文化、生态等各个子系统,它们彼此之间相互作用共同构成一个有机整体,尤其是经济系统在社会历史发展过程中具有决定性作用。子系统的存在与相互作用是历史合力总系统得以运行的前提。除了运用物理学维度的"力"来论述历史合力论,在社会历史系统领域中历史合力中的分力大多是由人的实践活动所辐射的经济、政治、社会、文化、心理等各领域内的事件以及事件带来的影响所呈现的。把"力"具象化成活动和事件,是将抽象的历史合力之分力进行形象化表达。推动事件发生的是各个子系统相互作用背后的矛盾,即经济基础与上层建筑之间的矛盾。从这个深层矛盾发出的动力除了通过推动子系统相互碰撞,也以涟漪状通过子系统扩展到历史合力大系统之中,形成历史合力大系统中力的方向、力的大小和力与力之间相互作用的各种状态显现。从系统论理解历史合力论各个分力之间的相互作用,直接跨越了经济决定论的"藩篱",既

---

① 《马克思恩格斯选集》第 4 卷,人民出版社 2012 年版,第 643—644 页。
② 《马克思恩格斯选集》第 4 卷,人民出版社 2012 年版,第 644 页。

强调经济基础的决定性作用,又强调每个子系统之间的相互作用力的巨大作用,辩证考察社会历史发展的诸多因素,包括上层建筑对经济基础的反作用力,上层建筑之间哲学、文化、艺术、宗教等领域之间的交融与碰撞等,进而对历史合力论的整体运作有了全局性把握。

其次,对历史合力论进行人本主体视角的观照,在这种"第一视角"下主体、客体、介体、环体尊重客观历史发展规律,同时主客体又发挥主观能动性,客观规律与主观能动性之间需相互协同。突破了黑格尔的"唯心史观",马克思与恩格斯挖掘到了历史活动以及思想动机背后的唯物主义根源。社会中现实的个人活力是整个社会活力的重要源泉,因为人类有目的、有意识的社会实践活动能够呈现社会发展的动态过程。与机械决定论恰恰相反,个人意志对历史合力的影响遵循偶然性和必然性的辩证法原则,但不能否认的是,历史的最后合力必然会超出个人的主观愿望,但也会积极肯定个人的主观意志对整个历史合力的影响。个人不再是原子化的孤立、片面地运动,其个人意志越是和客观规律相吻合,则越能够得到实现或者实现的程度越深。个人意志能够影响社会历史规律,甚至打破社会历史的理论预设。

最后,历史合力论的各个分力之间相互碰撞发展表现为冲突、协同和平衡等各种各样的博弈过程,具体哪种状态发挥着决定性作用,取决于这种状态下经济成分的占比。历史合力论内含着社会历史发展是一个过程的集合体,前一个时期的"力的平行四边形"与后一个时期的"力的平行四边形"是在时间上前后继起、在空间上接连贯通的。新的力的平行四边形必定需要其分力突破以往的分力间状态,这样新的力的平行四边形才会有机会、有潜力从旧的平行四边形中脱胎而出。在平行四边形法则下,当分力的方向、大小发生变化时,历史的总的合力也会发生意想不到的变化,而这种变化往往是一种爆发式的突变,同时会形成意想不到的最终结果。分力之间相冲突或者相协同的量变,会造成总的历史合力的质的变化,这是质量互变规律在历史合力论以及在人类社会历史发展进程中的突出体现。世世代代人的社会实践活动是在前人的基础上进行的,前一代人的生产实践基础为后人的实践活动奠定了基础、提供了起点,人类社会就是这样从低级形态向高级形态进化演变的。

总之,历史合力论浓缩了历史唯物主义基本规律的精华内容,从系统动力论视角、合目的性与合规律性相统一的视角以及发展过程论视角透视历史合力论,既体现了历史合力论的世界观,也交代了历史合力论运用的方法论,是自然科学与人文科学交叉融合的创新成果,助推了马克思主义理论的大众化、流行化、普及化。

(三)历史合力论的理论化境

如果说文学翻译的最高理想是"化异为通"但"灵魂本质"不变,那么历史合力论的"化境"就是通过不断"驳斥异端""进阶升级"以及"灵活应变"而产生的理论自信、理论自觉和理论自胜,其中历史合力论在现实中的实践、应用中发挥着"化境"的巨大功效。

历史合力论"受精"时所在的"母体"是马克思历史唯物主义理论,"成形"于《德意志意识形态》,"降生"于恩格斯关于历史唯物主义的几封书信。尤其通过坚定地"驳斥异端",让历史合力论的在场性更加凸显。同时,历史合力论的理论自信还来源于马克思主义强大的理论力量支持和人民群众的实践支撑。不论是以政治家、思想家、军事家为代表的伟大人物还是平凡的老百姓,他们都在自己的岗位上尽职尽责,尽管只有知识阶层的群体知晓历史合力论,但马克思主义大众化不断深入人心,每个人都有自己的"小小梦想"且为之努力奋斗,百姓勤劳俭朴、士兵守土尽责、企业诚信经营、科研人员一丝不苟、教师谆谆教导、演员德艺双馨等,无数个人意志创造出物质财富和精神财富是实现中国梦历史合力的每一个必不可少的分力。人民群众是历史的创造者,个人意志作为分力参与历史合力发展的总过程。"九层之台,起于累土。"①中国在经济政治方面的地位提升以及文化软实力的增强是依靠广大人民群众的力量才能达成的。

历史合力论的理论自觉表现在经过恩格斯的反复意匠加工、国际共产主义长期实践的锤炼糅合,历史合力论不仅补充完善了马克思历史唯物主义,

---

① 《老子》六十四章。

而且在马克思主义理论的后继发展与创新中、在指导工人实践运动中、在各个国家不断的具体应用实践中"进阶升级",从而与每个社会主义公民的生命息息相关,与每个社会主义国家的命运浑然一体,与每一场共产主义运动命运相系。在我国,历届党和国家领导人都在各自的理论和实践中贯彻发展着历史合力论。毛泽东同志深信只有人民才是创造世界历史的动力;邓小平同志及时恢复高考制度,重视对人民群众整体素质提升和精英人才培养,为我国未来发展提供高质量的人才储备;江泽民同志在任时期我国内外发展都面临着巨大的挑战,他紧紧抓住经济建设这条发展主线,抓住提高生产力这个主要矛盾,为我国物质文化的极大提高奠定了坚实的基础;胡锦涛同志提出的科学发展观有着鲜明的历史合力论烙印,注重政治文明、精神文明、物质文明之间的协调,致力于打造共同发展格局;习近平同志提出中国梦,致力于实现中华民族伟大复兴,从国家、民族、人民三个角度推动主观个人意志与客观历史发展规律相联动、相交织、相协调。在现代性不断强化的社会中,不同个人的意志之间产生的矛盾冲突随着现代文明的不断升级而更加复杂和紧张。历史演化层次不断升级、人类活动范围不断扩张、人类活动影响力不断扩大,每个人的自由度不断增强,形成历史合力的分力逐渐成为历史合力的强劲动源。主体自由度的扩大提升、各种要素和资源的竞争活跃、群众和社会组织的独立自主,固然会使其分力增强,但却因其调动了各个方面的积极性,使其活力、能力竞相迸发,反而使整个社会的合力、动力、创造力、竞争力得以大大提高。① 历史合力论中人的自主能动性之间的复杂辩证关系是其理论自觉的重要来源。

历史合力论在各个国家、不同领域、各个行业及其组织中的灵活应用与创新发展来源于马克思主义理论者、革命者的批评与自我批评行为。当历史合力论不断与历史发展的客观规律相近、相融、相洽,当分力不论动能的大小、方向的位移、作用的深远等都以不平衡的方式寓于诸多历史规律之中时,也必

① 左亚文、刘争明:《关于恩格斯历史合力论几个核心问题的再认识》,《江汉论坛》2020 年第 11 期。

然是历史合力论中分力不断增强自身的科学性的时候,这种科学性提升的最主要来源便是不断地批评与自我批评。历史合力论是具有潜在创新的、内在自胜的开放的理论。这与历史唯物主义的理论本质上是相同相通的。

(四) 历史合力论的应用经验

"千磨万击还坚劲,任尔东西南北风。"(清·郑燮《竹石》)历史合力论孕育自历史唯物主义、出场于众人误认为它是历史决定论而被攻击的环境,承有唯物史观真理思想且经过历史与实践的检验,在不断应用于解决中国重大课题难题中发挥着较高的应用价值和指导意义。其理论形态、思维特点、价值意义皆在应用中得到升华。

新时代历史合力论在民主政治、改革开放、民族地区社会治理、社会主义核心价值观培育、大学生社会责任培育、社会主义现代化建设、实现中国梦等诸多领域发挥着重要的指导作用。如龚宏龄所说,正是利用历史合力论作为民主政治发展迷雾的突破口,通过民主模式的合力互动、公共理性支撑、人自身的发展与法治的约束等多种力量的集结,将民主价值回归到了适应民主政治的历史进程中。[①] 其中历史合力论不仅仅发挥了祛除理论迷雾的清理功能,也为未来民主进程的复杂性、曲折性和艰巨性提供了一个科学的思考方式和辩证的理解视域。马胜强则运用历史合力论分析我国改革成功启动的原因,从微观、中观和宏观层面分别分析了基层群众、地方政府以及中央政府三者之间的协同作用关系。[②] 李翔聚焦历史合力论的一元与多元互动特征指导我国经济体制改革、以个人意志与群体意志的辩证关系论证创造主体与主体价值的统一、借个人力量与群体合力论述人民是历史的主体、以一般规律与特殊表现指导我国摸着石头过河与加强顶层设计的协调推进等,最后将以上四个方面落脚于新时期我国全面深化改革的战略部署系统,总体性的分析与运思方式提供了历史合力论总体性辩证原则充分彰显的案例,体现了历史合力

---

① 龚宏龄:《历史合力论在民主政治中的方法论价值》,《求索》2011 年第 10 期。
② 马胜强、关海庭:《当代中国改革启动的合力分析及时代启示——基于恩格斯历史合力论的理论视域》,《中共天津市委党校学报》2018 年第 3 期。

论的世界观与方法论在改革领域中的自觉运用与创新发展。① 金朝晖、苏咏喜、杨元元等都从历史合力论的解构向度出发,将中国梦的实现分解为历史合力的党的坚强领导、经济发展的强劲推动、文化繁荣的软实力支撑,以及国防力量增强的安全保障等因素的分离,既发挥了历史合力论的层次论原则强调统筹兼顾科学发展的协调观念,又体现了历史合力论中偶然与必然相统一的思想。② 高兴成把历史合力论当作"五位一体"总体布局的理论依据,论证了历史合力论是我国现代化建设指导理论中的重要组成部分以及现代化建设的重要一环,从理论上验证了"五位一体"总体布局的科学性,从实践上证实了历史合力论的可行性与操作性。③ 孙海星、张埔华、周银珍等用历史合力论中"单个意志的力"与"总的合力"的辩证统一、多样性与同一性的辩证统一、质与量的辩证统一、客观规律性与主体选择性的辩证统一,以及经济基础决定性和上层建筑能动性的辩证统一的原理与方法,指导中华民族共同体以及人类命运共同体的巩固与发展。④ 何海涛运用历史合力论分析出制约社会治理与社会发展的因素也是制约民族地区凝聚社会合力的基本要素,主张运用历史合力论来分析我国民族地区的社会治理内容。⑤ 张荣洁对历史合力进行再分析,对社会历史的客观规律性等问题获得了新的体认、解读与启发,丰富了历史合力论的内容并提升了历史合力论的科学性。⑥ 除了在政治领域中的应

---

① 李翔:《历史合力论视域下全面深化改革的价值意蕴》,《青海社会科学》2014 年第 3 期。

② 金朝晖、夏东民:《实现中国梦的历史合力》,《毛泽东邓小平理论研究》2014 年第 4 期;苏咏喜:《历史合力论的方法论原则和现实价值》,《中南民族大学学报(人文社会科学版)》2017 年第 3 期;杨元元:《历史合力论视域下中国梦的实现路径》,《中学政治教学参考》2015 年第 36 期。

③ 高兴成:《"五位一体"总体布局与历史合力论的逻辑关系探析》,《山东师范大学学报(人文社会科学版)》2017 年第 3 期。

④ 孙海星:《历史合力视域下中华民族共同体巩固路径分析》,《北方民族大学学报(哲学社会科学版)》2019 年第 2 期;张埔华:《历史合力视域下构建人类命运共同体的必然性分析》,《西安建筑科技大学学报(社会科学版)》2020 年第 2 期;周银珍:《"历史合力论"的辩证思想与新时代人类命运共生研究》,《云南民族大学学报(哲学社会科学版)》2021 年第 3 期。

⑤ 何海涛、黄媛媛:《历史合力论视角下的民族地区社会治理难题解析》,《贵州民族研究》2016 年第 8 期。

⑥ 张荣洁、邱耕田:《历史合力论视阈中的社会发展》,《上海师范大学学报(哲学社会科学版)》2017 年第 2 期。

用,历史合力论也在教育领域另辟蹊径。赵炜将历史合力论中的历史"合力"、个体"分力"、个体"分力"的大小与方向等对人的影响放在社会主义核心价值观的培育语境中,强调了"分力"融入"合力"的相抵消状况,提出了减小个体与总体相融的阻力的方案。① 邹燕矫认为,以历史合力论为方法可以帮助大学生理性认识人类与社会历史发展的内在联系,帮助大学生在了解社会、热爱社会、服务社会中提升社会责任感,促进大学生自由、自觉地进行具有创造性的社会实践活动,推动社会历史发展进步。② 在历史研究中,郭国祥运用历史合力论分析了陈独秀缺席中共一大的多种因素。历史合力论作为一种科学性的理论模型对人的理性思考具有建构、解构、分析等加深理解功能;作为一种辩证统一方法对人的思想意识具有深思、慎辨和全面的调控深化作用;作为一种价值观与方法论的总和,对人的行动决策具有检验、启发和指引的领航指导作用。③

历史合力论在广泛的应用中,彰显了它本身所蕴含的总体性特征。历史合力论总体性基因从黑格尔的总体性的哲学理论中延续下来,并被后来诸多马克思主义者继承。如列宁提出"一整块钢铸成的马克思主义哲学"④的研究原则;卢卡奇提出正统的马克思主义研究方法——总体性辩证法,即"只有在这种把社会生活中的孤立事实作为历史发展的环节并把它们归结为一个总体的情况下,对事实的认识才能成为现实的认识"⑤;科尔施也将马克思主义视为一种将不同思想创造性地整合在一起的社会理论,认为"它是一种把社会发展看作和理解为一个活生生的总体的理论;或者更确切地说,它是一种把社会革命看作理论与实践的活生生的总体的理论"⑥;葛兰西强调马克思主义的

---

① 赵炜、于国丽:《历史合力论视域下社会主义核心价值观培育的意义解读》,《重庆邮电大学学报(社会科学版)》2017 年第 1 期。

② 邹燕矫:《历史合力论:大学生社会责任感养成的理论探讨》,《宁夏社会科学》2014 年第 6 期。

③ 郭国祥:《历史合力论视角下陈独秀缺席中共"一大"原因探析》,《学术论坛》2018 年第 6 期。

④ 《列宁全集》第 18 卷,人民出版社 2017 年版,第 341 页,

⑤ [匈牙利]卢卡奇:《历史与阶级意识》,杜章智译,商务印书馆 2020 年版,第 58 页。

⑥ Karl Korsch,*Marxism and Philosophy*,trans.by Fred Halliday,NLB,1970,p.57.

重要组成部分的各要素之间存在一种总体性的关联，马克思主义"包含有使一个完整的实际社会组织活跃起来，变成一种全面完整的文明所需要的一切要素"①。以上诸多学者的思想都离不开马克思主义总体性的思维范式，历史合力论作为马克思主义总体性思维的典型代表对后来的马克思主义研究产生了深远影响。

历史合力论也具有复杂自组织特征。复杂自组织特征源自亚里士多德的"整体不等于部分之和"思想，历史合力论也具有类似的特征，三者具有可通约之处。复杂自组织属于复杂系统科学中的内容，复杂系统科学作为一种新型理论，既研究哲学研究的一般规律，又研究具体科学研究的特殊规律，广泛应用于自然科学与人文社会科学领域，被誉为 21 世纪的科学哲学。美国圣菲研究所明确提出"突现"是复杂系统的首要特征。毫无疑问，如果把历史看作一个复杂的巨系统，它必然具有混沌性，而在混沌之中，作用者量之间的作用最容易发生质变，涌现就是复杂系统中质变的实质。涌现（emergence）是一个名词，其动词形式为 emerge，表示"从液体中浮出"（come up out of liguid），引申为"现出、显现"（come in to view）、"生成、露出"（issue）、"引起注意或脱颖而出"（nse into notice）②等。"涌现"（Emergence）是指（人和事物）大量出现，亦指突然出现，即数量上的突然增减和质上的突变。美国的圣菲研究所认为"复杂性，实质上就是一门关于涌现的科学。我们面临的挑战，就是如何发现涌现的基本规律"③。约翰·霍兰认为"涌现的本质是由小到大，由简到繁"④，"涌现首先是一种具有耦合性的前后关联的相互作用"⑤。历史合力论中各个力的作用者就是复杂系统中的每一个"Agent"，力与力之间的相互作

①　Antonio Gramsci, *Selections from the Prison Notebook*, ed. and trans. by Quintin Hoare and Geoffrey Nowell Smith, Lawrence and Wishart Ltd., 1971, p.462.

②　黄欣荣：《复杂性科学方法及其应用》，重庆大学出版社 2012 年版，第 18 页。

③　［美］米歇尔·沃尔德罗普：《复杂——诞生于秩序与混沌边缘的科学》，陈玲译，生活·读书·新知三联书店 1997 年版，第 115、第 390—426 页。

④　［美］约翰·霍兰：《涌现——从混沌到有序》，陈禹等译，上海科学技术出版社 2006 年版，第 2 页。

⑤　［美］约翰·霍兰：《涌现——从混沌到有序》，陈禹等译，上海科学技术出版社 2006 年版，第 124 页。

用就类似于复杂系统中各种作用者的相互作用,这种力之间的交错能够产生涌现效应,涌现效应催生出的新质具有以往的状态所无法拥有的功能与行为,从而能够产生针对多变环境的更加有效的行为方式,这种行为里面孕育着新文化、新力量以及新思想等。

历史合力论在政治社会领域的使用范围广泛,其总体性特征与复杂自组织特征适合分析思想政治理论课协同育人中的各方力量以及力量之间的相互关系,这既是创新思想政治理论课协同育人研究范式的举措,也标志着历史合力论的应用开拓了新领域,走入了新境界。

第二节 历史合力论视域下高校思想政治理论课协同育人的基本内涵

历史合力论应用于高校思想政治理论课协同育人领域具有重要的学理价值和现实意义。历史合力论视域下的高校思想政治理论课协同育人的基本内涵围绕立德树人的育人主题,在价值引领层面上内含育人导向和育人立场,在实践活动层面上体现为巧妙周全的育人布局。

一、立德树人:高校思想政治理论课协同育人的主题主线

高校思想政治理论课协同育人属于立德树人思想体系在高校育人领域中的应用与实践。2016 年,习近平总书记在全国高校思想政治工作会议上强调,"要坚持把立德树人作为中心环节,把思想政治工作贯穿于教育教学全过程,实现全程育人、全方位育人"①。立德树人作为高校思想政治理论课协同育人的主题主线体现在立什么样的"德"、树什么样的"人"上。立德树人的美好追求源远流长,一直被中华优秀传统文化根基所滋养。《左传·襄公》中记载:"太上有立德,其次有立功,其次有立言,虽久不废,此之谓不朽。"在人生

---

① 《习近平在全国高校思想政治工作会议上强调 把思想政治工作贯穿教育教学全过程 开创我国高等教育事业发展新局面》,《人民日报》2016 年 12 月 9 日第 1 版。

追求"三不朽"的语境下,立德可以获得高尚的道德修养,能在道德层面让人格不朽,让不朽的人格超越实体生命而获得永恒。《管子·权修》中有言:"终身之计,莫如树人。"这蕴含着管仲丰富的人才培养思想,其道德培养以"礼义廉耻"为核心,其终身教育思想在一句"百年树人"中流芳万世。以"立德"实践为根本,以"树人"目标为要求,"立德"与"树人"思想结合在一起,形成了符合新时代中国特色社会主义发展要求的人才培养传统理念。立德树人与马克思人学理论交相辉映、中西合璧。H.德曼、马尔库塞和麦克莱伦等人从"人的本质"层面理解马克思的思想。马克思早期的著作蕴藏着丰富的共产主义信仰、科学创作价值背后的伦理思想和人道主义动机。马克思在中学毕业论文《青年在选择职业时的考虑》中立志:"如果我们选择了最能为人类福利而劳动的职业,那么,重担就不能把我们压倒,因为这是为大家而献身;那时我们所感到的就不是可怜的、有限的、自私的乐趣,我们的幸福将属于千百万人……"①随后在《1844 年经济学哲学手稿》《关于费尔巴哈的提纲》以及《德意志意识形态》等著作中,马克思扬弃了黑格尔的"纯粹思辨"和费尔巴哈的"人本主义",沿着"自由而有意识的活动"—"一切社会关系的总和"—"人具有自然和社会双重关系"这一线索,追溯了人本质的"实存的根据"——人是一切社会关系的辩证总和,即人的本质囊括人与物之间、人与人之间以及人与自身之间的辩证关系。马克思以身为范,将"德"广布世界,他在革命实践和理论创新过程中亲力亲为了"立"的行动力量。21 世纪的马克思主义在中国焕发出新生机、产生了新力量。新时代,立具有中国特色的社会主义之"德",就是在中国立德树人传统上进行马克思主义"人本化"的改造,在群众思想政治教育中将马克思主义进行中国化和化中国的改造,以中国特色社会主义核心价值观引领社会之"德",以高校思想政治教育为抓手,以"树人"为培育路径实现"育德"目标。立德树人是中国共产党伟大实践经验的精华。建党百年的实践历程与立德树人思想成熟成型息息相关。新民主主义革命时期是中国共产党对立德树人育人理论的探索初创期,党根据政治、军事斗争形势的需

---

① 《马克思恩格斯全集》第 40 卷,人民出版社 1982 年版,第 7 页。

要以涓涓细流、灵活多变、创意创新的教育方式宣传党的政治主张、政治纲领、方针政策和组织青年运动等,贯彻执行立德树人教育理念的同时为之后的思想政治教育学科化、科学化建设奠定了良好的群众基础。在社会主义革命和建设时期,立德树人理念进一步完善并且有了相对稳定的应用环境,育人实践逐渐走向了规模化和大型化。毛泽东同志强调道德教育应齐抓共管,党组织、团组织、政府主管部门、学校、教师都应承担德育责任,要形成合力。[①] 立德树人的育人理念也有了更加具体化的指向,如教育目的更加明确、教育内容更加规范以及教育主客体更加清晰等。在改革开放和社会主义现代化建设新时期,经过拨乱反正,立德树人理念指导下的思想政治育人实践重回发展正轨,并且加强了规范性、实效性与针对性。中国特色社会主义跃进新时代,面对"百年未有之大变局",大国之间的软实力竞争愈发激烈、意识形态斗争愈发隐蔽、线上线下空间的网络舆论越发极化,中国共产党运用立德树人理念面临着许多新的挑战。

总之,立德树人作为中华传统优秀文化的精华、马克思主义理论的精髓和中国共产党实践的结晶具有强大的精神指导力量和凝聚引领功能。高校思想政治理论课协同育人需要以立德树人为主题主线,发挥立德树人的强大精神吸引力,吸纳协同育人的各方力量围绕高校思想政治理论课做出理念渗透、环节衔接、支撑体系、方案设计、融合机制以及具体措施等,在历史合力论的指导下凝聚磅礴育人伟力。

二、党的领导:高校思想政治理论课协同育人的育人导向

《关于深化新时代学校思想政治理论课改革创新的若干意见》指出:"坚持党对思政课建设的全面领导。"[②]中国共产党在中国特色社会主义制度的总结构中具有顶层地位和统领性功能。作为中国特色社会主义事业的领导核心,党的领导落实到高校思想政治理论课协同育人全方面、有机融入高校思想

---

① 《毛泽东著作选读》(下册),人民出版社 1986 年版,第 780 页。
② 《关于深化新时代学校思想政治理论课改革创新的若干意见》,http://www.gov.cn/zhengce/2019-08/14/content_5421252.htm。

政治理论课协同育人建设体系各个环节,实现高校思想政治理论课协同育人制度化运行与定型是发挥中国特色社会主义制度优势的重要着力点。作为孕育高校思想政治教育的母体,中国共产党思想政治教育赋予了高校思想政治理论课能够发挥作用的环境与基础。在历史合力论视域下分析高校思想政治理论课协同育人的基本内涵,党的组织保障力量不可或缺,中国共产党的思想政治教育对高校思想政治理论课协同育人具有重要的组织保障作用。

首先,党和国家大力扶持思想政治理论课是高校思想政治理论课协同育人建设的内在要求。党的政治性规定着思想政治理论课的学科属性,是高校思想政治教育在价值上的升华。高校思想政治理论课是一门带领学生深入了解马克思主义以及马克思主义在中国现实中进行应用的学科。经过百余年风雨,马克思主义作为中国共产党的指导思想其指导价值已经有目共睹,但在思想政治理论课教学过程中的难度往往被大家忽视,与不少同学的兴趣爱好、内心期待都有一定的距离。"高大上"的理论知识、情怀视野、理想信念往往会让同学们敬而远之。加之有部分同学被先入为主的成见带偏,往往会对思想政治理论课产生一定的误解。因此,需要在高校基层党建工作中发挥党强大的组织力、动员力和引导力,对思想政治理论课的顺利开展和贯彻落实进行大力扶持、破除成见偏见并且消除负面印象。同时,高校思想政治理论课具有马克思主义意识形态方面的特殊性,党对意识形态教育的高度重视为其提供了保障。高校是意识形态教育的主阵地,其特殊性表现为无产阶级的革命性、为共产主义奋斗的理想性、服务于人民大众的立场性。[①] 中国共产党是经过浴血革命考验的政党,是中国工人阶级的先锋队,同时是中国人民和中华民族的先锋队,代表着最高的信仰理想,始终与人民群众站在同一立场。因此,中国共产党的先进性、革命性、理想性和立场性是与高校思想政治理论课分不开的,中国共产党也需要思想政治理论课培育大量优质的党员注入新的血液。

---

① 张耀、刘家俊:《试论高校思想政治理论课教育教学的整体性和特殊性》,《高等教育研究》2017 年第 7 期。

其次,高校思想政治理论课协同育人是我国教育现代化与国家治理体系和治理能力现代化的重要组成部分。思想政治理论课协同育人的价值旨归不仅仅是达到"立德树人"的育人目标,还要在这个过程中协同我国办好具有中国特色的世界一流大学。"中国特色"就是中国共产党领导中国的一切。党的建设自身具有系统性、科学性和有效性等特点,党的自身建设的伟大成就离不开理论、实践、价值取向、组织管理等方面的先进性;离不开思想纯洁、政治清朗、作风光明、组织有序等方面的纯洁性;离不开党的基本建设的成功布局,即思想建设、政治建设、作风建设、组织建设、纪律建设、反腐败斗争、制度建设;离不开党指定的思想路线、政治路线、群众路线和组织路线;离不开党的思想引领力、政治领导力、群众组织力、社会号召力等。"世界一流"就是在我国进入新的历史方位的现实背景下,思想政治理论课协同育人要不断开拓理论研究视野,葆有高远的理想追求,顺应世界格局"东升西降"的历史潮流,紧紧抓住"21世纪马克思主义与世界社会主义"这条主要理论指导,瞄准"中华民族伟大复兴与全面建设社会主义现代化国家"的伟大目标,迎接"世界百年未有之大变局"并为"开启新人类文明类型"做贡献,不断彰显思想政治教育现代化的时代价值和文明意蕴。

最后,高校思想政治理论课协同育人是传播习近平新时代中国特色社会主义思想的主阵地。思想政治理论课作为新思想学习的主阵地,除了肩负重要的育人使命,还肩负着历史使命:以习近平新时代中国特色社会主义思想为起点对大学生进行系统化的马克思主义理论知识和思想的教育;通过全党发起的"学四史"活动阅读马克思主义理论的经典原著,深入历史背景、史料语境中感悟经典的力量和历史的厚重,等等。此外,要结合新技术、新媒体和新方法升级青年学习新思想、感悟新思想的基础设施和空间场域。在加强思想政治理论课协同育人过程中创新对党的文献进行应用、传授与转化的方式方法也尤为重要。

三、全面发展:高校思想政治理论课协同育人的育人立场

马克思、恩格斯曾言:"我们所称之为共产主义的是那种消灭现存状况的

现实的运动。"①中国最大的"现存状况"就是仍处于并将长期处于社会主义初级阶段,社会的主要矛盾转化为人民日益增长的美好生活需要和不平衡不充分的发展之间的矛盾。在社会主义初级阶段,高校思想政治理论课肩负着对大学生进行人的自由全面发展思想的启蒙和指导的重要责任。在高校思想政治理论课协同育人中,"理论"就是指马克思主义理论以及马克思主义相关的一系列理论成果。理论的力量表现在理论传播和理论应用上,即"理论一经掌握群众,也会变成物质力量"②。诞生于欧洲文化沃土的马克思主义具有开放性,不仅吸收西方文化理论的精华,也在不断中国化的过程中对中国优秀的传统文化进行了相应的借鉴,在马克思主义理论发展壮大的过程中集中迸发出了强大的哲学批判力、人文社科力和自然科学力。

首先,马克思主义理论中有哲学批判的力量。马克思主义理论到底是哲学还是科学的争论一直是理论研究的热点与难点,但这也说明哲学思维一直都是马克思主义理论最重要的一种思维力量,这体现在哲学的批判比其他学科和其他角度的批判更透彻。在伦敦格特公墓的马克思墓碑上,镌刻着马克思的一句名言:"哲学家们只是用不同的方式解释世界,而问题在于改变世界。"马克思主义在批判旧唯物主义局限的基础上扬弃了旧哲学建立了超越时代发展的完整的哲学理论体系。马克思主义哲学吸收了德国古典哲学中的合理成分,克服了费尔巴哈哲学的不彻底性与形而上学。更进一步地,马克思主义哲学还用精练的表达提出了近代哲学的基本问题。每个时代有每个时代的智慧,而马克思主义对所有事物秉持的"批判"的态度和严谨的"批判"的方法,是马克思主义哲学站在顶端引领马克思主义其他性质的根本所在,由批判性带来的马克思主义理论中的哲学创新性是马克思主义理论不断超越时代的重要推动力量。在中国特色社会主义语境下,哲学与时代新实践的结合是推动党的工作不断发展、民众思想不断解放的重要基础。其次,马克思主义理论中有人文思辨的力量。马克思主义理论是一门研究人的学说,马克思主义理

---

① 《马克思恩格斯选集》第1卷,人民出版社2012年版,第166页。
② 《马克思恩格斯选集》第1卷,人民出版社2012年版,第9页。

论的逻辑起点是"现实的个人",是现实的、活生生的、有血有肉的人,这也是马克思对整个社会以及历史研究的出发点。马克思从黑格尔思想中继承了辩证法思想,但也批判了黑格尔思辨的意识哲学,并将辩证法思想赋予人的感性劳动研究,在劳动中理解人与自然、人与社会以及人与自身的辩证关系,而非单纯抛开人所作用的对象物仅仅在意识内部去构建一个脱离现实的思辨体系,由此在实在感性活动与抽象理性的对立之中打开了一条理解人类根本生存问题的新路径,这种新路径蕴含着马克思主义理论中的人文思辨力量。最后,马克思主义理论中有自然科学的力量。科学是一种在历史上起推动作用的、革命的力量,是历史有力的杠杆;是最高意义的革命力量。马克思主义理论的科学力量包括马克思恩格斯经典著作中的科学思想挖掘、马克思主义理论作为一门科学在苏联的传播与应用、马克思主义在当代科学研究中的延续以及马克思主义理论中国化的相关科学成果等内容。马克思主义理论的科学力量主要表现在马克思主义的科学技术观。马克思最早揭示了科学的本质及科学的社会功能,将科学看作社会的组成部分和研究社会的重要方法。而恩格斯的自然辩证法则更突出了自然科学的功能,并在马克思唯物辩证法的基础上进行了人类社会历史发展的研究——历史合力论,这不仅提供了理解世界和历史的新视角,而且强调实证科学的强大功能,为马克思主义提供了新的方法论。以上三种力量具有统一的关系,哲学批判力量、人文思辨力量以及自然科学力量在本质上是统一的。即三者的研究内容在新时代更注重交叉与跨界,三者的研究对象都是人以及人所作用的对象,三者的研究方法都具有可通约性。人文社会科学的研究越来越追随自然科学的研究步伐,自然科学也越来越注重人文的伦理道德方面,而哲学更是与人文社会科学、自然科学相结合进行了多种创新性的尝试。三者之间的辩证关系表现在,每一种力量都不会对其他的力量简单地搬运,而是有机地借鉴、重组与融合。

四、点线面体:高校思想政治理论课协同育人的育人布局

根据教育部出台的《高校思想政治工作质量提升工程实施纲要》可知,纲要的总体思路是着力建构思想政治教育一体化协同育人体系,让育人实效成

功对接"最后一公里",强调全面统筹思想政治教育领域中的各个育人主体、各种育人力量,从育人设计、队伍配齐、组织保障到要素机制等按照微观、中观、宏观各个层面勠力协同、同向同行、互联互通。高校思想政治理论课协同育人体系作为一个复杂系统,具有规则性、关联性、层次性、开放性、包容性、系统性以及宏观性等特点。历史合力论视域下的高校思想政治理论课协同育人"不但须有一个大图样,总图样,还须有许多小图样,分图样"①,以"十大"育人体系为基础,从微观要素谱系、中观系统图式以及宏观运行机制三方面由内到外、由小到大的圈层模式对高校思想政治理论课协同育人进行历史合力论视域下的科学解构和有机重组,形成高校思想政治理论课协同育人的支撑力量,如学科教学力、日常教育力、行动实践力、监管督察力以及管理服务力。

(一) 着力点:高校思想政治理论课协同育人的微观要素谱系

"谱者,布也,布列其事也。"(《释名》)谱系研究原本应用于中国传统家族谱系定制,目的在于全方位呈现家族血缘、门派学缘以及思想理论的起源、流布和发展。经过跨界创新,谱系创新成为一种能够考察事物发展过程、历史流变以及系统秩序的学术方法。对高校思想政治理论课协同育人的要素探究要进行历史上的纵向梳理和同时代的横向排列。新时代高校思想政治教育微观要素包含高校思想政治理论课协同育人的教育者与教育对象谱系、教育内容谱系、技术主体谱系、教学资源谱系和教学评价谱系等。

1. 高校思想政治理论课协同育人的教育者和教育对象谱系

高校思想政治理论课协同育人的教育者和教育对象谱系内含家庭、学校以及社会等多方培育力量和高校大学生群体教育对象等。其一是家庭教育主体。董立军②提出家庭、学校以及社会三者应形成合力为思想政治教育提质增效。家庭作为个体社会化、政治化的初始场所,家庭的成员、结构以及功能

---

① 《毛泽东文集》第二卷,人民出版社1993年版,第344页。
② 董立均:《提高思想政治教育实效性的几点思考》,《高校理论战线》2004年第10期。

都会对个体思想政治教育素质的高低、教育成果的好坏产生影响。家庭思想政治教育是指在家庭环境中进行的思想政治教育，即在家庭环境中年长者（主要指父母）对下一代的思想政治倾向、道德品质、法律素养、心理素质等方面所进行的有意识或无意识的一系列教育活动的总和。① 相比于学校思想政治教育，家庭思想政治教育具有内在先在性、效果持久性、内容生活性等优势，但中国家庭"异化"问题也让家庭思想政治教育产生了诸多问题，这些问题给后来的高校思想政治教育带来了一些困境。新时代，习近平总书记关于家风建设的重要论述如马克思主义家庭观、中华优秀传统文化、无产阶级红色家风等为家庭思想政治教育注入了活力。其二是高校思想政治教育主体，包含高校党委、马克思主义学院、思想政治理论课教师三种责任主体，这三种责任主体还可以进行细致的划分，如专职的思想政治理论课老师、共青团干部、辅导员、班主任、心理健康教育教师等多种职务类别的人员。首先，高校党委作为领导者，是高校思想政治理论课协同育人的重要领导力量，在社会主义大学建设和推动思想政治理论课高质量发展过程中发挥着"领头雁"的作用，这种统揽全局的规划作用主要体现在思想政治理论课的政策落地与制度保障方面，包括布局思想政治理论课教育教学，高起点、高标准、严要求推进学科建设，严把科研立项关，策划社会实践项目，推进新时代网络思想政治教育建设，严查经费保障，统筹教育资源等。高校党委是"为党育人，为国育才"使命的最主要的担当者和责任者，是描绘思想政治理论课"合"字文章中的浓墨重彩的一笔。其次，高校思想政治理论课的组织者马克思主义学院既是新时代中国特色社会主义大学的一抹鲜明底色，也是办好思想政治理论课的红色基础。马克思主义学院的主体作用包括布局全校思想政治理论课的教学服务、加强思想政治教育的基础育人建设、提升师资力量、建设并运行线上线下思想政治理论课的育人平台、增加"育人思政"与"思政育人"互动、健全育人格局、以"三巡六创优"加强思想政治理论课改革创新、从周边环境起步营造浓厚的思想政治教育育人氛围等，担当好促进思想政治教育理论课协同育人"合"力相继

---

① 刘妍熙、罗雄：《家庭思想政治教育初探》，《成都教育学院学报》2005 年第 2 期。

迸发的组织者与建设者的角色。最后,高校思想政治教育的施教者教师是高校思想政治理论课协同育人的中流砥柱。"要把立德树人的成效作为检验学校一切工作的根本标准"①,而什么决定立德树人的根本方向呢? 列宁认为这"完全而且只能由教学人员来决定"②。因此,教育大计,教师为本。教师自身的责任就包括以"政治要强""情怀要深""思维要新""视野要广""自律要严""人格要正"③等准则提升育人治学的能力和水平、树立良好师德师风形象、建立后备人才队伍、建设教师研修基地、建设思政课教师培训体系、建设高质量辅导员队伍等。此外,还有一些特色主体,如高职高专院校中的思想政治教育主体、民族边疆大学中的思想政治教育主体、中外合作办学的思想政治教育主体、港澳台院校的思想政治教育主体、党校中的思想政治教育主体等。其三是社会教育主体。"社会是个大课堂。青年要成长为国家栋梁之材,既要读万卷书,又要行万里路。"④所谓"行万里路"就是要深入生活实践中去将课堂上学习到的思想政治教育理论进行主体化、社会化、大众化的应用和传播,这是思想政治理论课协同育人的义务职责也是社会育人主体承担社会义务的责任。不在实践中应用的理论是空想,不在实践中检验其真理性的理论是空谈。空谈误国,实干兴邦。以社区、基层党支部、公司企业、部队、公益机构 NGO 等社会主体育人需要借助实践活动来实现,包括教学实践、专业实习、军政训练、生产劳动、志愿服务、公益活动、科技发明和勤工助学等。其四,教育对象,是指在校大学生群体,是目前高校思想政治教育最重要的对象,是党和国家层面的顶层设计与全局统筹高度重视、学校贯彻落实和安排规划、学院育人设计与组织实施以及教师全力讲授培育的终端。因此,对学生心理特点和认知习惯、思想动态与政治认同、认知规律和接受特点等的研究是思想政治理论课协同

---

① 习近平:《在北京大学师生座谈会上的讲话》,《人民日报》2018 年 5 月 3 日第 2 版。

② 《列宁全集》第 45 卷,人民出版社 2017 年版,第 240 页。

③ 《习近平主持召开学校思想政治理论课教师座谈会强调:用新时代中国特色社会主义思想铸魂育人　贯彻党的教育方针落实立德树人根本任务》,《人民日报》2019 年 3 月 19 日第 1 版。

④ 中共中央文献研究室编:《习近平关于青少年和共青团工作论述摘编》,中央文献出版社 2017 年版,第 55 页。

育人的重点内容。

2. 高校思想政治理论课协同育人的内容谱系

高校思想政治理论课协同育人的内容谱系包括育人、教材、科研成果、教学话语以及劳动教育等要素。

其一,新时代高校思想政治教育课的实践教学与理论课教学模式创新源主要在育人建设方面,如"形势与政策"模块化教学模式、《思想方法与领导方法》育人教学创新研究以及对新时代具有新特点的大学生进行具有针对性的育人改造与革新,以适应新时代党所需求的人才和社会发展需要。

其二,对已有的教材加大研究力度,尤其在新时代思想政治理论课教材体系方面,提升思想政治教育教材的针对性、可读性与时效性,思想政治教材向思想政治教学转化,如何讲好用好思想政治教材等方面,增强思想政治教材对其他育人力量的契合性。

其三,思想政治教育科研成果要素对高校思想政治教育协同育人的赋能作用。能够即时应用的科研成果对高校思想政治教育协同育人的推动作用最具有应时力、导向力和矫正力的强化作用。为"立德树人"注入新动能,需要社会各界人员实现跨界创新,以消除人们对传统思想政治理论课乏味的刻板印象。一方面,可以凭借一路高歌猛进的文化产业事业的推动,实现理论知识的灵活运用与理论知识的创新转化,使思想政治教育理论课在"术"的层面实现革新增效。另一方面,思想政治理论课科研成果的创新也是高校思想政治理论质量不断提升的新的增长点和突破口,对科研的热情以及科研成果产出的回报能够极大程度地调动社会各界力量,尤其是要培育每个教育主体发现问题、提出问题、分析问题以及解决问题的能力,这是在最根本的"道"的层面促进每个人发挥出协同育人的力量。

其四,高校思想政治教育的话语要素,这是高校思想政治教育的政治性、意识形态性、建构性和时代性的重要彰显。新时代,构筑生活场域中的日常话语体系、课堂场域中的对话式话语范式、线上的"网言网语"沟通话语技巧、政治场域的"党言党语"的规范话语导向以及每个场域之间相互转换,是目前每个力量主体需要聚焦的思想政治教育话语的关注点。

其五,全党全社会要采取有效措施切实加强劳动教育,把劳动教育纳入人才培养全过程。① 随着物质基础不断提升,高等教育体系中关于最朴素的劳动的价值逐渐被边缘化、泛化和淡化,物化、异化等人的本质上的扭曲与变形都直接或间接与劳动教育的弱化甚至缺失紧密相关。高校思想政治教育协同育人是承载劳动教育的最契合的平台。在理论层面,高校思想政治教育是以马克思主义立场、内容与方法为主题主线开展的一门育人必修课。马克思在他的著作与思想中揭示了"劳动创造了人本身"②的真理性认识;马克思沿着"劳动异化"线索通往对资本主义制度下"剥削"问题的研究,提出了通过废除资本主义制度实现人的自由全面发展的共产主义理想。在实践层面,中华优秀传统文化中对劳动精神的赞颂与传承源远流长,党的教育方针也以"坚持德智体全面发展、又红又专、知识分子与工人农民相结合、脑力劳动与体力劳动相结合"③为教育方针。建党百年历程中涌现出了与劳动相关的众多先进精神,劳模精神、工匠精神等新时代的中国精神既彰显了育人价值,又为当代大学生成才提供了标杆导向。因此,不仅要将劳动教育融入高校思想政治教育的育人设置、教材内容以及实践行动中,而且还要不断强调劳动教育的特殊性和实践性,专门设立可以磨砺大学生意志、增长大学生才干以及提升大学生认识的教育实践基地,在实践中将劳动教育的功能转化为大学生自觉的劳动意识和劳动习惯,在实践中发现问题、积极调动自身的知识储备,通过劳动提高自己解决问题的能力。

3. 高校思想政治理论课协同育人技术主体谱系

高校思想政治教育协同育人的多主体在一定程度上有应用先进技术开展自己工作的认知、意向与实践。对技术主体的分析必须明确两个前提,一是技术主体是非中立的,二是技术的理论创新和研发应用都伴有伦理性风险和随

---

① 《中共中央 国务院关于全面加强新时代大中小学劳动教育的意见》,http://www.gov. cn/zhengce/2020-03/26/content_5495977.htm。

② 《马克思恩格斯选集》第3卷,人民出版社2012年版,第988页。

③ 中共中央文献研究室编:《改革开放三十年重要文献选编(上)》,中央文献出版社2008年版,第214页。

机性风险。随着技术飞速发展,技术主体谱系对高校思想政治教育协同育人的导向、功能及影响至关重要。首先,应明晰技术并非中立是分析高校思想政治教育协同育人合力中各力量作用者的前提。技术并非具有中立性而是具有方向性的,通过增加选择或者改变过程而指向某种特定的方向,在这个过程中会改变它所触及的文化,改变其发展方向。发明者和设计者往往会更偏好技术的价值中立,因为这会免除他们对自身发明物所引发的不良影响的责任,但技术会造成赢家与输家,如果技术以某种方式对一个群体比另一个群体更有利,那么它就不是中立的。技术对象都是独一无二的。一方面,他们被设计成以一种特殊和有限的方式发挥作用;另一方面,技术对象与环境交织在一起,并以独特的方式与现实发生互动。随着技术的不断发展,一旦我们拥有完全具有能动作用的智力代理人,技术就会拥有自身的能动性,例如人工智能与机器学习逐渐会使自我意识的出现成为可能,将会导致价值中立态度的终结。智能技术之所以智能是因为它可以将人类的偏见转移到自身,如人工智能和机器学习的应用需要训练数据,而所训练的数据则继承了具有偏见的数据,这种偏见既可能是决策者的也可能是世界上普遍存在的。技术主体之间的偏见会像病毒一样复制、传播和蔓延。大数据思想政治教育方兴未艾,各大高校积极开展网络思想政治教育战略布局,先进技术必定会介入思想政治教育协同育人的各个环节和过程,因此在历史合力论的视域下,技术主体的立场、技术应用的方式以及技术指向的价值等给高校思想政治教育带来的影响不容小觑。只有承认技术不具有中立性,才能够凸显高校思想政治教育协同效应下每一个力量作用者的技术力量在方向、大小与强弱上的参差。

思想政治教育理论课协同育人的技术主体目前有技术理论创造者、技术研发者、技术供应商、技术应用具体主体、技术监督主体等。当前思想政治理论课面临全面深化改革,包括思政课线上线下混合教学模式的改革、新媒体与高校思政课教育教学实践升级、以大数据为基础的高校思政课智慧课堂创新等。新冠病毒疫情促使线上教育领域呈现爆发式增长的态势,疫情防控背景以及网络复杂的舆论环境比任何时候都突出,如何在短时间内提升网络、线上思想政治教育理论课平台的搭建速度、设置健全程度以及教学效果信度等是当下面临的难点、堵点和痛点。在攻坚克难的过程中,需要对现代信息技术在思政课教学中的应用情况开展全面调查研究,在新媒体视域下高校思政课实践教学模式需要大力宣传推广,高校思政课在线教学经验在不同地区之间的传播沟通也需要加大进度和力度。在信息潜力无限发达的今天,"技术峡谷""数据鸿沟""信息茧房""新闻孤岛"等各类现象层出不穷,对技术主体的研究还有待进一步深入。

4.高校思想政治理论课协同育人的教学资源谱系

高校思想政治理论课协同育人的教学资源指高校在对学生开展思想政治教育理论课教育的全过程中所选择利用的、能承载和传递思想政治教育内容、信息和知识的全部要素的总和。随着思想政治教育理论课的改革进入关键期、发展进入成熟期,高校思想政治教育理论课协同育人教学资源的潜在性、广域性和多样性等特点也越发突出。对资源类型的梳理可以按照多种标准进行划分:按照育人资源存在的形态属性划分,可分为自然资源(指大自然经过数亿万年变迁形成的以自然形态存在的可服务于高校思想政治理论课的资源,如土地、海洋湖泊、动植物、工业原材料、明媚的阳光、湛蓝的大海等)和社会资源(指以社会关系为核心,在社会生产活动中可被思想政治教育所利用并发挥着思想政治教育功能的各种要素,如主体资源、文化资源、科技资源和信息资源等);按照育人资源的属性标准划分,可分为物质资源(以实物形式表现的资源,如财物资源、媒体资源、时间资源等)和精神资源(如中国共产党人的精神谱系、文化制度等);按照育人资源的时间区隔划分,可分为传统资源(指可被思想政治教育所开发利用的历史文化因素的总和,主要是中华传统文化)和现代资源(指在近现代社会产生并存在的可以为思想政治教育所利用的各种因素,如现代高科技产品、现代社会所取得的一切成就);按照育人资源的作用方式,可划分为显性资源(指教育主体组织实施的、专门对教育对象进行直接公开的思想政治教育过程中所利用的资源的总称,如自然风景、党课团课、组织生活等)和隐性资源(指教育者通过无意识的、间接的、内隐的方式使教育对象不知不觉地接受教育的资源的总和,如校园环境、红色文化、学术氛围等);①按照育人资源的存在方式,可分为动态资源(指随着经济社会发展不断具备新内涵的资源,例如党的理论政策、社会经济发展成就、社会人物的实践活动等)和静态资源(指在较长历史时期内具有相对稳定性的不会改变既有地理位置的资源,如名胜古迹、马克思主义经典文献、自然风景等)。除此之外,高校思想政治理论课协同育人的教学资源还有一些分类方法,比如按照育人资源的空间分布,可分为域内资源和域外资源;按照育人资源的再生性划分,可分为可再生资源和不可再生资源;按照育人资源的场所分布,可分为家庭资源(如家风、族谱等)、校园资源(如学校图书馆、校史馆等)和社区资源(如社区管理制度、社区教育机构等)。总之,高校思想政治理论课协同育人的教学资源谱系是由许多"子集"所构成的"大集合",是由数不清的"枝干枝叶"所构成的"参天大树",鉴于篇幅有限,本书就不一一列举了。但需要说明的是,上述划分标准都是相对的,不具有绝对性,各个"子集"之间不是完全区隔断裂开来的,而是存在一定的交叉和重叠,彼此相互联系、相互影响,共同服务于高校立德树人。因此,只要有利于提升高校思政课教学质量、有利于实现人的自由全面发展,那么无论是何种资源、何种支脉,都应当受到高度重视,都值得被深入挖掘并且得到充分利用。

5. 高校思想政治理论课协同育人的教学评价谱系

高校思想政治理论课协同育人的教学评价一直都是思想政治教育工作的难点。《中共中央关于制定国民经济和社会发展第十四个五年规划和二○三五年远景目标的建议》中提出建设高质量教育体系的要求和目标,而思想政治理论课作为高质量教育体系的重要环节、德育育人的"主渠道"以及育人实践的"主阵地",可为提高人民思想道德素质、科学文化素质和身心健康素质提供可靠的保障。要实现高校思想政治教育理论课的高质量发展,必须匹配高质量的思想政治教育协同育人体系的高质量支撑,而高质量思想政治教育体系需要高质量的评价体系作为标准和指引。教学评价谱系包括对评价理念的科学化升级、评价特征的精准性把握、评价方式的系统性建构、评价的关键

---

① 陈华洲:《思想政治教育资源论》,博士学位论文,华中师范大学,2007 年。

问题进行点对点解决四个要素。评价理念更加科学化包括评价标准更注重与其他学科之间的整体协同、更尊重大学生的成长成才规律以及更注重教学内容的更新发展等。对评价特征的精准把握包括从整体上进行一种滚动式、可持续的追踪评价,并对这种机制及时修改完善,保证评价的效度。对评价方式的系统性建构包括三个方面:首先,明晰到底以什么为评价的依据,对这些根据进行学术史的梳理,在此基础上对思想政治教育理论课现实中的应用情况进行调研,提高依据的现实性;其次,建立思想政治理论课教学质量评价完善的指标体系,整个指标体系的建立应当包括思想政治理论课的各个环节和过程中的基本要素;最后,利用区块链技术建构长效、量化、透明的评价链,链条上的每一个环节要素都可以被其他环节要素所监督,任何人不得篡改、伪造。对评价的关键问题进行点对点的解决,依据高校思想政治理论课开展的实际情况,对具有专业要求的难题进行专业的解决方案设计,如广泛发动教育学、社会学、管理学、心理学、计算机科学、复杂系统科学等专业学科进行方法、模型、软件、系统等的设计和应用。同时点对点解决还需要提高精度,针对具有特殊需求的大学生要制定个性化的育人方案。

(二) 聚力线:高校思想政治理论课协同育人的中观系统图式

思想政治教育理论课已经和政治、经济文化、社会生活实践融为一体,思想政治教育理论课协同育人呈现出多育人主体视界交融的景象。"思想政治教育主体与客体的关系是共同处于思想政治教育多主体认知系统中的关系"[1],思想政治教育理论课协同育人又呈现出多主体客体之间物质、能量与信息不断交织的状态,微观层面上的每一个要素都做出摆脱"单子式"的运动。因此,顺应趋势厘清混沌状态中要素与要素之间的衔接、交叉和融合进而提炼出元素之间的聚力线,勾勒出历史合力视域下高校思想政治理论课协同育人的子系统图式是必需的。

一是育人主客体与育人方式之间的相互联结的子系统。在互动子系统中

---

① 陈中伟:《浅谈思想政治教育多主体认知的系统性》,《理论与改革》2005 年第 5 期。

描绘了一幅动态的教育者、教育对象与育人方式之间相互产生能量交换、发挥影响作用的景象,这是最靠近思想政治理论课本旨的核心层。育人主客体与育人方式之间的互动按照不同的标准可以划分为多样的种类,但其中最具有典型代表也最具有认同效应的就是全媒体思想政治教育理论课一体化、家校社教育主体一体化、大中小学思政课教学一体化以及高校本硕博思想政治理论课一体化等提法。全媒体思想政治教育理论课一体化,是指对大众媒介进行一体化平台搭建,将教育者与育人对象联系起来,形成“一对多”“多对多”“多对一”等网状联结模式。互联网作为权力旋涡中心、话语集合场域以及新兴育人高地,能够将思想政治教育协同育人的议题设置、舆论讨论、宣传引导等功能发挥到最大。家校社教育主体一体化主要是受教育学中的爱普斯坦以“关怀”为核心的交叠影响阈理论影响,在理论上构建一种积极、合作的家庭、学校、社会三者之间的关系,但思想政治教育又具有其他教育所不具有的政治性,因此还需要党和国家主体进行制度方面的引领。《关于深化新时代学校思想政治理论课改革创新的若干意见》明确提出“教育部成立大中小学思想政治理论课一体化建设指导委员会”的建设目标,一体化建设包括大中小学思政育人一体化和高校本硕博思想政治理论课一体化,“一体化”建设是衔接大学生成长成才各个阶段的重要工程。大中小学思政育人一体化建设,需要明确大中小学思政育人建设主体构成成分,小到任课教师大到学校领导,每个主体不仅要各司其职、各尽其能,还要在具体育人工作上形成分工合作的合力。大学与中学和小学的思想政治理论课如何衔接既是一个需要攻坚克难的问题,也是一个常研究常新的课题,如在思想政治理论课建设主体方面存在一定的共性也有相对突出的个性,大中小学之间思想政治理论课内容划分是否合理、各学段思政课建设的具体内容是否与时俱进,都存在相应的差异点和通约处,因此“一体化”的过程重点强调在差异中找联动、在通约中找互补,在横向层形成每个层面都具有可以彰显的个性发挥,在纵向层实现每个层次都遵循思想政治理论课育人规律的和谐格局。高校“本硕博”思想政治理论课一体化建设的问题,一方面育人内容重复交叉过多导致思想政治理论课协同育人的层次性得不到体现,另一方面硕博士研究生与大学生相比思维方式和思考内容都更加具有深度,如果思想政治理论课教师还照着对待大学生的方式方法对他们进行教育,会导致思想政治理论课协同育人的针对性不强、亲和力削弱。因此,针对本硕博的思想政治理论课一体化来增强协同育人的功能,要求每个院校建立一个专门针对高校各学段思想政治理论课一体化建设的部门,科学构建本硕博思想政治理论课进阶有序的教学体系,集体对不同阶段的同学进行调查研究、分层分段进行教学备课、定期长期对教学质量进行组织考察。

二是育人内容与教学教材之间相互转化的子系统。从本质上看,高校思想政治理论课协同育人的教师授课内容、教材呈现内容、社会实践体验与教育对象真正感悟的内容都包括了能量的流动和信息的转化,但存在以下不同:在授课内容上,每位思想政治理论课老师因上课风格、授课方式、表达技巧、个人魅力以及知识背景不同,其所授课的内容是不尽相同的;在教材呈现内容上,教材虽然都结合最近的政策方针以及社会知识进行了修订和更新,但还存在有大量相重合的内容和不适应同阶段内各个层次教育对象需要的瑕疵;由于每个实践对象的前经验、教育背景和知识结构不同,教育对象在社会实践中的体验是独一无二的,尤其当教育对象在社会实践中体验到的社会与教师授课描述以及教材中勾画的社会存在巨大差异时,如何让教育对象明白社会真实运行机制的实然与应然之间的差别,以及如何让教育对象在这种落差之下学会自我调节,将会对教育对象的心理健康起到非常有力的帮助;教育对象能够真正感悟的内容作为思想政治理论课协同育人的终端将会存在各种各样的效果折扣,如在思想政治理论必修课上大学生出勤率不高,早退、迟到、上课玩手机、上课学习其他内容等各种"身在心不在"的情况会让他们对思想政治理论课内容的吸收大打折扣。对以上四种不同的文化现象,不能把它们放在一起进行归纳总结,四者之间的转换和结合是思想政治理论课协同育人有机结合的优势。目前高校思想政治理论课协同育人在育人思政与思政育人的统筹协同与有机结合、国家政策与教学内容研究互通、学科话语体系的互通转换等方面的研究是思想政治理论课的研究热点,具体内容包括习近平总书记提出的思想政治理论课的"三进"的研究、社会主义核心价值观融入思想政治理论课教学的研究、总体国家安全观融入思政课教学研究、新时代加强全民国防教育的研究、高校思想政治理论课中法治理念的传播和法治精神的培育研究、习近平法治思想贯穿融入思政课理论教学研究、"四史"融入思想政治理论课教学的研究、"四个自信"融入思想政治理论课教学的研究、中国共产党百年伟大精神融入思想政治理论课教学的研究、抗疫斗争中彰显的中国制度和中国精神融入思想政治理论课教学的研究、新时代青少年爱国主义教育融入思想政治理论课教学的研究等。

三是育人实效与育人评价之间相互促进的子系统。育人实效与教学评价之间的相互促进既是一个系统机制难题又是一个辩证思维课题。对教学评价标准的定制、教学评价体系的规划在整个思想政治教育理论课协同育人过程中是至关重要的,决定着教育对象的积极性与主动性,决定着教育者的物质待遇和精神奖励,决定着高校中思想政治理论课的地位和影响,并且决定着社会各界如何看待思想政治理论课。虽然目前对思想政治理论课协同育人的某些环节、要素进行了育人评价体系的研究且取得了较大进展,但由于我国教育领域的传统观念根深蒂固加之教育内卷化现象、教育结构不合理、教育资源不均衡等各种原因,一锤定音的考试成绩、以教师为中心的评价导向、以知识应用为价值的引领方向等由于历史的局限性而未能得到更好的改善和实现良好的循环。问题就在于育人实效与育人评价之间的相互促进系统出现了断裂。一方面,虽然社会各个主体都明确中国特色社会主义需培养什么样的人,但正如历史合力论中总体大方向相同并不一定能够最终获得最终预定的目标一样,在协同育人系统的稳态中会出现打破现有的有序状态而转变为一种无序状态或者是转变为另外一种有序状态的诸种因素。另一方面,育人实效与育人评价之间永远存在一种张力,各有各的界限,同时两者之间有相互促进的结合点,要用辩证的思维去看待两者之间问题矛盾的张力关系,如动态的育人实效与静态的育人评价、长效的育人实效与短期的育人目标、多样的育人实效与细化的育人标准、个性的育人实效与普适的育人目的等。应以正向评价发挥促进育人实效的激励性,以负面评价实施育人实效的规训性,以系统化的评价内容体现评价的综合性,以多样化的评价方法体现评价的灵活性,以灵活化的评价形式体现评价的全面性,等等。

（三）合力面:高校思想政治理论课协同育人的宏观运行机制

高校思想政治理论课协同育人的宏观层面涉及高校思想政治理论课协同育人的生态系统生命力和魅力系统软实力。

一是高校思想政治理论课协同育人的生态系统。指一切对思想政治教育活动开展及其效果产生各种影响的内外部因素之间关系及结构的总和[①],这对高校思想政治教育生态系统来说是一个生命线。对思想政治理论课协同育人的研究呈现出从客观环境到宏观系统再到生态系统的研究,体现了理论视域的现代化转变以及研究方法论的科学化升级。首先,利用生态学的相关理论方法来代替形而上的方法固然是好,但是生态学理论与方法在思想政治教育理论课协同育人方面的"交集"研究还未出现,如何对学科交叉跨界创新进行学术定位是一个理论难题。高校思想政治理论课协同育人的生态系统具有开放交互性、脆弱风险性、相互稳定性、相对独立性、暂时混沌性以及不时涌现性等特点,以后还会有其他新的特征需要及时把握。其次,对高校思想政治理论课协同育人的生态系统的研究还应该从理论与实践的意义上对思想政治理论课协同育人的生态系进行整合利益、价值凝练、案例概括进行相对应的经验总结。例如,对新时代思政课建设、推动思政课改革创新、新时代学校思政课重点难点问题、加强党对思政课建设的领导、学校思政课建设工作格局、新时代学校思政课与马克思主义理论学科建设、新时代学校思政课"三大体系"建设、思政课实现"八个统一"思路方法、新时代学校思政课知行合一模式、党政领导干部讲思政课常态化机制、中国共产党百年思想政治理论课建设经验、新时代高校"课程思政"的理论研究和实践探索、党政领导干部讲思想政治理论课常态化机制、营造全党全社会关心"思政课程"建设的浓厚氛围以及推动党、团、队一体化建设、新时代高校思想政治理论课教育规律等,进行不懈深入

---

① 邱柏生:《要重视研究思想政治教育的生态环境》,《学校党建与思想教育》2004 年第5 期。

研究和奋力推进,这更有利于从宏观层面把握思想政治理论课协同育人,提高生态系统中的每一子系统的承载力和弹性力。最后,在思想政治理论课协同育人的生态系统之外还有一个更宏大的外部社会生态系统,如何进行生态系统与生态系统之间的交互流动并获得外部生态系统的支持,也是历史合力视域下建设健全思想政治理论课协同育人的重要关切点。具体来说,如新时代学校意识形态工作的问题与对策、高校思想政治理论课与党校理论教育党性教育比较、社会思潮变化趋势与规律、党的红色基因传承、牢牢掌握高校意识形态工作领导权的体制机制、文艺作品对加强新时代爱国主义教育的功能作用、新时代青少年爱国主义教育、全面加强新时代少先队工作、推动理想信念教育的常态化制度化、党校系统"用学术讲政治"教学、高校马克思主义理论人才培养,等等。

二是高校思想政治理论课协同育人的魅力系统。高校思想政治理论课协同育人的魅力实质上是指与高校思想政治理论课协同育人全过程相关的审美方面,以审美增加吸引、以吸引带动兴趣、以兴趣实现行动、以行动发挥实效,因此思想政治理论课协同育人宏观层面上的魅力是一种软性的内驱力。首先,个人魅力是高校思想政治理论课协同育人魅力系统的基础。"高校教师要坚持教育者先受教育,努力成为先进思想文化的传播者、党执政的坚定支持者,更好担起学生健康成长指导者和引路人的责任。"[①]不仅仅是教师,协同育人体系中其他教育者的外表、气质、才华、能力、素质、信仰、人格、道德、情感和学术等各个方面都会对教育对象产生潜移默化的影响。如习近平总书记关于思想政治理论课的讲话内容具有非常鲜明的话语魅力,对各种经典旁征博引,对古典诗词信手拈来,讲话中多层次、多排比给思想政治教育渲染了磅礴自信的气势,让人听后大受鼓舞。其次,内容魅力是高校思想政治理论课协同育人魅力系统的核心。马克思主义经典著作的真理魅力,中国特色社会主义不断开拓创新的实践魅力,思想政治理论课以及网络思想政治理论课的话语魅力、

---

① 《习近平在全国高校思想政治工作会议上强调:把思想政治工作贯穿教育教学全过程 开创我国高等教育事业发展新局面》,《人民日报》2016 年 12 月 9 日第 1 版。

议题魅力、内容魅力、表达魅力和情感魅力等,都是思想政治理论课协同育人的最核心的组成部分。最后,艺术表达是高校思想政治理论课协同育人魅力系统的升华。对核心组成部分朝着喜闻乐见的发展方向改造,既是未来思想政治理论课的发展前景,又是实现马克思主义大众化的高效途径。如通过主旋律电影、动漫、歌曲、话剧、歌舞、短视频、动画、图片等,借助我国文化产业大发展、大繁荣创新出百花齐放的艺术表达方式,打造出一堂堂思想政治理论课协同育人的"魅力课堂"。

第二章 历史合力论视域下高校思想政治理论课协同育人的结构分析

高校思想政治理论课作为思想政治工作的核心内容,是一项涉及多种要素、多维领域、多个环节、多重场域的系统工程。分析高校思想政治理论课协同育人的合力构成,确定高校思想政治理论课协同育人的合力形态,追踪高校思想政治理论课协同育人的合力演进,对进一步回答高校思想政治理论课协同育人的系统构成以及各部分之间的重要关系等理论问题具有积极作用。这是将高校思想政治理论课协同育人放置在历史合力论理论框架内的基本要求,亦是推进高校思想政治理论课协同育人实践的基本前提。

第一节 历史合力论视域下高校思想政治理论课协同育人的合力构成

历史合力论视域下高校思想政治理论课协同育人研究的角度不同,对合力构成的分析结果也将不同,本书拟将高校思想政治理论课协同育人的合力结构划分为主体合力、内容合力、载体合力及场域合力,建构起对高校思想政治理论课协同育人工作的整体认知,理顺影响高校思想政治理论课协同育人的主要因素,揭示高校思想政治理论课协同育人运行的深层次问题,为后续协同育人现实路径的探究提供坚实的理论依据。

一、高校思想政治理论课协同育人的主体合力

高校思想政治理论课是以人为本的育人课程,离不开多维主体的协同作

用,由此催生了高校思想政治理论课协同育人的主体合力。本文将从基本内涵、外在表征以及功能赋值三个层面,对高校思想政治理论课协同育人的主体合力进行系统阐释。

(一) 高校思想政治理论课协同育人主体合力的基本内涵

1. 高校思想政治理论课协同育人主体合力的概念界定

恩格斯在《致约·布洛赫》的信中指出,"各个人的意志……融合为一个总的平均数,一个总的合力"[①]。要厘清高校思想政治理论课协同育人主体合力的深邃内涵,应准确把握三个核心点:一是高校思想政治理论课协同育人主体并非单个主体,而是一个庞大的主体群。协同育人主体的划分不仅涵纳育人过程的实施者,也包括育人过程的管理者、服务者以及接收者,只有在主体层面完成输出到输入的完整链条,主体合力才能生成。二是高校思想政治理论课协同育人主体是"现实的人",而不是"抽象的个体"。协同育人主体是具有社会性、具体性和历史性的人,处于一定的社会关系之中,从事特定的社会实践活动,会依据不同的历史背景和实践条件产生各种各样的现实需求,包括物质需求、精神需求以及自我发展和自我实现的需求。三是高校思想政治理论课协同育人主体并非相互独立,彼此之间频繁发生交互作用。协同育人的价值实现离不开主体之间的经验交流与信息共享,任何主体都无法独立完成协同育人实施过程。概而论之,所谓"高校思想政治理论课协同育人主体合力",就是指参与协同育人实践过程的现实主体,基于共同的目标指向和价值追求,发生交互作用后凝聚而成的强大力量。

2. 高校思想政治理论课协同育人主体合力的基本特征

一是主体合力具有"属人性"。人既是高校思想政治理论课的主体,也是合力生成的主体。一方面,作为协同育人主体的"人"一定是有生命的自然存在物,这是成为高校思想政治理论课协同育人主体的基本前提;另一方面,作为协同育人主体的"人"一定是有思维的存在物,能够通过有意识、创造性的

---

① 《马克思恩格斯文集》第10卷,人民出版社2009年版,第593页。

劳动改变客观世界,这是成为高校思想政治理论课协同育人主体的核心要求。主体的"属人性"决定着主体合力也必将具备这种"属人性",反映着人的意识,承载着人的需求。

二是主体合力具有"现实性"。高校思想政治理论课协同育人主体作为自然存在物与社会存在物的统一体,其所有的实践活动都必然依托当下的社会生产力和生产关系,不存在超越"现实"的抽象的主体合力。主体合力的现实性则体现在两个层面:主体合力是社会关系的缩影,其本质是主体在互动中衍生出的特殊关系形态;主体合力离不开物质基础的支撑,从某种程度上说,社会生产力和社会财富的积累直接影响着主体合力的生成和作用的发挥。

三是主体合力具有"互动性"。协同育人主体合力的"互动性"可从两个方面加以阐释。一方面,主体合力在互动中产生。正是因为各主体在互动交流中达成意见共识,才能释放出分力,为主体合力的生成做好准备。另一方面,主体合力在互动中增强。主体合力不是静态之物,而是会随着主体互动的深入而逐步增强,两者之间呈现出正比例发展态势。换言之,主体的互动越频繁,潜能就更易被激发,生成的主体合力也更为强大。由此可见,主体合力的互动性贯穿合力生成的全过程。

四是主体合力具有"历史性"。主体合力的"历史性"是由"现实性"延伸而生的特征,集中表现为协同育人主体合力的具体性和阶段性。主体合力是"历史存在着的合力",其是在历史中生成、在历史中发展的合力,脱离历史条件的主体合力是不存在的。主体合力是"历史发展着的合力",人可以以一定的实践目的为指向,通过特定实践活动,推动社会历史的变迁。可以说,主体合力的历史性发展过程同样是社会历史的演变历程。

五是主体合力具有"为我性"。所谓"为我性",是指协同育人主体实施协同过程总是有着明确的主观目的和价值指向。其中,"为我性"之"我"可分为"大我"和"小我",能否在利益取舍中舍"小我"为"大我"就是主体合力能否生成的关键。若主体均以"小我"为行动指向,分力的方向和作用点会彼此交错,难以形成共力点。反之,若主体皆以"大我"为出发点,合力生成的可能性就会更大,合力的作用力也会更强。

（二）高校思想政治理论课协同育人主体合力的构成要素

我们可以从形式、学历、年龄、专长等方面分析高校思想政治理论课协同育人主体合力的结构。从主体规模上看，高校思想政治理论课协同育人主体合力生成于个体、群体以及机构之间。其中个体主要是指高校各级党委成员、高校思想政治理论课专职教师、高校辅导员、高校宣传思想工作者以及大学生等；群体则是指由单独个体组成的主体集合，其相较于个体而言更具规模化和组织性，如高校各级党支部、高校思想政治理论课教师队伍、辅导员团队、高校宣传工作队伍以及大学生群体；机构是指个体及群体所属的社会单位，其作为协同育人的宏观主体发挥着重要的部署和协调的职能。简言之，个体之力、群体之力以及机构之力都是主体合力的重要构成。从主体学历层次上看，高校思想政治理论课协同育人主体合力涉及研究生（博士研究生、硕士研究生）、本科生等。从主体年龄结构上看，高校思想政治理论课协同育人主体合力生成于青年主体以及中老年主体之间。从主体专业技能上看，高校思想政治理论课协同育人主体合力包括"思政课程"主体与"课程思政"主体的力量。

（三）高校思想政治理论课协同育人主体合力的功能赋值

一是彰显育人主体的引领精神。育人主体之所以能够成为高校思想政治理论课协同育人工作的核心，是因为其是在遵循思想政治工作规律、遵循教书育人规律、遵循学生成长规律，顺应新时代党和国家对人才培养最新要求的基础上形成主体合力的。换言之，承认主体合力存在的合理性，就是承认了教育者在高校思想政治理论课理念协同、目标协同、行动协同等方面的实践主体地位，肯定了教育主体在高校思想政治理论课协同育人工作中发挥的重要作用，具有彰显育人主体引领精神的功能。

二是引导育人主体的利益取向。纵观人类历史的发展进程，尽管整个人类社会进步的势头不可抵挡，但在这个历史的"平行四边形"中不可避免地存在着相反的力，而这种力源于不同年龄、不同阶层、不同领域主体的多元化利益诉求。可见，强调主体合力存在的必要性，就是要审视并考量这种差异化利益诉求,积极主动地处理多主体之间的利益纠葛,求得利益的"最大公约数"。

三是提升育人主体的育人实效。主体合力的生成有助于育人主体在思想上达成共识,减少因意见相左、信念冲突、目标错位等引发的行动无力;主体合力的生成有助于育人主体在策略上寻求"最佳",从差异中挖掘突破口,减少因决策失误、策略欠佳等造成的行动无序;主体合力生成有助于育人主体在行动上深度融合,主体合力具有促使主体同心同向的功能,引领主体为了共同的价值目标而奋斗,尽可能在实践活动中保持统一基调,减少因动力不足、认知不清、行动滞缓等导致的实效减损。

二、高校思想政治理论课协同育人的内容合力

高校思想政治理论课是铸魂立根的关键课程,从某种程度上说,课程内容决定着协同育人目标的实现,由此催生了高校思想政治理论课协同育人的内容合力。本书将从基本内涵、构成要素以及功能赋值三个层面,深刻阐释高校思想政治理论课协同育人的内容合力。

(一) 高校思想政治理论课协同育人内容合力的基本内涵

1. 高校思想政治理论课协同育人内容合力的概念界定

所谓高校思想政治理论课协同育人内容合力,是指高校思想政治理论课的协同对象相互交织相互作用聚合而成的强大力量。要进一步厘清内容合力的深邃内涵,需要明确以下两个问题:其一,高校思想政治理论课协同育人的内容合力是"对象化的存在"。要认识到内容合力是一个对象化的存在,是由主体实施行动后产生的被动结果。换言之,内容合力是主体合力的衍生物,内容合力的形成与发展都离不开主体的实践过程。其二,高校思想政治理论课协同育人内容合力是"复杂化的结构"。高校思想政治理论课协同育人内容合力包括宏观结构、中观结构、微观结构,每一层结构都涵纳着多重元素,有着较为复杂的结构形态。因此,对高校思想政治理论课协同育人内容合力的厘定必须注重考量多维视角、多元要素、多重视域。

2.高校思想政治理论课协同育人内容合力的基本特征

要构成合力的协同内容必须具备四大特征：一是协同内容必须体现政治性。假若协同内容的政治立场模糊、政治信仰不清，极易破坏高校思想政治理论课协同育人的生态环境。可见，协同内容的政治立场和政治信仰既是保障内容导向一致的关键因子，也是形成高校思想政治理论课协同育人内容合力的基本点。二是协同内容必须坚持科学性。达到科学性和真理性是人类认知活动的最高价值追求。进而言之，科学性也是协同内容能否形成合力的核心，伪科学的协同内容即使披上重重伪装也难以使人信服，生成合力的根基也必将荡然无存。例如，马克思主义理论体系的三大板块之所以能够形成强大的内容合力，根本原因就在于其是经由实践证明了的科学理论。三是协同内容必须具备包容性。协同领域的广泛性和协同主体的多元性决定着协同内容应具备包容性，能够充分吸收、挖掘、整合、利用及转化各个层次、各个领域、各个环节的内容体系，形成同频共振互促共进的互动关系。四是协同内容必须崇尚规则性。高校思想政治理论课协同育人是全局性问题，协同育人"车轮"的运转离不开各部分内容的驱动作用。但这些内容并非是无序的、错乱的，每一个因子都有着自己所处的位置和应有的作用空间。因此，各部分协同内容应遵循协同育人的规则要求运行，形成分工明确全盘联动的内容生态。

（二）高校思想政治理论课协同育人内容合力的构成要素

从微观角度分析，可将内容合力理解为高校思想政治理论课课程设置以及课程内容在达到政治性、科学性、时代性、可读性的基础上产生的力量。一是课程设置产生的合力。一方面，包括"马克思主义基本原理概论""毛泽东思想和中国特色社会主义理论体系概论""习近平新时代中国特色社会主义概论""中国近现代史纲要""思想道德与法治"以及"形势与政策"等课程之间产生的课程合力；另一方面，包括与思政课同向同行的专业课程的育人合力。简言之，"思政课程"与"课程思政"的力量凝聚成课程设置的合力。二是课程内容产生的合力。课程内容产生的合力主要是指思政课教材和思政课堂的拓展内容相互交融后产生的合力。如马克思主义经典文献、毛泽东思想、邓小平理论、"三个代表"重要思想、科学发展观、习近平新时代中国特色社会主义思想，时政热点、舆论爆点以及社会时事，中华优秀传统文化的德育资源和西方德育思想。

从中观视角分析，可将内容合力理解为高校思想政治理论课课程、科研、实践、文化、网络、心理、管理、服务、资助、组织形成的力量。一是课程之力，包括课堂教学、课程设置、专业教材、教学设计、教学管理等；二是科研之力，包括科研评价、科研方法、科研转化等；三是实践之力，包括实践内容、实践形式、实践平台、支持机制等；四是文化之力，包括中华优秀传统文化、革命文化、社会主义先进文化以及校风学风、校园文化、大学精神等；五是网络之力，包括网络意识、网络思维、网络文明素养和网络文化产品等；六是心理之力，包括教育教学、实践活动、咨询服务、预防干预、平台保障"五位一体"的心理健康教育工作格局等；七是管理之力，包括大学章程、校规校纪、自律公约、社会法治等；八是服务之力，包括靶向服务、生活供给能力等；九是资助之力，包括国家资助、学校奖助、社会捐助、学生自助等；十是组织之力，包括工会、团委、学生处、学生社团等组织。

从宏观角度分析，可将内容合力理解为经济发展、文化环境和社会生态中浸润进高校思想政治理论课协同育人的环境因子所孕生的力量。一是社会经济发展。高校思想政治理论课是坚定学生理想信念的课程，所教授的内容要使学生信服，必须依托社会发展的经济环境。二是社会文化氛围。"……中华民族几千年来形成了博大精深的优秀传统文化，我们党带领人民在革命、建设、改革过程中锻造的革命文化和社会主义先进文化，为思政课建设提供了深厚力量。"①可见，社会文化氛围在无形之中成为高校思想政治理论课协同育人的重要力量。三是社会政治生态。众所周知，大学生对社会事件和时政热点保持着较高的关注度，往往成为社会舆论发酵的重要传播中介，能否在社会时事中洞察公平与正义关系到大学生群体的政治认同和国家认同。

---

① 习近平：《思政课是落实立德树人根本任务的关键课程》，人民出版社2020年版，第9页。

本研究的最终目的是探寻"历史合力论视域下高校思想政治理论课协同育人"的实现路径,旨在挖掘、认识、利用高校存在的一切有助于实现"协同育人"的要素,因而本书是从中观的角度解读内容合力的。

(三) 高校思想政治理论课协同育人内容合力的功能赋值

高校思想政治理论课协同育人内容合力具有导向功能。一是价值信念导向功能。内容合力承载着高校思想政治理论课的育人目标,涵纳着高校思想政治理论课协同育人的价值理念。高校思想政治理论课协同育人内容合力的价值导向功能集中体现在其能够帮助教育对象树立正确的理想信念,使教育对象的认识活动具有明确的指向性和导向性,符合事物发展的内在规律。二是行为规范导向功能。如果说价值信念导向是原则性与方向性的规范,那么行为导向则是实践性与自觉性的规范。概括而言,高校思想政治理论课协同育人内容合力的行为规范导向是指依托道德教育、社会舆论、自教自律的方式,使教育对象的实践活动自觉遵循社会公认的价值准则,预防违法违纪的行为。三是潜能开发导向。培养创新能力和创造精神是高校思想政治理论课的重要使命,内容合力作为思想政治教育活动的核心,承担着调动教育对象的积极性、主动性和创造性,促进其智力开发和潜能挖掘的任务。

高校思想政治理论课协同育人内容合力具有凝聚功能。凝聚功能是思想政治理论课服从和服务于社会发展规律的体现,是思想政治理论课的重要功能。高校思想政治理论课协同育人内容合力的凝聚功能主要通过以下几个方面来实现:一是凝聚政治共识。内容合力要结合社会发展和时代进步的利益取向,借助课堂等渠道展开研讨,争取在政治立场和政治原则上形成共识,最大化地消除政治歧视与偏见。二是凝聚思想共识。凝聚思想共识是指内容合力要联系学习和工作实际,在思想动机、思想方法上取得一致,克服思想认识上的误区和偏执。三是凝聚行为共识。内容合力之所以能够凝聚行为共识就在于其始终坚持正确的实践方式,坚定地维护社会秩序,致力于为人的全面发展创设良好的社会环境。

三、高校思想政治理论课协同育人的载体合力

随着高校思想政治理论课多元化、网络化发展趋势日益彰显,创造辐射范围广、适应能力强、承载价值信息多、技术特色鲜明的载体,已成为高校思想政治理论课协同育人工作顺利推进的重中之重。但值得注意的是,高校思想政治理论课协同育人的载体作为历史性、具体性的存在并非一成不变,而是随着社会历史条件和技术手段变革的状况不断产出新形式和新变体。进而言之,如何实现高校思想政治理论课协同育人载体合力的形成,是不可回避的重要议题。

(一) 高校思想政治理论课协同育人载体合力的基本内涵

1. 高校思想政治理论课协同育人载体合力的概念界定

所谓高校思想政治理论课协同育人载体合力,是指在实施高校思想政治理论课多维协同的过程中,可承载和传递思想政治教育的育人理念、内容和信息,能够为高校思想政治教育主体群所运用且实现多维主体之间信息共享和相互作用的媒介,包括活动形式和物质实体。[①] 具体地说,作为高校思想政治理论课协同育人载体合力的重要构成,必须同时满足三个基本条件:第一,能够为高校思想政治理论课服务,承载育人目的、育人理念、任务使命和内容等信息。在丰富的社会实践过程中,扮演载体功能的事物多种多样,但只有以高校思想政治理论课协同育人为目标指向,涵纳着高校思想政治理论课育人内容的载体形式,才能称之为高校思想政治理论课协同育人的载体。第二,能够被高校思想政治教育主体高效运用和有效控制,且能够促进思想政治理论课主客体和谐互动。高校思想政治理论课协同育人作为有目的、有计划、有组织的实践活动,始终处于主体的有效控制之下,离不开主体之间、客体之间以及主客体之间的有效互动。因此,只有能够反映高校思想政治教育主体意志,并为主体之间、客体之间以及主客体之间的沟通提供空间的载体,才能切实发挥

---

① 张耀灿、郑永廷、吴潜涛等:《现代思想政治教育学》,人民出版社 2006 年版,第 392 页。

出重要的思想政治教育价值。第三,能够依据新的育人环境和技术水平实现自我升级,具有较强的调节力和适应力。载体作为贮存和携带其他物体的事物,处于不断变化和发展之中,必须不断实现形式变革,以满足高校思想政治理论课协同育人的实践之需和社会发展之要。

2. 高校思想政治理论课协同育人载体合力的基本特征

所谓特征,是指一事物区别于其他事物的本质属性。高校思想政治理论课协同育人载体合力的特征主要表现在以下几个方面。

其一,多元性。这是指高校思想政治理论课协同育人载体合力作为多元载体汇聚而成的合力形态,其内部构成必然遵循包容性原则,形成包罗万象的载体宝库。具体而言,高校思想政治理论课协同育人载体合力不仅由物质形态的载体构成,还包括活动载体、管理载体、新型媒介载体以及网络平台等载体形式,比如文化建设、理论学习、组织管理、大众传媒、自媒体平台等。

其二,系统性。这是指高校思想政治理论课协同育人载体合力是一个有机系统,其内部诸要素、各部分密不可分,形成高效运转的载体集合。高校思想政治理论课协同育人载体合力是一个有机整体,每一个载体形式作为系统要素都具有明确位置和特定作用,它们相互影响、相互作用,这是载体合力形成的前提和关键。倘若各种载体形态功能彼此交叉重叠,甚至互相阻碍,高校思想政治理论课协同育人载体合力将化为虚无。

其三,阶级性。这是指高校思想政治理论课协同育人载体合力在阶级社会中能够为不同阶级服务。载体合力的阶级性是由高校思想政治理论课协同育人主客体的阶级性和高校思想政治理论课教育协同育人内容的阶级性所决定的。高校思想政治理论课协同育人载体合力所传递的信息和内容都是符合本阶级利益的思想观念和道德准则,并且载体在被选择时就有着明确的阶级目的。因此,阶级性贯穿高校思想政治理论课协同育人载体合力受精、孕育、成形与结实的全过程。

(二) 高校思想政治理论课协同育人载体合力的基本构成

物质载体是高校思想政治理论课协同育人载体合力形成的基石。这里的物质载体主要是指校园基础设施、课堂设备、校园生态环境、协同育人合作办公室等物质载体。作为高校思想政治理论课育人对象生活和学习的重要场所,物质载体承载着悠久的历史传统和文化积淀,是大学精神和学术精神在物质层面的彰显,蕴藏着巨大的教育意义。因此,在高校思想政治理论课协同育人载体合力形成的过程中,要重视校园环境的建设,充分释放健康、绿色校园物质环境对培养时代新人的影响力和作用力。

课堂载体是高校思想政治理论课协同育人载体合力形成的阵地。互联网时代,高校思想政治理论课协同育人课堂载体具有两种形态:一种是传统课堂载体。传统课堂载体并非仅仅指向思想政治理论课的课堂范畴,也包含与思想政治理论课同向同行的其他人文素养课程和专业课程,因为这些课程在传授科学知识和专业技能的同时,也承担着传输科学精神、创新精神以及人文素养的职能。另一种是虚拟课堂载体。随着网络技术支持下媒体平台的发展,诸如腾讯课堂、超星学习通、云课堂、智慧课堂等新型课堂形式相继涌现,实现了传统课堂教育方法和教育理念的变革,成为高校思想政治理论课协同育人载体合力的重要构成。

网络载体是高校思想政治理论课协同育人载体合力形成的平台。网络载体即"以网络为载体"之意,也就是借助网络载体信息体量的庞大化、信息传播的快捷性、信息流动的交互性以及信息处理的精准化等特征,向教育对象传播丰富、生动、多样的高校思想政治理论课信息,帮助教育对象形成符合时代发展要求的思想观念、道德规范及精神状态。概括而言,网络载体作为高校思想政治理论课协同育人场域合力的重要构成,其优势在于能够扩大高校思想政治理论课协同育人工作的覆盖面和影响力,促进协同育人工作的现代化和时代化,建立起高校思想政治理论课协同育人的网络系统。

制度载体是高校思想政治理论课协同育人载体合力形成的保障。制度载体即"以制度为载体"之意,是指寓高校思想政治理论课协同育人于制度体系之中,并以硬性制度条例的形式加以呈现,以达到凝聚协同育人工作共识、理顺协同育人的工作秩序、规划协同育人工作实践的目的。但是,强调制度载体并不是要改变制度固有的性质和功能,而是在高校思想政治理论课协同育人过程中借助既有制度的支撑力,在制度体系中渗透协同育人的理念、方法和策略,以取得更好的育人实效。

(三) 高校思想政治理论课协同育人载体合力的功能赋值

载体作为存贮和携带其他物体的事物,具有两项基本功能,即承载功能和衔接功能。高校思想政治理论课协同育人载体合力作为特殊的载体形态,既具有一般载体的基本功能,又具有自己的特定功能。概而论之,高校思想政治理论课协同育人载体合力的功能主要表现在以下两个层面。

高校思想政治理论课协同育人载体合力具有蕴含和传输功能。高校思想政治理论课协同育人载体合力既能够承载教育信息,又能够传导高校思想政治理论课的育人内容。诚然,承载信息并非高校思想政治理论课协同育人载体合力的目的。换言之,高校思想政治理论课协同育人载体合力的最终目的是传输教育内容,即实现科学理论知识、正确政治立场和社会道德规范向受教育者的渗透和转化。

高校思想政治理论课协同育人载体合力具有连通和黏合功能。高校思想政治理论课协同育人应是主体之间交互作用的育人实践活动,它是高校思想政治理论课协同育人管理者有目的、有计划、有意志地组织、筹划,以期实现高校思想政治理论课的全员协同、全程协同和全方位协同的实践活动。高校思想政治理论课协同育人的载体合力正是推进协同实践过程的"黏合剂"和"桥梁",它能够最大限度地促进协同主体之间的良性互动,最大限度地扩张高校思想政治理论课协同育人载体合力的作用空间和作用实效。

四、高校思想政治理论课协同育人的场域合力

布迪厄在《实践与反思》一书中指出,"场域可以被定义为在各种位置之间存在的客观关系的一个网络,或一个构型"①。由此可见,场域并非传统意

---

① 　[法]皮埃尔·布迪厄、[美]华康德:《实践与反思:反思社会学导引》,李猛、李康译,中央编译出版社 2004 年版,第 133 页。

义上的物理空间或时空环境,其本质是一种关系网络抑或称之为关系空间。高校思想政治理论课协同育人涵盖多个场域,各个场域的主体在资本占有量上的不同决定着场域内部的运行规则,而场域之间的资本拥有数量也影响着场域之间的关系。因此,研究高校思想政治理论课协同育人,必须厘清场域合力的构成要素和运行规则。

(一) 高校思想政治理论课协同育人场域合力的基本内涵

1. 高校思想政治理论课协同育人场域合力的概念界定

所谓高校思想政治理论课协同育人场域合力,是指高校思想政治理论课协同育人实践过程涉及的各个场域——包括政治场域、经济场域、文化场域等元场域,以及传统媒体场域、新媒体场域、网络舆论场等新型场域——在进行场域协作和场域整合之后凝聚而成的强大力量。但场域内充满着权利和资本的争夺,这意味着场域合力并不是各个场域自发聚合形成的,需要依托理念共识和规则约束。基于对场域的认识,把握高校思想政治理论课协同育人场域合力需要注意以下几个问题:第一,高校思想政治理论课协同育人场域的中心项是高校思想政治理论课协同育人实践。换言之,只有参与高校思想政治理论课协同育人的过程,能够对高校思想政治理论课协同育人产生影响的场域才属于高校思想政治理论课协同育人场域合力的构成要素。第二,高校思想政治理论课协同育人的场域之间是相互影响和相互作用的,不存在任何孤立的场域。第三,高校思想政治理论课协同育人的场域是因时而变、因势而新的,会随着外部相关因素和条件的改变而变化,一成不变的场域是不可能存在的。

2. 高校思想政治理论课协同育人场域合力的生成特征

高校思想政治理论课协同育人场域之间的相互影响、相互作用,形成了高校思想政治理论课协同育人场域合力的生成特征。这些特征把高校思想政治理论课协同育人场域与其他场域区分开来。一是场域合力生成的多维性。一方面,场域类型可从不同的角度进行划分,是场域合力生成多维性的首要表现。可以说,社会环境越复杂,人的认知越深化,场域的划分就越细化;另一方面,人的主观选择的多向度是场域合力生成多维性的主观原因。高校思想政治理论课协同育人主体依据不同的现实需求会进行多样化选择,形成多种多样的分类视角。二是场域合力生成的动态性。由于资本和权利的争夺是场域内部的常态,高校思想政治理论课协同育人场域合力的形成不是一蹴而就的,离不开场域之间的冲突、磨合、妥协和融合。三是场域合力生成的曲折性。场域合力生成要素的复杂性和生成环境的开放性,决定着场域合力的生成过程并非一帆风顺,往往会历经多重波折和阻碍。

（二）高校思想政治理论课协同育人场域合力的基本结构

1. 高校思想政治理论课协同育人场域合力的构成要素

高校思想政治理论课协同育人场域合力的主体要素,就是在场域内活动的民众,包括个人和群体。从宏观上看,场域合力主体包括以下几种群体:主要资本占有者、次要资本占有者、弱势资本占有者以及沉默话语势力。在高校思想政治理论课协同育人中,场域内群体的身份并非是显性的,而是隐藏在协同育人场域合力的形成过程之中。在现实中,我们习惯于参考某个人的身份来考量其言行,在高校思想政治理论课协同育人场域合力内亦然,需要通过考量主体在高校思想政治理论课协同育人场域中的资本占有量来考量其话语和行为。

高校思想政治理论课协同育人场域合力的时空要素,就是指场域合力存在的时间和空间。场域作为一种关系结构,不是脱离现实的虚拟存在,必须存在于一定的时空环境。一方面,高校思想政治理论课协同育人是作用于人的活动,其范畴的广泛性导致场域合力的空间方位很难被明确界定。尤其是网络技术发展和媒体迭代使跨领域、跨地域的交往成为常态,高校思想政治理论课协同育人场域的界限也越发模糊。另一方面,高校思想政治理论课协同育人是开放状态,教育主体思想观念与现实发展具有不同步性,时而超前,时而滞后,打破了高校思想政治理论课协同育人场域在纵向时间序列上的可预测性。

2. 高校思想政治理论课协同育人场域合力的形态结构

高校思想政治理论课协同育人场域合力从规模上可分为总场域合力与子

场域合力两大类。高校思想政治理论课协同育人总场域合力是指在高校思想政治理论课协同育人所拥有的"统一场"。子场域合力,顾名思义就是某一特定场域或几个场域构成的合力,它影响着协同育人的某个方位或某一领域的运作。显而易见,总场域合力与子场域合力相互依存的同时各显神通。总场域合力制约着整个协同育人工作的整体运行,影响着协同育人的实施方式和发展态势。而各大大小小的子场域则功能各异、交互为用,在总体上形成了高校思想政治理论课协同育人信息交流和经验共享的时空环境和人际网络,促进总场域合力的最终生成。

(三) 高校思想政治理论课协同育人场域合力的功能赋值

高校思想政治理论课协同育人场域合力的价值集中表现在其具有强化功能。所谓高校思想政治理论课协同育人场域合力的强化功能,是指场域合力能够对教育对象的主观认知和价值观养成进行深化和巩固。

场域合力的强化功能就表现形式而言,可分为以下三种:其一,反复强化。场域合力的形成最大化实现场域联动,使得高校思想政治理论课信息能够储存和流通,并可借助网络媒体、数字化平台等载体不断重复出现,反复地刺激教育对象的感官和心理,在其成长过程中留下深刻烙印。其二,综合强化。场域合力对教育对象的影响是场域环境、场域生态、场域规则等综合要素作用的结果,也是以文字、视频、图片等方式综合呈现。其三,累积强化。场域合力对教育对象的影响不是一蹴而就的,而是通过信息量的上升和影响力的持续深入逐步强化。

就强化功能的具体内容而言,可分为以下三种:一是舆论强化。舆论场是高校思想政治理论课协同育人场域合力的重要构成,积极向上的舆论场能够通过舆论引导凝聚共识、抵制负面思潮,通过议题设置引领话语、唱响主旋律,增强高校思想政治理论课协同育人实效。二是规则强化。资本占有量作为场域内部权力划分的决定性指标,意味着场域必定会形成一定的约束规则和行为界限。进言之,场域规则是教育对象的思想和行为的"轨道",能够养成教育对象遵守法律法规、严守道德底线的思想自觉和行为自觉。三是榜样强化。

"榜样的力量是无穷的。大家要把他们立为心中的标杆,向他们看齐,像他们那样追求美好的思想品德。"①高校思想政治理论课协同育人场域合力的形成能够凸显出具有鲜明示范效应的榜样人物,包括"思政名师""先进学生"等,渲染向上向好的场域生态,从而强化高校思想政治理论课协同育人的育人效益。

第二节　历史合力论视域下高校思想政治理论课协同育人的合力形态

高校思想政治理论课协同育人合力依照存在形态、作用方向、作用大小、作用环境、作用时间和作用效果等方面的显著差异,可划分为隐性合力与显性合力、反向合力与正向合力、主干合力与分支合力、线下合力与线上合力、阶段合力与连续合力、无效合力与有效合力。毫无疑问,这些形态各异的合力皆是高校思想政治理论课协同育人重要的动力构成,对高校思想政治理论课为党育人、为国育才、以德施教、立德树人发挥着不同作用。因此,我们应竭力促进合力间的双向互动和辩证统一,整合合力系统结构,优化合力系统组合,实现育人合力的最大化和最优化。

一、从力的存在形态来看:显性合力与隐性合力

显性合力与隐性合力是依据力的呈现方式不同而划分的对偶性合力形态,两者是同向同行、同频共振、辩证统一的关系,共同寓于高校思想政治理论课协同育人的全过程。但二者在形态上仍有着明显差别,厘清二者的基本内涵,有助于精准把握并合理利用显性合力与隐性合力。

(一)显性合力与隐性合力的基本内涵

"显性合力"是以"惊涛骇浪"的声势参与高校思想政治理论课协同育人

---

① 习近平:《论中国共产党历史》,中央文献出版社 2021 年版,第 68 页。

过程的力的集合。与之相反,"隐性合力"则是指在高校思想政治理论课协同育人过程中发挥"无形"作用的力的集合,这种合力往往具有润物细无声的效果。

就显性合力的特征来讲,主要包括以下方面:一是显性合力具有主导性。作为一种实际存在的合力形态,显性合力在高校思想政治理论课协同育人过程中存在已久,并长期占据着主导地位,对协同育人过程的推进发挥着重要作用。二是显性合力具有直接性。显性合力之所以呈现出"显性"特征,主要原因在于其往往可以直接作用于协同育人过程,不需要借助一定的载体或媒介,且这种影响过程和作用程度能够被量化、被评估、被审视。三是显性合力具有公开性。高校思想政治理论课协同育人的显性合力一定是开放的合力系统,绝非故步自封的闭合性合力形态。举例而言,高校课堂教育、校园设施、主题讲座、实践活动等都属于显性合力。

相较于显性合力而言,隐性合力具有以下特征:一是隐性合力具有潜隐性。顾名思义,隐性合力之"隐"显露出其基础特征,即潜隐特质。作为高校思想政治理论课协同育人过程的无形力量,隐性合力并非以物质的形态存在,往往以虚拟形态与显性合力发生交互关系。例如高校思想政治理论课教学管理机制、高校宣传工作机制、辅导员工作机制以及绩效考评机制等。二是隐性合力具有渗透性。随着视听技术的飞速发展,以抖音、快手、哔哩哔哩为首的短视频平台成为大学生网民的娱乐场,并逐渐转化为高校思想政治理论课协同育人的隐性育人场域,壮大了隐性合力的阵营。相较于传统育人阵地,视频平台育人合力功能的催化往往是一个渗透、浸润和感染的过程。三是隐性合力具有间接性。尽管显性合力与隐性合力在功能上并无大小之分,但不容忽视的是,隐性合力由于其形态的隐蔽性和潜藏性,其合力作用的发挥往往是间接的,需要一定媒介的衔接作用。

(二)显性合力与隐性合力的辩证统一

显性合力与隐性合力是有机统一的,并非两个毫不相干的合力系统。从理论层面来看,显性合力与隐性合力在高校思想政治理论课协同育人过程中具有目标的一致性、逻辑的同构性、功能的互补性。但在现实层面上,高校思想政治理论课协同育人的显性合力与隐性合力的结构存在失衡,显性合力与隐性合力的交互作用实效性不高。进而言之,在未来协同育人的过程中,要注重显性合力与隐性合力的统一,推动高校思想政治理论课协同育人显性合力与隐性合力的协同发展与同向同行。

二、从力的作用方向来看:正向合力与反向合力

正向合力与反向合力是依据力的作用方向不同而划分的一组合力形态,两者共存共生、互为前提,实现高校思想政治理论课协同育人,既要注重发挥正向合力的积极作用,又要认清反向合力的内在本质,在"破"与"立"中消解反向合力对育人过程的消极影响。

(一) 正向合力与反向合力的基本内涵

所谓正向合力,是指在高校思想政治理论课协同育人过程中为实现育人目标而形成的、对协同过程发挥推动作用的力量集合,包括主体层面的合力、内容层面的合力、载体层面的合力以及场域层面的合力等。简言之,只要具有正向功能的合力元素均可称为正向合力。鉴于此,可从三个层面阐述正向合力的特性。其一,正向合力具有顺向性。从整体上看,正向合力对高校思想政治理论课协同育人的作用是建设性的,符合社会发展的客观规律和大学生成长成才的需要,因而在大趋势上是顺向的、主流的。其二,正向合力具有相对性。正向合力并非是绝对的,而是有条件的。在高校思想政治理论课协同育人的过程中的某个阶段发挥正向作用的合力,能否在下一阶段发挥积极作用是未知的。其三,正向合力具有必然性。此处所指的必然性强调的是正向合力存在本身的必然性。假若高校思想政治理论课协同育人是一个混沌无序的元素碰撞过程,在经历能量互换和物质信息交换后,就会逐渐趋向于有序化、组织化,正向合力便占据主导地位。

谈及反向合力,从字面意思可形成对其的表层认知,即负面的、消极的、具有破坏性的合力。高校思想政治理论课协同育人反向合力特指阻碍协同育人

过程推进、妨碍育人目标实现的各方力量的集合。反向合力的外在表征可从三个层面理解：首先，反向合力具有逆向性。相较于正向合力，反向合力是"逆道而行"，站在了协同育人目标的对立面，阻碍育人过程的推进，甚至肢解、分离、破坏正向合力，造成协同育人过程止步或倒退。其次，反向合力具有绝对性。反向合力在存在形式上是无条件的，不受时间、空间等因素的限制。换句话说，无论高校思想政治理论课协同育人处于何种时空环境，反向合力的作用大小可能略有差异，但其消极倾向和破坏力是始终不变的。最后，反向合力具有随机性。反向合力在高校思想政治理论课协同育人的过程中处于次要地位，可能在某一阶段内反向合力会增大成为与正向合力相抗衡、相匹敌的力量，但这种状态是随机的，并非必然出现的。

（二）正向合力与反向合力的交互作用

正向合力对高校思想政治理论课协同育人发挥着积极作用，反向合力则发挥着消极作用。但是，正向合力并非总是有"利"没有"弊"，反向合力也并非仅有"弊"没有任何"利"。高校思想政治理论课协同育人工作的推进应坚持"破"与"立"相结合，通过汇聚更多的正向合力，持续扩大正向合力阵营，散发育人正能量。同时，也要注重"化敌为友"，以斗争谋求统一，尽可能扭转反向合力，消解其负面影响。

三、从力的作用位置来看：主干合力与分支合力

主干合力与分支合力是因力的作用位置不同而形成的一组合力形态，两者之间是依存关系而非对立关系。主干合力由分支合力所构成，分支合力是形成主干合力的基础。高校思想政治理论课协同育人既要厘清主干合力和分支合力，又要注重优化分支合力的组合方式，向主体合力汇聚源源不断的能量。

（一）主干合力与分支合力的基本内涵

所谓主干合力，是指在高校思想政治理论课协同育人过程中能够解决主

要问题、消解主要矛盾的力量集合。分支合力则是指在高校思想政治理论课协同育人过程中能解决次要矛盾和细节性问题的合力。当然,作用位置的不同也决定着主干合力和分支合力在作用于高校思想政治理论课协同育人过程中凸显出不同的特性和功能。

主干合力的特征主要体现在以下三个层面:其一,主干合力具有综合性。主干合力作为分支合力的集合,综合了高校思想政治理论课协同育人各分支合力的元素和能量,其内部构成和整体结构也具有一定的复杂性。其二,主干合力具有发展性。育人主体对高校思想政治理论课协同育人的认识不是一蹴而就的,要随着育人实践和理论研究的深入而深入,主干合力也将随着认识深度的变化而变化。其三,主干合力具有支配性。"主干"是相对于"分支"而言的。高校思想政治理论课协同育人是"过程的集合体",是多重矛盾交织激荡的渊薮。合力介入协同育人的过程也是处理矛盾关系的过程,主干合力必定在处理矛盾的过程中占据主导地位和支配地位。

分支合力则具有以下特征:首先,分支合力具有碎片化特征。相较于主体合力,分支合力宛如海洋的支流,来自四面八方,没有较为固定的形式和来源,体量或大或小,呈现出力量的分散化和影响的碎片化。其次,分支合力具有辅助性。辅助性是分支合力的基础特点和根本属性。在高校思想政治理论课协同育人的过程中,分支合力着重解决次要矛盾和细节问题,始终为协同育人主体合力的发挥保驾护航。最后,分支合力具有灵活性。分支合力的灵活性主要是由两方面原因所决定的:一方面,分支合力具备成为主干合力的潜能,一旦时机成熟分支合力可一跃成为解决高校思想政治理论课协同育人内部矛盾的主要力量;另一方面,分支合力得以形成的场域、时间、形式都是不确定的,分支合力能否形成、何时形成、达到怎样的状态等均是充满变数的。

（二）主干合力与分支合力的交互作用

主干合力与分支合力是系统与要素的关系,正是分支合力元素的组合和优化成就了主干合力,使得主干合力得以发挥对高校思想政治理论课协同育人的推动作用。因此,实现高校思想政治理论课协同育人,既要重视主干力量,也要关注分支合力,找寻最优组合方式,实现合力系统最优化和合力效能最大化。

四、从力的作用场域来看:线下合力与线上合力

线下合力与线上合力是依据合力来源和作用场域的不同而划分的一组合力形态,相较于其他合力形态,高校思想政治理论课协同育人的线下合力与线上合力的对抗性和对偶性较弱,两者的关系更多地体现为相辅相成、相互促进,是"根"与"脉"、"源"与"流"的关系。简言之,线上合力以线下合力为依托,是线下合力在网络虚拟空间的延展和发酵,线下合力又为线上合力的形成制定了规则和机制,勾勒了线上合力的发力点和施力范围。

(一)线下合力与线上合力的基本内涵

线下合力是指以实体形态参与高校思想政治理论课协同育人过程中的力量集合,也可称为传统育人合力。总体而言,线下合力具有三大特性:其一,线下合力具有基础性。线下作为高校思想政治理论课协同育人的主要场域和首要阵地,线下合力承载着协同育人的物质材料、物理空间,打通了协同通道,构筑了协同链条,将信息传递与场景融合结合起来。其二,线下合力具有规范性。线下合力往往是由特定主体、群体或管理机构牵头组织而形成的力量,合力的运行有着明确的"轨道",具有规范性和严谨性。其三,线下合力具有真实性。线下合力之所以具有真实性,是因为其是物理性和现实性的存在,具有时间实在性和空间实在性。

网络技术及其应用创造了崭新的生存空间、交往空间和发展空间。高校思想政治理论课协同育人线上合力也应运而生。所谓线上合力,是指在网络环境中存在并在网络空间中实现力量聚合的力的集合。首先,线上合力凸显出依附性。一方面,线上合力与线下合力是相互依存的关系,脱离线上合力这一基础,线下合力将不复存在;另一方面,线上合力与线下合力之间存在着相同或类似的方面,并存在着在既定条件下相互转化的可能性和倾向。其次,线上合力凸显出复杂性。网络的"无中心"结构在促进交往自由的同时,也极易

导致网络生存的无秩序状态,甚至会对现实世界的合力产生冲击。这意味着,线下合力的不可控因素和不确定因素层出不穷,合力形成和合力催化的过程更为复杂。最后,线下合力凸显出虚拟性。线上合力与线下合力之间最显著的差异就是其存在形式的虚拟性。换句话说,线上合力是在"比特世界"中,通过网络人机互动、网络人际互动以及网络自我互动汇聚而成的合力,无论是其生成抑或运行都是在虚拟状态下完成的。

(二)线下合力与线上合力的相互作用

从发生学角度看,线上合力是线下合力的产物,线下合力和线上合力具有先天的统一性。但不可忽视的是,高校思想政治理论课存在"虚实鸿沟",鸿沟越大表明线上合力与线下合力的对立性越强,反之,则越弱。未来,高校思想政治理论课协同育人要注重增强线上合力和线下合力的统一,实现线上合力和线下合力的相互建构、相互渗透、相互补充、相互影响和相互转化。

五、从力的作用时间来看:连续合力与阶段合力

连续合力与阶段合力是依据力的作用时间不同而划分的合力形态,两者是相互依存、相互交融的关系,但二者在基本内涵上仍有着明显差别。厘清二者在概念和特征上的差异,有助于正确理解并充分利用这一对合力,更好地推进高校思想政治理论课协同育人。

(一)连续合力与阶段合力的基本内涵

连续合力与阶段合力在基本概念上是不同的,"连续合力",指的是在高校思想政治理论课协同育人过程中持续参与、长期作用的力的集合。"阶段合力"是与"连续合力"相对应而存在的合力,其特指在高校思想政治理论课协同育人的某一阶段内或某一时间节点发挥作用的力量。

连续合力与阶段合力在特征上有着显著差异。连续合力的特征可归纳为两个层面:其一,连续合力具有永久性。顾名思义,连续合力之所以被称为连续合力,根本就在于连续合力全程参与高校思想政治理论课协同育人的全过

程。其二,连续合力具有渐进性。从生成过程看,连续合力作为在高校思想政治理论课协同育人的过程中持续发力的力量,是一个稳步增长的力量集合。这一力量自出现伊始就不断吸纳协同育人的元素,不断发展壮大,呈现出一个渐进性的过程。从力量发挥看,连续合力融入高校思想政治理论课协同育人的过程后,其作用和功能的发挥是渐进的。

阶段合力的特征则集中表现在以下层面:首先,阶段合力具有瞬时性。与连续合力有所不同的是,阶段合力自身就蕴藏有"瞬时性"和"暂时性"的基因,其存在本身就是为解决某一阶段出现的问题和矛盾。一旦发展阶段升级之后,阶段性合力在高校思想政治理论课协同育人过程中的地位将被彻底颠覆,甚至彻底失去存在的价值。其次,阶段性合力具有突击性。阶段合力侧重于解决高校思想政治理论课协同育人过程中的某一阶段抑或某一难题,其合力作用的发挥有着极为鲜明的"突然性"和"爆发性"。

(二)连续合力与阶段合力的交互作用

连续合力是由无数个阶段合力组合而成的,阶段合力则是连续合力的"微分子"和"微元素"。新时代要落实好立德树人的根本任务,深入推进习近平新时代中国特色社会主义思想入脑、入心、入行,健全协同育人机制,形成全员、全过程、全方位的育人格局,必然要将阶段合力与连续合力结合起来,持续稳固连续合力,催化阶段合力,打造高校思想政治理论课协同育人高质量、高水平、高标准的合力体系。

六、从力的作用效果来看:有效合力与无效合力

有效合力与无效合力是根据力的作用效果而划分的一组合力形态,二者在高校思想政治理论课协同育人过程中的作用有着根本不同。厘清二者在概念、特征层面的差异,有助于理性认识并高效利用有效合力。

(一)有效合力与无效合力的基本内涵

合力生成后能否产生预期效果是一个未知数,这也是区分有效合力与无

效合力的根本标准。若某种合力能够在高校思想政治理论课协同育人中产生积极作用,则可称之为有效合力。反之,若一种合力形态虽然参与高校思想政治理论课协同育人,但未能发挥出积极作用或推动作用的合力,便可称之为无效合力。

有效合力的特征集中表现在三个层面:从生成根基来看,有效合力的内容是由高校思想政治理论课协同育人的矛盾体系所决定的。其中,根本矛盾即"高校思想政治理论课协同育人的供需矛盾"是有效合力生成的根本动因,其他基本矛盾则是有效合力生成的主要原因。从生成机制来看,有效合力的形成是经由高校思想政治理论课协同育人实践所验证的。"按照辩证唯物论,思想必须反映客观实际,并且在客观实践中得到检验,证明是真理,这才算是真理,不然就不算。"①同样地,有效合力是否"有效"并非仅在理论推演阶段就能盲目得出结论,必须经过协同育人工作实践的考验才能得出答案。从生成类型来看,有效合力可以以多种形式呈现,并不具体指向哪一种合力。换言之,只要这种合力能够产生相应的协同作用,并对达成高校思想政治理论课协同育人目标有所助益即可认定其为"有效合力"。

无效合力的特征,可从两个方面加以阐释。从形态上看,无效合力具有实存性。"无效"不等于"不存在",在高校思想政治理论课协同育人的过程中无效合力尽管并未发挥实际作用,但不能抹去无效合力实际存在的事实。从时间上看,无效合力具有暂时性。此处的暂时性并非指无效合力存在的本身是暂时的,而意指无效合力具有相对性,即无效合力并非永远只是无效合力,在条件成熟时无效合力具有转化为有效合力的可能性,而能否将无效合力转化为有效合力也是高校思想政治理论课协同育人的突破口和增长点。

(二) 有效合力与无效合力的辩证统一

有效合力与无效合力之间并未存在绝对的界限或隔阂,当环境或条件发生转变时,有效合力可能转变为无效合力,无效合力亦可转化为有效合力。高

① 《毛泽东文集》第七卷,人民出版社 1999 年版,第 90 页。

校思想政治理论课要体现思想性、理论性、亲和力和针对性,就要坚持有效合力与无效合力的辩证统一,深入贯彻"大思政"理念,不断增强育人协同效应,强化对教育对象的思想引导和价值引领。

第三节　历史合力论视域下高校思想政治理论课协同育人的合力生成

由于受到育人环境多维性、复杂性和开放性的影响,高校思想政治教育管理者对历史合力视域下高校思想政治理论课协同育人工作的认识要经历一个螺旋式的上升过程,因此,高校思想政治理论课协同育人合力的形成也呈现出了动态性和阶段性特征。在以马克思主义合力思想为理论指引,遵循高校思想政治理论课建设规律的基础上,可将高校思想政治理论课协同育人合力演进过程划分为力的协调、力的整合、力的优化和力的再生四个阶段。

一、高校思想政治理论课协同育人合力的生成根源

高校思想政治理论课协同育人合力有其实在的生成基础、生成动力和生成机理,其根植于社会政治、经济、文化大环境,以高校思想政治理论课协同育人的根本矛盾和基本矛盾为驱动组合,经由主体合力、内容合力、载体合力和场域合力的交互作用而形成。

（一）高校思想政治理论课协同育人合力的生成基础

社会经济发展水平、社会人文环境以及国家政策指向等都与育人合力的生成密切相关。因此,要弄清高校思想政治理论课协同育人合力的生成根源,必须深入探讨社会经济发展水平、社会人文环境以及国家发展政策。

第一,社会经济发展是高校思想政治理论课协同育人合力的物质基础。"……物质生产力是全部社会生活的物质前提,同生产力发展一定阶段相适

应的生产关系的总和构成社会经济基础。"①众所周知,社会经济基础是一切社会活动开展的前提和条件,倘若忽视社会经济发展,教育事业也将失去赖以存在的物质基础,遑论形成高校思想政治理论课协同育人合力。党的十八大以来,我国持续推进对外开放,在经济领域全面深化改革,破除阻碍经济发展的"绊脚石",培育创新动力,为经济持续健康发展提供新引擎、构建新支撑。同时,坚持贯彻新发展理念,实施供给侧结构性改革,力求在变中求新、新中求进、进中突破,不断促进经济的高质量、高水平、高效率发展。进而言之,高校思想政治理论课协同育人之所以成为可能,离不开我国经济发展所取得的累累硕果和斐然成绩。

第二,社会人文环境是高校思想政治理论课协同育人的文化基础。"推动高质量发展,文化是重要支点"②。文化是一个国家、一个民族的灵魂,事关国运兴衰、事关文化安全、事关民族精神延续,没有文化的繁荣兴盛,中华民族伟大复兴也就无从谈起。高校思想政治理论课协同育人作为传播文化的重要途径,必定要依托社会所创设的文化氛围,或者说,其本身就是社会文化的一个部分。党的十八大以来,我国坚持倡导社会主义核心价值观,深刻解答了"建设什么样的国家、建设什么样的社会、培育什么样的公民"这一重要问题,并注重运用生活化的场景、日常化的活动、具体化的载体将其融入社会发展的方方面面,使其蕴含的精神特质转化为情感认同和行为习惯。例如,将社会主义核心价值观贯穿于学校教育之中,以社会主义核心价值观引领校风、学风、教风。可见,社会文化氛围和人文环境为高校思想政治理论课协同育人提供了重要的文化滋养和精神浸润,减少因认识不深、站位不高等因素引发的协同阻力。

第三,国家人才培养需求是高校思想政治理论课协同育人的政策支持。

---

① 习近平:《在纪念马克思诞辰200周年大会上的讲话》,人民出版社2018年版,第17—18页。

② 习近平:《在教育文化卫生体育领域专家代表座谈会上的讲话》,人民出版社2020年版,第5页。

"古往今来,人才都是富国之本、兴邦大计。"①党和国家各项事业能否顺利向前推进,归根结底靠人才。以习近平同志为核心的党中央高度重视人才培养,围绕"培养什么人、怎样培养人、为谁培养人"这一问题发表了诸多新观点、新见解和新论断,将人才视为国家创新驱动发展、党治国理政以及实现中国梦的核心要素。首先,树立人才培养的思想意识。"办好中国的事情,关键在党,关键在人,关键在人才。"②其次,明确人才培养的目标指向。即要"努力培养担当民族复兴大任的时代新人,培养德智体美劳全面发展的社会主义建设者和接班人"③。最后,指明人才培养的实践指南。就高校思想政治理论课来说,中共中央、国务院《关于加强和改进新形势下高校思想政治工作的意见》提出要坚持全员、全过程、全方位育人。随后,教育部印发《高校思想政治工作质量提升工程实施纲要》,强调要充分发挥课程、科研、实践、文化、网络、心理、管理、服务、资助、组织等方面工作的育人功能,挖掘育人要素,完善育人机制,优化评价激励,强化实施保障,切实构建"十大"育人体系。论说及此,高校思想政治理论课协同育人的根本目的就是为党育人、为国育才,这正是对国家人才培养需求作出的积极回应。同时,国家关于人才培养的政策机制,也为高校思想政治理论课协同育人工作提供了基本遵循。

(二) 高校思想政治理论课协同育人合力的生成动力

高校思想政治理论课协同育人合力生成有其内在的动力体系,根本动力是高校思想政治理论课供给与教育对象需求的矛盾,主要动力是网络技术的迭代更新。

高校思想政治理论课协同育人的根本动力,即"教育供需矛盾"。"事物发展的根本原因,不是在事物的外部而是在事物的内部,在于事物内部的矛盾

---

① 习近平:《在网络安全和信息化工作座谈会上的讲话》,人民出版社 2016 年版,第 23 页。

② 中国科学技术协会编:《中国科学技术协会历次全国代表大会文件汇编》,人民出版社 2023 年版,第 841 页。

③ 习近平:《思政课是落实立德树人根本任务的关键课程》,人民出版社 2020 年版,第 10 页。

性。任何事物内部都有这种矛盾性,因此引起了事物的运动和发展。事物内部的这种矛盾性是事物发展的根本原因,一事物和他事物的互相联系和互相影响则是事物发展的第二位的原因"①。简言之,矛盾是事物发展变化的根本原因。高校思想政治理论课的供需矛盾主要体现在两个方面:一方面,是教育对象交往的广泛性与传统思想政治教育辐射范围有限性的矛盾。当前,大学生借助网络信息技术开展了广泛的人机互动、人际互动和自我互动,开阔了视野,增长了见识,对问题和事物的看法也更为深刻。高校思想政治理论课要保持在大学生思想发展领域的引导地位,就要搭建"大思政"阵营,发挥协同效应,将教育的触角延伸得更远。另一方面,是教育对象求知的多维性与传统思想政治教育内容设置有限性的矛盾。对求知欲、好奇心极强的大学生而言,多元化的教育内容才具有吸引力和感染力,这不是仅依靠传统课堂教育就能达到的。一言以蔽之,高校思想政治理论课协同育人之所以成为高校思想政治教育工作的重中之重,最根本的原因就在于要不断满足教育对象日益增长、不断变化的成长和发展需求。

高校思想政治理论课协同育人的主要动力,即"网络技术更新迭代"。正如习近平所言:"互联网是传播人类优秀文化、弘扬正能量的重要载体。"②首先,互联网既是各种社会思潮和利益诉求的集散地,也是异质意识形态相互较量的重要场域,更是新时代党和国家宣传思想的重要阵地。或者说,互联网已形成一个新的思想文化阵地和思想政治斗争的战场。高校思想政治理论课作为宣传思想工作和意识形态传播的重要渠道,理应联合各有关部门主动出击,抢占网络传播制高点,赢回网络舆论场的主动权和主导权,维护网络意识形态安全。其次,互联网深刻地影响着大学生的精神生活,深刻改变了其求知途径、思维方式、交往方式、价值观念、社会心理以及实践行为。尽管互联网也掺杂有黄色、暴力、虚假、反动、迷信的负面信息,但其对大学生网民世界观、价值观和人生观所产生的积极作用要远大于消极影响。故此,高校思想政治理论

---

① 《毛泽东选集》第一卷,人民出版社 1991 年版,第 301 页。
② 《习近平谈治国理政》第二卷,外文出版社 2017 年版,第 534 页。

课向网络空间的延伸,线下教育与线上教育的协同,具有无可比拟的重要性和必要性。最后,互联网技术的发展实现了数据爬取的即时性和数据处理的智能化,成为了解学生、贴近学生、识别学生思想需求的重要介质,也为全员、全过程、全方位育人格局的成型奠定了坚实的技术支撑。

(三) 高校思想政治理论课协同育人合力的生成机理

所谓生成机理,是指构成事物的各种要素在事物发展演变中发挥的作用或扮演的角色。高校思想政治理论课协同育人合力作为一种多要素相互作用的结果,其生成有着明确的机理,即主体的发起与主导、内容的设计与供给、载体的接收与传导、场域的构建与优化。

首先是主体的发起与主导。高校思想政治理论课协同育人是一个行为过程,离不开主体的参与和主导。因此,高校思想政治理论课协同育人合力生成的逻辑起点就是主体的发起与主导,主要体现在三个层面。其一,主体是协同育人目标的设定者。"高校立身之本在于立德树人。"①党的十九大报告指出,"要全面贯彻党的教育方针,落实立德树人根本任务"②。高校思想政治工作者作为协同育人的主体,始终坚持贯彻党中央的教育方针和对思想政治工作的重要指示,并依据育人目标设定协同育人的各环节和各要素,完善高校思想政治理论课协同育人的顶层设计。其二,主体是协同育人过程的推进者。众所周知,高校思想政治理论课协同育人并非一个自然过程,离不开主体的组织和推动。在协同育人合力生成中,主体在合力布局、要素组合、领域协同等层面发挥着重要的推动作用。其三,主体是协同育人结果的评估者。评估是为了检验事物发展的基本境况,为后续的措施调整提供行动指南。在高校思想政治理论课协同育人合力生成后,主体要对合力状态、合力效果和合力态势进行评估,形成一个完整的行为闭环。

其次是内容的设计与供给。内容设计与供给回答的是高校思想政治理论

---

① 《习近平谈治国理政》第二卷,外文出版社 2017 年版,第 377 页。
② 习近平:《决胜全面建成小康社会 夺取新时代中国特色社会主义伟大胜利——在中国共产党第十九次全国代表大会上的报告》,人民出版社 2017 年版,第 45 页。

课协同育人"协同什么"的问题,是高校思想政治理论课协同育人的核心环节。倘若协同内容不明确,合力生成便成为"空中楼阁"或"镜花水月"。一方面,协同育人内容应具备全面性。高校思想政治理论课作为立德树人的关键课程,协同内容设计要注重全员、全过程、全方位的同向同行、协同发力。另一方面,协同育人内容要具备精准性。大数据技术与教育的结合,使得高校思想政治理论课精准化、智慧化成为可能。故此,高校思想政治理论课协同育人内容设计不能是"眉毛胡子一把抓",必须做到有的放矢、各有侧重。

再次是载体的接收与传导。载体的接收和传导解决的是高校思想政治理论课协同育人内容"如何结合"的问题。一是载体搭建了多要素结合的桥梁,促进了高校思想政治理论课协同育人内容的对接和融合。二是载体创新了协同育人方式方法,有利于高校思想政治理论课协同育人的实施和开展。三是载体提供了育人内容输出的中介,助益高校思想政治理论课协同育人合力的落实和贯彻。

最后是场域的构建与优化。场域的构建与优化解决的是高校思想政治理论课协同育人"在何处开展"的问题。毫无疑问,场域生态在高校思想政治理论课协同育人的过程中扮演着重要角色,积极的场域往往能够催化协同育人的合力效果,反之,消极的场域通常会阻碍合力的生成和发酵。因此,能否正确处理好协同育人场域中的权利关系,制定有序的场域运行机制,是高校思想政治理论课协同育人合力生成的重中之重。

二、高校思想政治理论课协同育人合力的生成过程

高校思想政治理论课协同育人合力的生成以价值驱动作为起点,经历要素准备、要素整合、行为转化三个阶段。从过程结构上看,三个阶段相互依存、相互依赖,可谓缺一不可、不可偏废;从合力状态上看,三个阶段是层层递进的关系,构筑了一个"爬坡"的上升过程。要精准把握高校思想政治理论课协同育人合力的生成过程,就要对三个阶段进行精细剖析,呈现出各个阶段高校思想政治理论课协同育人的特点和状态。

（一）逻辑起点：高校思想政治理论课协同育人的价值驱动

高校思想政治理论课协同育人合力的生成过程，离不开协同理念的生成，这是高校思想政治理论课协同育人工作推进的逻辑起点，在整个协同工作中发挥着重要作用。换言之，只有当高校思想政治理论课协同育人主体在思想层面达到价值认同的程度，协同要素的准备、整合和协同行为的实施方才成为可能。一般来说，要达到这种程度，高校思想政治理论课协同育人主体要经历两个层次的认知过程。

第一，高校思想政治理论课协同育人主体的感性判定层次。所谓感性判定，是指高校思想政治理论课协同育人主体依据自身的感知能力、知识储备、实际需要形成的关于高校思想政治理论课协同育人工作价值的判断。一般而言，协同主体的工作经验越丰富，知识素养越高，其对高校思想政治理论课协同育人工作的价值认知越深刻。同时，当协同育人主体的实际需求与协同育人目标设定契合度越高，其对协同育人工作的价值认同就越强烈。尽管感性判定层次产生的价值意识是高校思想政治理论课协同育人价值驱动形成的基础和前提，但它是较低层次的价值认识，并未经过深思熟虑，要强化高校思想政治理论课协同育人价值驱动，必须用理性思维对其进行淬炼和升华。

第二，高校思想政治理论课协同育人主体的理性判定层次。所谓理性判定，是指随着对事实认知的深化和思维能力的提升，高校思想政治理论课协同育人主体凭借合理的质疑、推理和论证，对高校思想政治理论课协同育人工作的价值认识超越了最初的感性认知阶段，上升到了相对稳定的阶段。质言之，理性判定阶段的价值认知具有两大特征：一是批判性。批判既是扬弃的过程，也是提升的过程。理性认知阶段的价值判定是充斥着批判意味的结果，这种价值批判也促使高校思想政治理论课协同育人主体不断反思感性认识阶段存在的不足之处。但需要注意的是，批判一定是基于理性认知和思维逻辑，不能毫无根据地一味质疑，否则极易陷入无限循环的质疑过程，难以形成稳定的价值认识。二是发展性。"我们只能在我们时代的条件下去认识，而且这些条件达到什么程度,我们就认识到什么程度。"①人的认识与价值关系形成所依托的实践根基是不断变化的,高校思想政治理论课协同育人主体在理性基础上形成的价值认识虽抛开了感性阶段对感觉、知觉和表象的依赖,但其仍受限于一定时间和空间的限制,要不断经过实践的检验,呈现出动态性和上升性的态势。总之,高校思想政治理论课协同育人主体历经感性认知到理性认知两个阶段,形成对高校思想政治理论课协同育人工作的重要性和必要性的科学认识,构筑了协同育人工作开展的价值驱动。

(二)逻辑展开:高校思想政治理论课协同育人的要素准备

高校思想政治理论课协同育人合力的生成过程,本质上就是主体发挥作用的过程。而在主体施加影响之前,需要进行要素准备,这既是高校思想政治理论课协同育人的第二个环节,也是合力生成过程的逻辑展开。进而言之,高校思想政治理论课要素准备主要分为两大类别:物质要素的准备和意识方面的准备。

第一,物质要素的准备。物质要素是一切活动得以顺利开展的前提和基础,高校思想政治理论课协同育人合力的生成也离不开物质材料的支撑。其一,专项资金的支持。高校思想政治理论课协同育人工作的开展是一个社会行为过程,其对全员、全过程、全方位的调动和重组依赖于专项资金的支持。倘若失去资金链的供给,高校思想政治理论课协同育人工作将陷入"巧妇难为无米之炊"的尴尬境地。从这个意义上讲,资金是高校思想政治理论课协同育人合力生成的重要物质要素。其二,基础设施的支持。高校思想政治理论课协同育人工作的开展必须依托一定的场地和平台,包括办公室、会议室、媒体平台、数据平台等。如果没有相应的基础设施为依托,高校思想政治理论课协同育人工作的开展将失去信息互通、经验共享的渠道和桥梁。

第二,意识方面的准备。高校思想政治理论课协同育人工作离不开主体

---

① 《马克思恩格斯选集》第3卷,人民出版社2012年版,第933页。

的精神活动。换言之,只有主体在精神和意识层面形成高度共识和深度认知,高校思想政治理论课协同育人工作才能顺利开展,育人合力方能最终形成。其一,协同主体对协同目的的定位。目的是行动的风向标和指南针。如果高校思想政治理论课协同育人工作主体对协同工作有清晰的目标定位,那么协同行为的方向就会更为明确,步调更为一致。相反,假若协同主体对高校思想政治理论课协同育人目标认识模糊不清或模棱两可,那么协同过程极容易无的放矢、漫无目的,很难达到预期效果。其二,协同主体对协同关系的认知。高校思想政治理论课协同育人要素的复杂性决定着基于此构建的协同关系也必将是复杂多变的。协同主体只有厘清各要素、各环节、各领域之间的协同关系,才能对症下药、量体裁衣,制定出最为贴合实际情况的协同策略和实施计划。其三,协同主体对协同过程曲折性的预判。众所周知,事物发展并非是一帆风顺的,往往呈现出波浪式前进的图景。同样地,高校思想政治理论课协同育人工作的推进也不可避免地会遭遇些许挫折和羁绊,这具有内在必然性。进而言之,协同主体若对这种曲折性毫无心理准备,那么极易在遭遇挫折、困难时心灰意冷、一蹶不振,从而产生深度的自我怀疑、自我否定,甚至严重影响协同过程的顺利推进。故此,高校政治理论课协同主体既要充分估计协同过程的曲折性,又要坚信协同育人的大方向不会改变。

(三) 逻辑进阶:高校思想政治理论课协同育人的要素耦合

高校思想政治理论课协同育人合力生成的雏形就是协同要素的协调和整合,这是高校思想政治理论课协同育人的进阶环节。从微观上看,包括主体要素、内容要素、载体要素、场域要素内部的互联互通;从宏观上看,包括主体要素、内容要素、载体要素和场域要素之间的互动关系。

就微观层面而论,高校思想政治理论课协同育人合力要素整合集中体现为主体融合、内容结合、载体聚合、场域整合。一是高校思想政治理论课协同育人的主体融合。所谓主体融合,是指高校思想政治理论课协同育人主体以特定目的为指向,在特定规则的约束下所形成的队伍组织结构。究其本质,高校思想政治理论课协同育人主体融合不是简单地进行队伍组合或人员数量的叠加,而是在职责分配上达到各尽其责、各尽所长。二是高校思想政治理论课协同育人的内容契合。所谓内容契合,是指对高校思想政治理论课协同育人的内容要素进行系统化、结构化重组,达到融通创新、相互赋能。内容是高校思想政治理论课协同育人的命脉所在,进行协同内容的结构调整和系统设计是协同育人工作的核心环节。换言之,只有协同内容要素之间产生交互反应和耦合效应,高校思想政治理论课协同育人工作才能稳步推进。三是高校思想政治理论课协同育人的载体聚合。所谓载体聚合,是指高校思想政治理论课协同育人的物质载体之间的同向同行、同频共振。在全过程、全员、全方位育人的"大思政"格局下,加强高校思想政治理论课协同育人载体的整体布局势在必行。要探索载体要素的组织框架,构建多维传播矩阵,找准传统载体与新型载体的"结合点",寻求载体建设和载体创新的"突破点",合力塑造高校思想政治理论课协同育人的载体体系。四是高校思想政治理论课协同育人的场域整合。所谓场域整合,是指高校思想政治理论课协同育人总场域与子场域以及子场域之间所达到的一种能量聚合状态。具体而言,这种整合状态表现为高校思想政治理论课协同育人的众多子场域能够在技术和资本双重逻辑的作用下,服从并服务于协同育人过程,接受协同育人主体的支配和部署,明确自身在总场域中的位置和立场。

就宏观层面而论,高校思想政治理论课协同育人主体要素、内容要素、载体要素以及场域要素的耦合集中表现为其同属于高校思想政治理论课协同育人大格局,在协同育人工作系统中具有清晰的功能定位,能够以协同目标为基本指向,以协同机制为规约准则,始终服从和服务于高校思想政治理论课协同育人工作的深入开展。

(四) 逻辑归宿:高校思想政治理论课协同育人的行为表达

行为表达反映的既是关于执行力的问题,也是高校思想政治理论课协同育人合力生成的终极验证。价值驱动、要素准备、要素耦合并非高校思想政治理论课协同育人的终极意义,教育主体协同观念的外化与协同行为的实施才是高校思想政治理论课协同育人合力生成的最终标志。换句话说,只有当高校思想政治理论课协同育人主体切实履行协同工作职责,做出实实在在的协同行为时,高校思想政治理论课协同育人合力才能最终形成。

具体而言,高校思想政治理论课协同育人主体的行为表达凸显出三大特点:一是实践性。顾名思义,行为表达特指协同育人主体的行为实践。高校思想政治理论课协同育人行为表达是在一定实践基础上产生的行为,其必须依赖现实的物质条件进行能量、信息和经验的分享和交换。再则,高校思想政治理论课协同育人行为表达旨在充分调动一切积极因素以改变当前协同育人的现状,更好地落实立德树人的根本任务和为党育人、为国育才的神圣使命。二是稳定性。高校思想政治理论课协同育人行为表达是协同育人主体在对协同育人理念进行认知、认同、内化的基础上形成的相对稳定的行为趋向。这种行为出场的思想基础是扎实的,目标指向是明确的,发展态势是向上向好的,影响因素是相对可控的,因而具有一定的持续性、长期性和稳定性。三是发展性。"实践发展永无止境,认识真理永无止境,理论创新永无止境。"①自觉的能动性,即自觉的活动和努力,是人之所以区别于物的一大特性。随着协同工作的持续深入,协同主体对协同育人工作规律的认识会更加深刻,这种更为系统、更为深刻的认识成果会促使行为表达向更深层演进。

三、高校思想政治理论课协同育人合力的生成规律

探索高校思想政治理论课协同育人合力的生成过程要始终坚持实事求是的原则,注重挖掘合力生成不同阶段事物之间存在的固有的本质的联系,淬炼出高校思想政治理论课协同育人合力的生成规律,为高校思想政治理论课全面落实立德树人的根本任务提供内在遵循和强劲动力。

(一) 高校思想政治理论课协同育人合力的实践生成规律

马克思指出,"全部社会生活在本质上是实践的"②。高校思想政治理论

---

① 习近平:《在庆祝中国人民解放军建军 90 周年大会上的讲话》,人民出版社 2017 年版,第 14 页。

② 习近平:《在纪念马克思诞辰 200 周年大会上的讲话》,人民出版社 2018 年版,第 9 页。

课协同育人本质上就是改造教育对象主观世界的实践活动。故此,高校思想政治理论课协同育人合力必然与现实实践具有密不可分的关系。第一,高校思想政治理论课协同育人合力的生成源自现实实践需求。在现实教育活动中,育人主体和育人资源的分散化与教育对象需求的多元化和综合化之间的矛盾日益凸显,亟待高校思想政治理论课进行改革创新。高校思想政治理论课协同育人就是在这样的现实背景下提出的工作要求,其出场具有扎实的实践逻辑和现实逻辑。第二,高校思想政治理论课协同育人合力的生成扎根于现实实践过程。毋庸赘言,协同育人工作不是纯粹的理论说教,不是停留在书本上的静态事物,而是要投入教育实践过程,基于当下的实践条件发挥出相应的实践效应。可以说,脱离实践基础和实践环境的协同育人是不存在的。第三,高校思想政治理论课协同育人合力的生成依托于实践结果检验。实践是检验真理的唯一标准。协同育人合力的最终形成必须经过教育实践过程的检验,只有高校思想政治理论课的育人目标得以实现,育人任务得以完成,协同育人合力的价值性才能够被准确定位。总的来说,高校思想政治理论课协同育人合力的生成过程应紧密贴合协同育人实践活动,在实践条件下发扬协同精神、绘制协同图谱、寻找协同根脉,在实践过程中增加经验、增进联系、增强信心、增长见识,奋力擘画高校思想政治理论课协同育人大格局。

(二) 高校思想政治理论课协同育人合力的联动生成规律

"世界是一个有联系的整体。"①高校思想政治理论课协同育人诸多要素之间是相互联系、互为依存、前后贯通的紧密关系。一方面,要素联动是高校思想政治理论课协同育人合力生成的根源所在。顾名思义,协同育人的核心就在于要素之间的协同联动,高校思想政治理论课协同育人合力之所以能够生成,就在于协同要素之间客观存在的联动关系。另一方面,联动运作是高校思想政治理论课协同育人合力生成的过程机制。要素之间的联动关系是客观存在的,高校思想政治理论课协同育人合力的生成重在发现并深掘要素之间

---

① 《马克思恩格斯全集》第26卷,人民出版社2014年版,第351页。

的联动关系,并尽可能创造有利条件,将联动关系的育人效能发挥到最大化。一言以蔽之,只有准确识别高校思想政治理论课协同育人要素之间的关系网络,精细建构高校思想政治理论课协同育人要素的联动模型,精确预判高校思想政治理论课协同育人要素关系的演变轨迹,精心营造高校思想政治理论课协同育人要素发挥作用的氛围,才能真正实现高校思想政治理论课协同育人要素的高效联动,进而最终达成协同育人的目标指向。

(三) 高校思想政治理论课协同育人合力的动态生成规律

当前,5G、大数据、云计算、物联网、人工智能等前沿技术正在加速重构社会结构形态,改变人类生活实践图景,使得世界从一个封闭系统转变为开放的多边网络。同时,高校思想政治理论课所依托的技术条件和实践条件日新月异,协同育人合力的生成也终将呈现出动态的演变轨迹。简言之,高校思想政治理论课协同育人合力的生成只有进行时,没有完成时。空间与时间是人类生活的根本物质向度。① 从空间维度看,随着网络信息科技的发展与网络媒介的延伸,高校思想政治理论课逐渐跨越了物理空间的界限,进入了虚拟与现实相互交融的"平行空间"和"流动空间",协同育人合力的生成也处于更为复杂多变的空间结构当中。从时间维度看,空间是结晶化的时间,空间形态的转变必然会打破传统的时间结构,人的社会活动从固定的时间畛域走向"无时间之时间",浮现出新的社会时间的支配形式,演绎出人类经验范式里共享的新时间逻辑。高校思想政治理论课协同育人合力的生成处于新空间形态和新时间逻辑作用之下,必将迎来崭新的发展契机。概括而言,高校思想政治理论课协同育人合力的生成要寻求虚拟与现实的平衡点和衔接点,正确处理网上网下的协同问题和虚实环境的转换问题。例如,观照高校思想政治理论课协同育人主体在协同合力生成过程中现实角色与虚拟角色的内在关系以及协同内容在虚实场域中的多重样态等,继而在现实社会和比特世界中寻求高校思

---

① 〔美〕曼纽尔·卡斯特:《网络社会的崛起》,夏铸九、王志弘等译,社会科学文献出版社2001年版,第466页。

想政治理论课协同育人合力生成的最佳优势,构筑起高校思想政治理论课协同育人合力生成的同心圆,保持高校思想政治理论课协同育人合力生成过程向上向好的整体态势。

第三章　历史合力论视域下高校思想政治理论课协同育人的现实境遇

　　"没有调查，没有发言权。"①透过历史合力论视域考察高校思想政治理论课协同育人状况，则要以现实情况为依据进行学理层面的分析与思考，站在现实与理论的交叉性视角厘清高校思想政治理论课协同育人的开展情况，然后针对问题精准施策，追根溯源深入探析，以便总结经验、贯彻保持。为了详细了解高校思想政治理论课协同育人现状。课题组从 2021 年 5 月开始便着手问卷设计，经过几番打磨后于 2021 年 9 月中旬正式进行问卷发放，调查范围涉及电子科技大学、四川大学、成都理工大学、西华大学、西南科技大学、西南医科大学、川北医学院、成都职业技术学院、宜宾学院、西南大学、重庆邮电大学、重庆文理学院、重庆化工职业学院、重庆财经职业学院、重庆水利电力职业技术学院、湖南科技学院、武汉工商学院、西安理工大学共计 18 所高等院校。鉴于疫情原因，全部采用网络问卷形式。其中向学生群体随机发放问卷 2497 份，有效回收 2497 份，有效回收率为 100%。参与问卷填写的男生 1150 人，占 46.06%，女生 1347 人，占 53.94%；本科生 2196 人，占 87.95%，研究生 301 人，占 12.05%。向教师群体随机发放问卷 219 份，有效回收 219 份，有效回收率为 100%。参与调查的男性教师 113 人、女性教师 106 人；25—40 岁的青年教师 122 人，40 岁以上的有 97 人；具有正高职称的有 35 人，副高职称的有 66 人；具有博士学位的有 79 人，硕士学位的有 106 人。调查结果总体表明，高校思想政治理论课协同育人在思想转变、队伍建构、素质建设、内容完善等方面

---

① 《毛泽东选集》第一卷，人民出版社 1991 年版，第 109 页。

取得不少成就,但是在观念、主体、方式、课程、资源及机制保障协同上仍存在一些突出问题亟待解决。基于此,深入分析高校思想政治理论课协同育人理念协同不深刻、主体协同不明确、方式协同不到位等问题的成因,对于进一步改善高校思想政治理论课协同育人工作、提升立德树人成效具有重要的参考价值。

第一节　历史合力论视域下高校思想政治理论课协同育人的既有成就

党和国家高度重视高校思想政治理论课。通过自我革命和社会革命相结合的方式,高校思想政治理论课协同育人工作的主体因素、受众因素等都展示出良好的发展态势。

一、思想层面:高校思想政治理论课协同育人意识明显增强

近年来,随着党中央反复强调合作共赢、协同育人的重要性,高校思想政治理论课协同育人意识逐渐浓郁,各方育人主体逐渐意识到自身的责任与义务,积极寻求合作,在精诚合作中主动创新协同育人方式,展现出良好的协同育人精神面貌。

(一)高校思想政治理论课协同育人的主体意识增强

历史合力论深刻揭示了合力的强大力量,折射出完成立德树人根本任务单纯依靠思想政治理论课必定是无法完成的。"办好教育事业,家庭、学校、政府、社会都有责任。"在党中央的重视和引导下,协同育人理念逐渐成形并日益深入人心,各方育人力量在党的领导下积极探索、建构全员育人机制,学校、家庭、社会等各方育人主体汇聚起整个育人系统的强大合力。其中,就高校内部而言,思想政治理论课协同育人的主体意识增强主要表现在学校主体、课程主体以及教师主体思想意识向协同育人方向的转变,在校园文化建设、课程建设、师资队伍建设方面加强了方向和步伐上的统一,明确规定思想政治教育不能仅仅停留在理论小课堂,而要利用好社会大课堂、网络新课堂,

实现显性教育与隐性教育的统一,保证学生时时处处都能受到主流价值观的熏陶和洗礼。另外,学校内各育人主体,如党政领导干部、思政课教师、专业课教师、辅导员、学生导师以及学生干部等通过线下线上的会议座谈、研讨交流等方式积极探讨协同育人的路径方式,从教学合作到管理合作,从科研合作到活动合作……协作的范围领域涵盖了学生成长成才的方方面面。调查结果也显示:当教师被问及"自己的协同育人意识和水平如何"时,有13.7%的人自认为非常高,57.53%的人表示较高,23.29%的人回答一般,仅有5.48%的人表示有待增强(见图3-1);当被问及"学校思想政治教育工作者的协同育人意识如何"时,回答非常高的有8.68%,较高的有51.14%,一般的有31.96%,仅有8.22%的人表示有待增强。总之,近年来,高校思想政治理论课协同育人的主体意识得到明显增强。

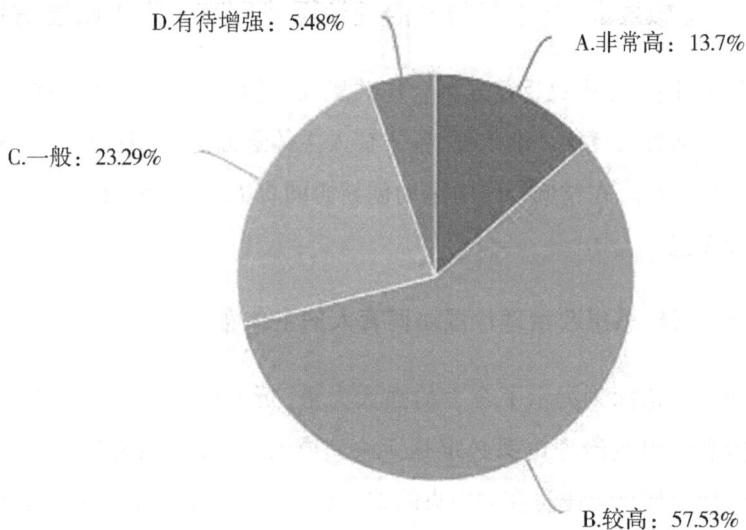

图3-1　您认为自己的协同育人意识和水平如何

(二) 高校思想政治理论课协同育人的责任意识增强

高校思想政治理论课的协同育人工作不是孤立存在的,需要协同育人过程中各要素之间相互配合与通力合作。思想政治理论课教师作为思想政治理论课的教育教学主体,在协同育人过程中起着重要的组织性、先导性与纽带性作用。中共中央、国务院在 2017 年 2 月 27 日印发的《关于加强和改进新形势下高校思想政治工作的意见》中明确了加强和改进高校思想政治工作要坚持全员、全过程、全方位育人的基本原则,要在遵循教书育人规律、思想政治工作规律以及学生成长规律这三大规律的基础上努力实现思想政治教育工作的合力。为达到党中央对协同育人工作提出的新标准,各高校在理论教育和实践行动中展现了对协同育人工作的高度重视,各教育主体在协同育人工作中主动作为,积极创新,制定了行之有效的协同方案,开展了综合类的特色协同课程,建构了高效的协同交流渠道,在大力开展协同育人工作的过程中,包括高校思想政治理论课教师、各专业课教师以及辅导员等在内的各教育主体对协同育人理念有了更加清晰的认识,更加明确了自身的责任与育人目标要求。对教师的调查显示,认为对大学生进行思想政治教育的责任主体是家长、思想政治理论课教师、辅导员、专业课教师、学校党政领导干部、社会主流媒体或社会组织、政府机关的分别是 70.78%、96.35%、86.3%、74.89%、56.16%、63.47% 和 41.55%(见图 3-2)。调查数据表明,大学生思想政治教育的主体

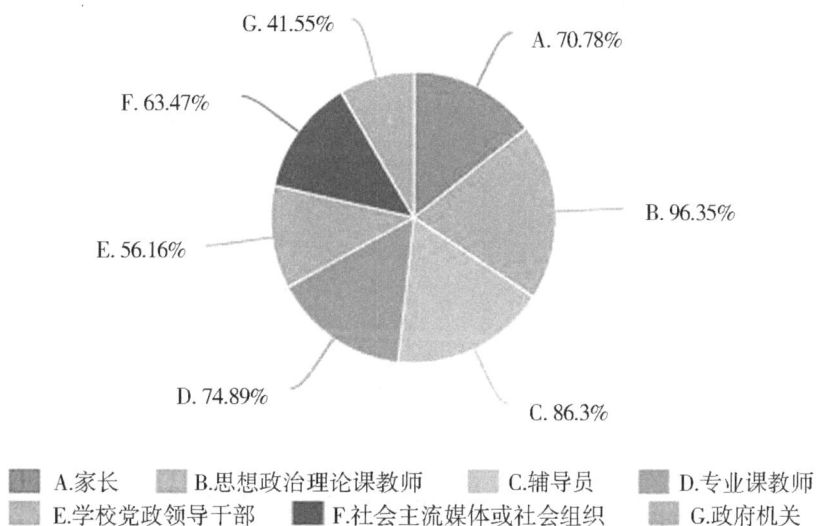

A.家长　B.思想政治理论课教师　C.辅导员　D.专业课教师
E.学校党政领导干部　F.社会主流媒体或社会组织　G.政府机关

图 3-2　您认为对大学生进行思想政治教育的责任主体是____(教师问卷)

是多样化的,并不局限于学校里教师对学生的思想政治教育,高校思想政治理论课协同育人的主体意识有所增强。整体而言,近年来,各高校的育人主体对协同育人的关注呈现上升趋势,其中高校各教师协同育人的责任意识和使命意识相较以往有了明显增强。

(三) 高校思想政治理论课协同育人的合作意识增强

高校思想政治理论课的协同育人就是为了达到共同的育人目标,思想政治教育主渠道与两个或两个以上的教育主体要素在系统内通过互通有无、相互协调、优势互补的有效互动,不断提高受教育者的综合素质的集体育人行为。调查结果显示,高校协同育人的合作意识在近年得到明显增强,其中最具代表性的是高校党委书记、校长等领导层定期或不定期召开关于协同育人的专项会议,在教师被问及"校院两级党政领导干部是否定期组织召开思想政治理论课协同育人专题会议"时,有51.14%的人表示有定期组织召开思想政治理论课协同育人专题会议(见图3-3)。校院两级党政领导干部带领高校各部门各主体积极主动参与到协同育人方案的落实和完善过程中来,并且统一协同育人的目标要求,鼓励各个单位部门之间进行资源共享与交流合作,通过各种宣传教育途径深化各级单位部门和育人主体的协同育人意识,积极落实全员、全过程、

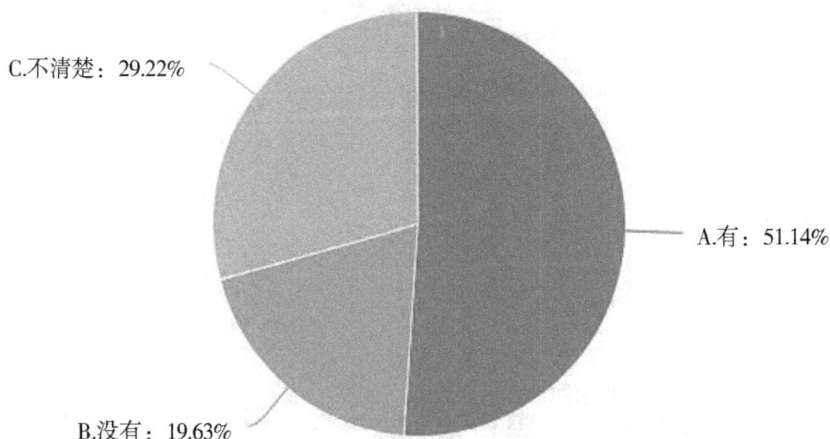

C.不清楚:29.22%

A.有:51.14%

B.没有:19.63%

图3-3 校院两级党政领导干部是否定期组织召开思想政治理论课协同育人专题会议

全方位育人要求。高校各个单位部门和不同教育主体在大环境下也初步形成了协同合作共识,在工作过程中建立了良好的合作关系,通过线下交流与线上沟通、统一育人标准、贯彻落实计划方案等措施,高校内跨学科、跨领域合作得到推广与流行。在统一的育人标准下,高校那些无效而重复的育人活动大大减少,学生工作的配合度得到明显提高,整个育人系统有了更加清晰合理的分工,各育人主体之间实现了互补,高校内凝聚起"分工不分家"的强大育人合力。

(四) 高校思想政治理论课协同育人的创新意识增强

"做好高校思想政治工作,要因事而化、因时而进、因势而新。"①在党中央和教育部加强协同育人的号召与要求之下,高校就协同育人工作展开了积极有效的探索,致力于形成教书育人、科研育人、实践育人等十大育人的长效机制。为实现协同育人的目标要求,高校思想政治理论课教师从学生成长成才的实际需求出发,在顺应时代潮流的同时,不断加强与其他专业课程和育人实践活动的交流与合作,坚持在创新中不断提高协同育人的实效性。同时,各高校加强了对其他各类课程教师的思想政治教育,鼓励并引导各专业教师在专业课程上保持与思想政治理论课的同向同行,从而形成高校立德树人的强大协同效应。当教师被问及"您所在学校是否有'校—企、校—校、校—家'协同举行的思想政治教育活动"时,43.38%的教师表示有,26.48%的教师表示没有,30.14%的教师表示不清楚(见图3-4)。大部分教师认为有协同举行思想政治教育活动,这说明学校在"校—企、校—校、校—家"协同举行的思想政治教育活动方面作出了很大努力,用新的方式服务于高校思想政治教育,高校思想政治理论课协同育人的创新意识增强。互联网时代,线上教育在现代教育中占据着十分重要的位置,特别是疫情的发展为线上教育的普及与发展带来了十分重要的机遇,在线上教育便捷性、即时性、共享性等显著优势的吸引下,高校紧跟时代发展步伐,依托大数据、新媒体、人工智能等新兴技术创新协同

---

① 《习近平在全国高校思想政治工作会议上强调:把思想政治工作贯穿教育教学全过程 开创我国高等教育事业发展新局面》,《人民日报》2016年12月9日第1版。

育人形式,如由上海大学的顾晓英和顾俊两位教师联合策划的"大国方略"系列课程,就充分促进了文理工经管多个学科之间的渗透与交流合作,根据不同的主题安排各学科中相关性更强的教师进行授课,开启了综合素养课融入思想政治教育的探索。①

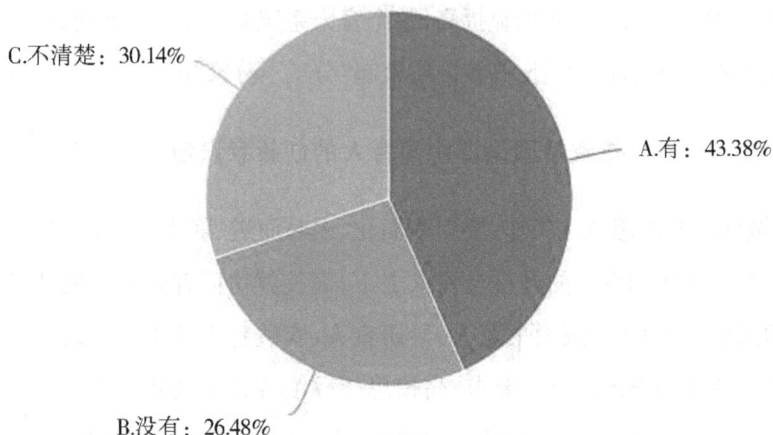

图 3-4　您所在学校是否有"校—企、校—校、校—家"协同举行的思想政治教育活动

二、主体层面:高校思想政治理论课协同育人队伍基本形成

高校思想政治理论课协同育人工作是一个整体性的"系统工程",包括党政领导队伍、教师队伍、辅导员队伍、学工队伍以及学生干部队伍等在内的各方主体构成了协同育人的子系统,各个子系统之间的协调合作是增强协同育人合力的重要因素。本书以高校思想政治理论课协同育人开展进程为依据,从领导管理队伍、教育教学队伍以及监督评估队伍这三个方面对协同育人的队伍建设情况进行了总结。总的来说,协同育人队伍涉及范围广泛,组织结构逐步完善,庞大的育人队伍初具雏形。

(一) 高校思想政治理论课协同育人的领导管理队伍基本形成

经过长期努力,我国高校思想政治教育工作队伍向着多样化、专业化、规

---

① 戚静:《高校课程思政协同创新研究》,博士学位论文,上海师范大学,2020 年。

范化方向快速发展,逐渐形成了以党政干部和共青团干部为领导管理层的高校思想政治教育工作队伍建设格局,在党政领导下逐渐构建起包含辅导员、班主任、思想政治理论课教师和其他专业课教师等在内的协同育人队伍,从而为高校思想政治教育的长足发展以及协同育人的"生根发芽"提供了强有力的组织保证和人才支撑。

高校党委掌握着高校思想政治理论课协同育人工作的主导权,在高校思想政治理论课协同育人工作中处于绝对领导地位。党委领导队伍积极引领各主体开展协同育人工作,在工作中抓重点、定目标、指方向,是广大协同育人工作队伍的指向标,发挥着掌控全局、引领发展的重要作用。调查结果显示,67.2%的学生和68.95%的教师认为所在学校具有统一的思想政治教育领导机构及制度(见图3-5)。当前,高校思想政治理论课协同育人的领导管理队伍模式主要表现为校院两级的协同联动,其中校领导管理队伍在落实协同育人工作中发挥着主导性作用,工作重心主要放在关于协同育人的全局性、战略性规划上,通过统领、整合、引导、监督和考核高校协同育人工作实现协同育人的目标要求。院领导管理队伍在协同育人工作中发挥着推动性作用,院系主要通过结合自身的学科特色与现实历史经验实现协同育人具体的制度设计与实践落地,如通过引进人才、经验学习等方式引导和鼓励各教学团队、学工队伍等育人主体积极进行教育教学改革;通过建立积极有效的绩效激励和监督

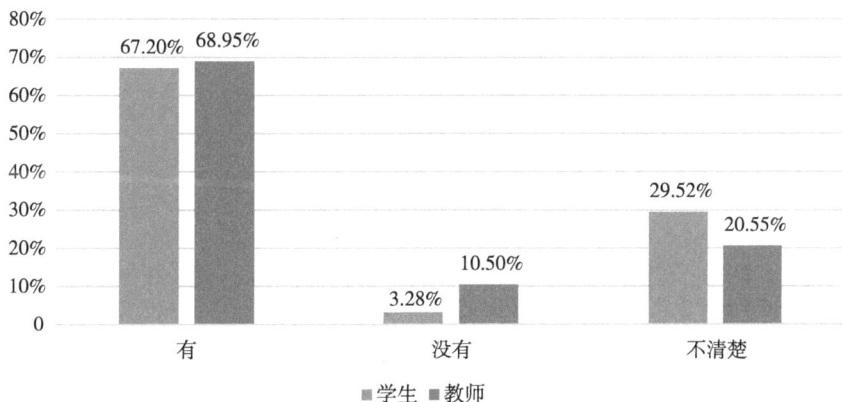

图3-5　您所在学校是否有统一的思想政治教育领导机构及制度

机制落实协同育人目标。总的来说,在长期的实践中相关计划规定得到不断调整与更新,专业性突出、综合性良好的协同育人模式建构取得了初步发展成果。

(二) 高校思想政治理论课协同育人的教育教学队伍基本形成

目前各高校思想政治理论课育人的教育教学队伍主要包括教师队伍、辅导员队伍以及学生干部队伍。教师自古以来就被认为是神圣的职业,承担着传授知识、培养技能和塑造人格的重要责任,把高校思想政治理论课协同育人的计划方案落到实处关键在于教师,高素质的教师队伍历来是协同育人的中坚力量。在关于协同育人过程中教师的作用的问卷调查中,学生问卷中有89.71%的人肯定了教师在协同育人中的重要作用(见图3-6)。从教师访谈资料中可以得知,近年来,在学校的重视与引领下教师队伍建设更加关注协同育人方面,大部分高校基本都建立起了一支讲政治、重师德、精业务的复合型协同育人队伍。

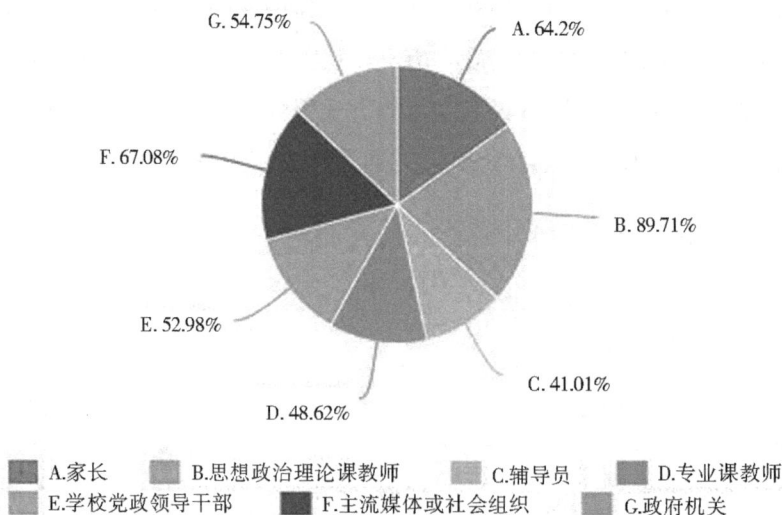

图 3-6 您认为对学生进行思想政治教育的责任主体有哪些(学生问卷)

自 1952 年国家提出要在高校设立政治辅导员后,不少高校都建立了辅导员制度,辅导员在高校最初主要做"政治工作",是学生的政治领路人,后来随着时代的发展以及学情的变化,高校辅导员在学生管理工作中的作用越来越大,辅导员肩负着学生日常思想政治教育、学生管理以及辅导咨询等重要工作。毫无疑问,高校辅导员队伍已经成为当今教育教学队伍的重要组成部分,并且作为高校思想政治教育的主要参与者之一,在协同育人过程中发挥着不可替代的重要作用。根据辅导员队伍建设情况的调查资料,关于辅导员在学生管理和教育中作用的发挥,数据显示有 20.38% 的同学认为辅导员在自身成长中至关重要(见图 3-7)。这些数据都充分说明,随着时代的发展,在立德树人的根本育人目标指引下,高校内部逐渐形成一支专职为主、专兼结合、数量充足、素质优良的协同育人师资力量。

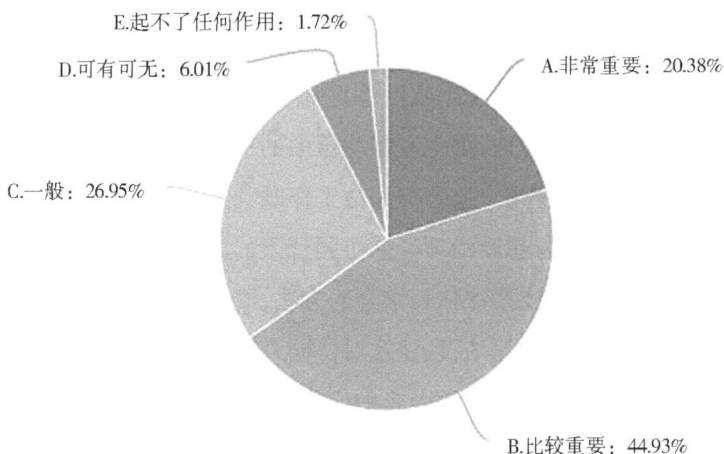

图 3-7　您认为辅导员在您的学习生活中发挥着什么样的作用

此外,为推进学生自我教育与自我成才,高校内还建立了学生干部队伍,学生干部队伍由学生中的一部分人组成,其与学生日常接触比较多,更了解学生的想法与需求,与学生沟通交流也更加容易和有效。资料显示,高校内许多积极有益的活动都是由学生会发动举办的,学生干部队伍在协同育人过程中主要担负着贯彻落实与学情反馈的重要工作。总的来说,目前大部分高校都形成了比较完善的学生干部队伍建设制度,从班级到院级和校级,学生干部队伍在协同育人中展现出了无限的生机与活力。

（三）高校思想政治理论课协同育人的监督评估队伍基本形成

高校思想政治理论课协同育人的监督评估队伍，主要是指在思想政治理论课协同育人过程中对各育人主体的协同育人行为和过程进行监督约束，并对协同育人成果进行评测建议的队伍。通过调查可以发现，目前高校思想政治理论课协同育人的监督评估队伍主要由校院两级专门成立的监督评估队伍以及学生队伍构成，并基于此大致上构建了教师与学生之间的互通式监督评估队伍。

一方面，学生作为协同育人的对象，他们是各方协同育人过程中的深度参与者，因而，提高学生参与监督和评估高校思想政治理论课协同育人工作的积极性与主动参与性，是保证协同育人工作正确开展和长足进步的重中之重。另一方面，成立专门的监督评估队伍主要是为了督促各主体在协同育人工作中尽心尽力、尽职尽责，高校思想政治理论课的监督队伍十分庞大，育人队伍中每个主体都有监督的责任，都是监督队伍中的一员，其中专门的监督评估队伍起主要的作用，肩负着整个监督与评估工作顺利进行的责任与义务。

总的来说，在高校思想政治理论课协同育人的成果评估过程中，高校一般坚持综合性评估与单项要素评估相结合的方法，既注重对育人内容、育人方法以及育人过程等单方面的评估，也注重对协同育人总体成效的评估，如许多高校通过对思想政治理论课中教学内容的安排、方法的选用以及学生的参与情况等方面的效果进行权重评估分析，进而整合这些单项要素评估结果，形成对思想政治理论课协同育人的整体成效分析成果。从这些方面可以看出，各高校思想政治理论课协同育人的监督评估队伍已经建立起基本的组织运行结构和评估规则，在监督评估工作上，各高校队伍建设组织情况大致相同，协同育人的监督评估队伍建设普遍处于基本架构建设的初级阶段，队伍的组织运行机制较为完善。

三、受众层面：高校思想政治理论课协同育人对象素质提高

培养德智体美劳全面发展的时代新人，要从理论和实践两方面出发着力

提高大学生的综合素质。

（一）高校思想政治理论课协同育人对象的科学文化素质有所提高

科学文化素质的内涵十分丰富，主要包括对象的科学素质和文化素质两个方面。其中，科学素质主要包括对科学知识、科学研究过程、方法以及科学技术对社会和个人影响的了解。考察一个人的科学素质则主要看其从事科学活动时所持有的态度、所具备的能力和科学精神状况。

新时代的青年大学生从小就接受科学文化的熏陶和影响，科学的思想观念早已深入人心。同时，加上大学生本身所处的校园文化环境的熏陶以及系统化的科学教育，他们的科学素养水平更是得到了普遍性的提高。大学生作为思想政治理论课协同育人的对象，在各方育人主体的协同教育下，基本上都积累了比较丰富的科学文化知识，科学研究能力逐步提高，在从事科学活动时大部分都具有认真、刻苦、谦虚等良好的科学态度。可以说，大部分学生已经处于科学精神的初步形成阶段，他们的科学素质呈现出良好的发展态势。

文化素质主要是指个人将自己所积累的科学技术知识和人文社科知识通过语言、行为、文字等方式表现出来的气质素养。它是个人内在文化素养的外在表现，最终还将发展为个人的人格表现。调研发现，各大高校十分重视对大学生的文化素质教育，经常开展各类人文教育讲座和人文交流活动，以支持和鼓励不同高校、各个学科之间的师生交流互动。而在高校课程力量与课外力量协同发力的情境下，大部分学生拥有较为坚实的基础科学知识以及深厚的人文知识储备，展现出良好的科学文化风貌。

（二）高校思想政治理论课协同育人对象的思想道德素质有所提高

高校思想政治理论课协同育人的对象主要是大学生群体，此时大学生普遍处于世界观、人生观、价值观形成的关键时期，处于至关重要的"拔节孕穗期"。毫无疑问，高校思想政治理论课在这个时期肩负着正确引导学生思想行为的重要作用。通过调查可知，目前许多高校都已将人文教育纳入常规教育体系，在人文素质教育课和实践性活动拓展两个方面均加强了对学生的思想道德教育引导。

思想道德素质主要由思想素质和道德素质构成,其中思想素质主要是指大学生个体对各种社会存在、社会现实以及人生意义保持正确的思想观念。从大学生的"三观"构建情况,对时代精神、奋斗精神和奉献精神等中国精神的表现情况,以及对社会热点现象的看法观点情况对大学生的思想素质进行考察,通过对问卷数据的整理分析可以发现,在加强思想引领和爱国主义教育的大环境下,当代大学生的思想素质呈现出良好的发展态势,绝大部分学生的"三观"处于健康状态,在素质教育下,大部分学生释放出积极的正能量与健康的人生态度,整体思想素质相较往年有了明显提高。

此外,对大学生个体道德素质的了解主要从其社会公德、职业道德、家庭美德以及个人品德这几个方面进行考察。大学生正处于积极接受新事物的关键阶段,在全社会协同推进道德文化建设和崇尚文明的氛围中,他们的道德素质表现呈现出可喜变化。调查显示,当代大学生在社会公德方面表现良好,是社会良好风尚的积极引领者和模范践行者,相较于在其他私人场所,大学生在公共场所展现出来的道德素质更高。大学生在家庭美德养成中扮演着家庭文化促进者和监督者的角色,在家庭美德的形成与传承中发挥着重要的纽带作用。从整体上看,在个人品德表现方面,新时代大学生展示了良好的道德品质,普遍具有谦和有礼、乐观上进、拾金不昧等优秀的道德品质。总而言之,高校思想政治理论课协同育人对象的思想道德素质已得到明显提高。

(三)高校思想政治理论课协同育人对象的身心健康素质有所提高

确保育人对象的身心健康,是高校思想政治理论课提高协同育人成效的基本前提和主要目标。身体是革命的本钱,对当代大学生来说,健康的身体是更好地完成繁重的学业和科研任务的根本保证。在"996"工作制、心梗猝死、过劳死年轻化等现象受到社会广泛关注的境况下,政府、教育部门以及学校、家庭等各方主体日益关注大学生的身心健康问题,并且制定了相关措施帮助大学生健康生活,比如有些学校就通过早间操以及晚上熄灯查寝的方式帮助大学生养成良好的作息习惯。值得一提的是,在全社会的共同关注和积极作为下,大学生关于健康的观念也发生着可喜的变化,通过对十几所高校的调查可知,近96%的大学生表示关注自身的身体健康,只有4%的大学生对自身的健康缺乏关注(见图3-8)。这也意味着,当今大学生已将身体健康放在人生规划的重要位置,他们并不是"一心只读圣贤书"的"手无缚鸡之力的柔弱书生"。

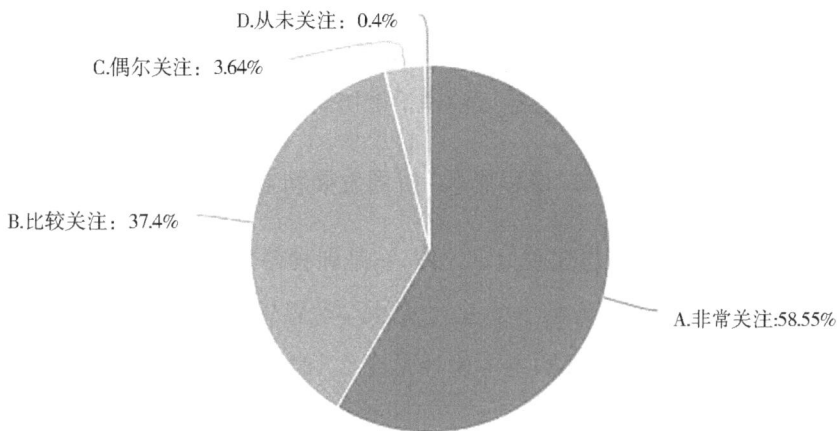

D.从未关注:0.4%
C.偶尔关注:3.64%
B.比较关注:37.4%
A.非常关注:58.55%

图3-8 您是否关注自身的身心健康

身心健康素质还包括良好的心理素质,即个体拥有健康的心理和健全的人格。这要求大学生在各种不同的环境下依然能够保持一种积极而持续的心理状态,特别是在竞争激烈的信息时代,大学生如果没有足够的心理承受能力将很难在社会上立足。可见,了解大学生的心理素质状况对于提高高校协同育人的针对性和有效性具有重要意义。根据马斯洛和密特尔曼提出的心理健康标准以及我国大学生心理状况的实际,对大学生心理素质的考察可以从个体的认知是否健全、情感是否适度以及意志是否坚强等方面进行了解。调查资料显示,大部分学生尽管表示生活和学习中的各种压力很多,但基本都能通过有效的方式排解,只有少部分学生表示自己无法应对各种压力。总体而言,在高校的文化氛围以及大学生作为高素质群体的条件下,大部分学生持有比较积极的人生态度,人际关系比较和谐,基本能够正确认识和处理遇到的各种问题,大学生整体心理素质展现出较好的态势。

四、客体层面:高校思想政治理论课协同育人内容渐趋完善

党中央高度重视思想政治教育,多次出台相关的政策措施,在很大程度上促进了高校思想政治理论课的发展。在此背景下,高校统筹推进思想政治理论课的改革,协同育人在内容层面取得了一系列成效:一是思想政治理论课和"课程思政"协同发展初显成效;二是课程协同、渠道协同和政策协同机制初步建立;三是以培养大学生理论思维和价值判断能力为重点的教材体系逐渐完善。这些成效意味着高校思想政治理论课协同育人内容的不断完善。

(一)"思政课程"与"课程思政"协同发展初显成效

"思政课程"主要指思想政治理论课,它是课程德育中系统进行思想政治教育的课程,既是课程德育的主渠道,也是大学生思想政治教育的主渠道。当问及"您接受思想政治教育的主要途径是什么"时,95.07%的同学首选思想政治理论课(见图3-9)。

"课程思政"是落实"把思想政治工作贯穿教育教学全过程""使各类课程与思想政治理论课同向同行,形成协同效应"的集中体现。它是高校保证正确的办学方向、掌握党对高校思想政治工作主导权的重要途径。习近平总书记强调,要"把思想政治工作贯穿教育教学全过程,实现全程育人、全方位育人"①。"课程思政"要求的正是把思想政治教育融入各类课程的全过程,这完全契合"三全育人"的根本教育要求。换句话说,"课程思政"是新形势下保证高校思想政治工作高质量发展的重要措施,是高校思想政治工作不可或缺的组成部分。62.8%的同学认为"课程思政"课也是其接受思想政治教育的主要途径之一(见图3-9)。

现阶段,高校的"思政课程"和"课程思政"都在各自的领域发挥着重要作用。通过改革,高校"思政课程"实现了案例教学、社会实践、课堂教学等多方

① 《习近平在全国高校思想政治工作会议上强调:把思想政治工作贯穿教育教学全过程 开创我国高等教育事业发展新局面》,《人民日报》2016年12月9日第1版。

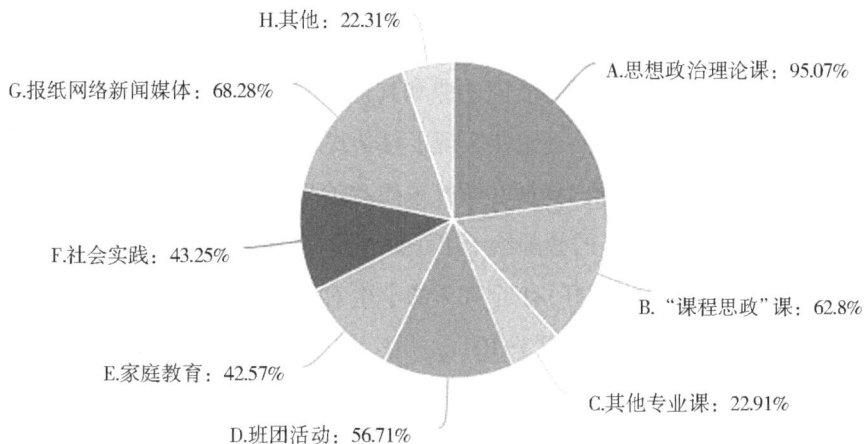

图 3-9　您接受思想政治教育的主要途径

面的齐头并进,完成了从传统的"课堂教学"到"网络平台+课堂教学+实践教学"的多种教学模式结合的转变。高校对人才培养方案进行了有针对性的修改,将"课程思政"融入课堂教学建设全过程,构建了科学合理的"课程思政"教学体系。国家高度重视"课程思政"的重要性,培养了一大批具有"课程思政"意识和能力的教师队伍。通过制定相应的评价和激励机制,激励和保障高校教师"课程思政"意识和能力的培养。同时,基于"三全育人"教育理念,"思政课程"和"课程思政"形成了同向同行的协同发展新局面。在此背景下,全国各大高校都加强了"课程思政"与"思政课程"的协同建设力度,构建了多层次的"课程思政"建设示范体系,"课程思政"高质量建设得到全面推进。据教育部公布的数据,截至 2021 年 6 月,已建立"课程思政"示范课程 699 门、"课程思政"教学名师和团队 699 个、"课程思政"教学研究示范中心 30 个。

(二) 课程协同、渠道协同和政策协同机制初步建立

第一,课程协同。课程协同是"思政课程"和其他专业课课程之间的协同。不论是思想政治理论课还是其他专业课,它们的育人理念都是立德树人。育人理念的一致性为课程协同提供了可行性。一方面,把思想政治理论课的理念渗入其他课程,使得各类课程具有思想政治教育性质。另一方面,做好整体规划,根据不同学科、不同专业的特点制定符合专业人才素质的思想政治理论课的协同内容,构建思想政治理论课和其他课程有机融合的课程体系。通过课程协同,高校思想政治理论课实现了科学式发展,思想政治教育主渠道作用得到充分发挥。当问及"您所在学校思想政治理论课与专业课程的联动互补情况如何"时,47.03%的教师给予了正面评价,其中6.85%的教师认为非常好,40.18%的教师认为良好;有近70%的学生对思想政治理论课与专业课程的互动情况给予了好评(见图3-10)。

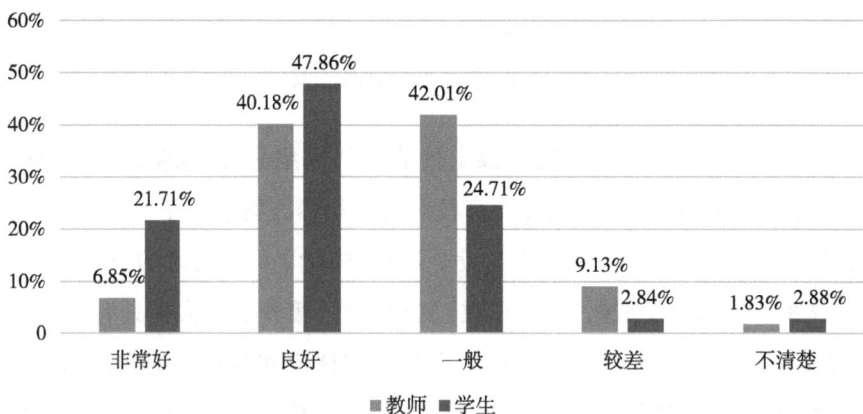

图3-10 您所在学校思想政治理论课与专业课程的联动互补情况如何

第二,渠道协同。高校是开展思想政治教育的主阵地,思想政治理论课是高校开展思想政治教育的主渠道。高校通过教育改革,既改变了原有的枯燥无味的纯课堂教学,增加了许多形式新颖的思想政治理论课教学模式,将生活案例融入思想政治理论课中,也开始注重实践教学的重要性,这就在很大程度上提高了学生对思想政治理论课学习的积极性、主动性和创造力。同时,学校积极利用各类新媒体来拓宽思想政治教育的传播渠道。此外,课堂教学采取线上、线下相结合的方式,把网络育人引入思想政治教育,丰富了课程育人的形式。围绕"您最喜欢的思想政治理论课的教学方式是什么"这一问题,36.24%的学生选择了案例教学,32.2%的学生倾向于社会实践,8.89%的学生选择了网络教学(见图3-11)。这些充分说明互动性、实践性、趣味性较强的思政课教学模式将深受学生喜爱,思想政治教育的主阵地和主渠道既充分发挥了各自的优势又相互交叉融合,有利于形成高校思想政治理论课协同育人的新局面。

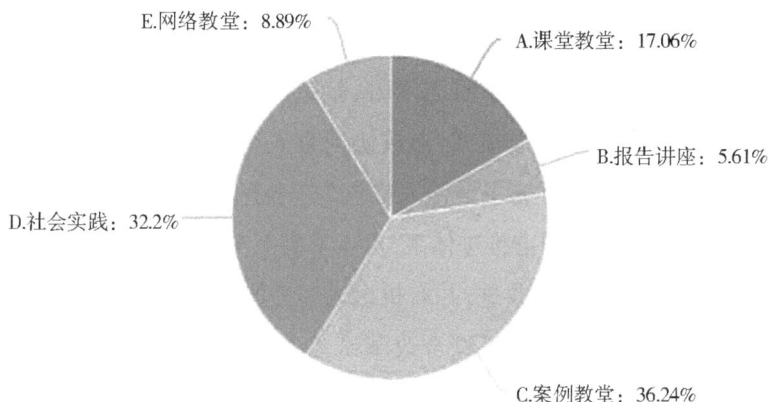

图 3-11　您最喜欢的思想政治理论课的教学方式是什么

第三,政策协同。《中共中央宣传部 教育部关于进一步加强和改进高等学校思想政治理论课的意见》实施方案(以下简称"05 方案"),该方案对高等学校思想政治理论课的课程设置的基本内容、基本要求、时间安排、教材编写、教学研究、教师培训和学科建设等方面进行了规划。2019 年,中共中央办公厅、国务院办公厅印发的《关于深化新时代学校思想政治理论课改革创新的若干意见》指出:"全面贯彻党的教育方针,解决好培养什么人、怎样培养人、为谁培养人这个根本问题,坚持不懈用习近平新时代中国特色社会主义思想铸魂育人。"2020 年 6 月,教育部印发《高等学校课程思政建设指导纲要》,明确强调了"课程思政"的重要性、目标要求、内容重点以及建设举措。2020 年 9 月,教育部发布关于深入学习贯彻习近平总书记重要文章《思政课是落实立德树人根本任务的关键课程》的通知,强调了习近平总书记重要讲话中立德树人的重大意义,进而对各高校思想政治工作提出了具体要求。2021 年 4 月,《教育部办公厅关于在思想政治理论课中加强以党史教育为重点的"四史"教育的通知》提出,在习近平总书记关于加强"四史"教育的大背景下,要充分发挥思想政治理论课的主渠道作用,改革创新思想政治理论课的教学方式。这一系列方案和通知有着不同的侧重点,但都以爱国主义为重点,以立德树人为根本任务,协同于为社会主义培养合格接班人这一终极目标。同时,各大高校也根据校情制定了一系列政策制度、体制机制,以响应国家政策。比如,在制度规范方面,北京体育大学围绕立德树人根本任务,以融入"体育思政"元素为发展特色,构建了学科与术科、教室与场馆、课内与课外相结合的体育特色"课程思政"建设新模式,形成协同育人新局面。吉林大学以"传承红色基因、培育时代新人"为主题深入推进"三全育人"综合改革。上海交通大学在体制机制上构建精准推进体系,重点举措上突出特色驱动、服务育人上注重开放式"大思政"融合共进,并有机融入"三全育人"。在政策文件方面,则有《福建省高校"三全育人"综合改革试点工作建设要求和管理办法(试行)》、重庆大学颁布的《十大育人体系建设方案》、《关于实施湖南省高校思想政治工作质量提升工程的意见》,等等。针对"学校是否有出台有关思想政治理论课协同育人的政策文件"这一问题,60.27%的老师和59.99%的学生都给予了肯定性回答(见图3-12),可以看出大部分高校都出台了相关的文件以保障思想政治理论课协同育人的有效开展。

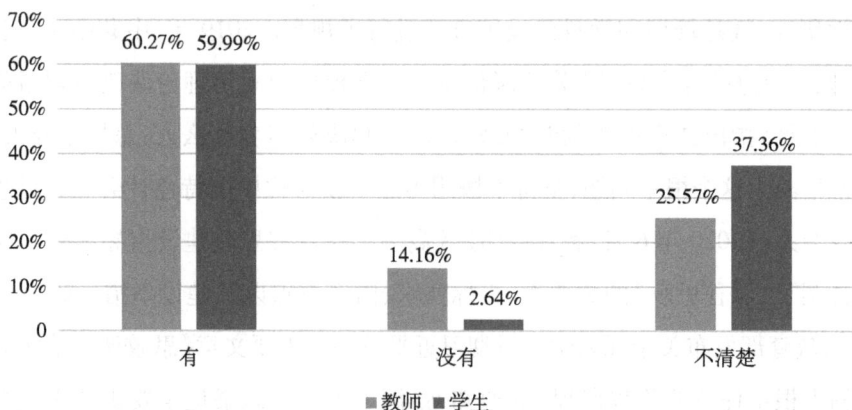

图3-12　学校是否有出台有关思想政治理论课协同育人的政策文件

（三）以培养大学生理论思维和价值判断能力为重点的教材体系逐渐完善

教材是教学的基本形式,是实现教学目标的基本手段,教材的质量决定着教学结果的好坏。大学生思想政治教育的学科教材也随着时代发展的需要而不断改进。"05方案"对高等学校思想政治理论课的课程设置进行了明确规范,有针对性地对本科生、专科生及研究生的教材进行了划分。不同学历的大学生有着不同的理论思维和价值判断能力,这就需要有重点、有区别地进行思想政治教育,对教材进行合理规划和编写。随着马克思主义理论研究和建设工程的全力推进,纳入"马工程"的教材越发丰富和多元,教材更加具有时代性与指导性。通过教育部官方网站可知:截至2024年,已出版教育部"马工程"重点教材如《习近平总书记教育重要论述讲义》《中国革命史》《思想政治教育学原理(第二版)》等80种;已出版中宣部"马工程"重点教材如《习近平法治思想概论》《军队政治工作学》《中华人民共和国史(第二版)》《西方哲学史(第二版)》等36种。① 同时值得一提的是,党的十八大以来,"马工程"重点教材之《毛泽东思想和中国特色社会主义理论体系概论》《中国马克思主义与当代》《马克思主义基本原理》等就先后经历了几次修订,《毛泽东思想和中国特色社会主义理论体系概论》更是先后经历了"2013版""2015版""2018版""2021版""2023版"五个版本。

五、执行层面:高校思想政治理论课协同育人模式初步建立

教育模式是影响高校思想政治理论课教学质量的重要因素,也在很大程度上影响着被教育者的接受度。随着高校思想政治理论课的不断发展,高校思想政治理论课协同育人模式已初步建立。具体来看,一是基于增强大学生的使命担当这个育人目标,构建"教师主导"与"学生主体"双向互动模式;二

---

① 已出版"马工程"重点教材目录, http://www. moe. gov. cn/jyb＿xxgk/xxgk/neirong/fenlei/kcjc/kcjc＿gl/jcgl＿mgcj。

是响应国家关于高等学校"课程思政"建设的号召,各类课程与思想政治理论课同向同行正在运行;三是立足思想政治教育新时代,施行理论教学、实践教学和网络教学"三管齐下"。

(一)"教师主导"与"学生主体"双向互动模式趋于成熟

坚持主导性和主体性相统一,即思想政治理论课教学既需要发挥教师的主导性作用,又需要尊重学生的主体性地位。只有师生都充分发挥积极性、主动性和创造性,思想政治教育才能办好、见效、有力量。随着时代的发展进步和学生思想观念的转变,传统的思想政治教育模式已经不适应时代的发展要求和学生的思维模式。通过学校制度体系建设和国家政策要求,高校思想政治理论课教师的教学能力和素质较之前已经有了质的飞跃,传统的由教师单方面讲授的思想政治理论课教学模式已经改变。不论高校思想政治理论课教学模式搞得多好,思想政治理论课教师的教学质量有多高,没有学生的广泛参与都是徒劳的。学校通过制定线上线下混合教学,更新了学生接受思想政治教育的模式;通过开展新颖有趣、内容丰富的实践活动,提高了学生接受思想政治教育的积极性。调查显示,社会实践是学生最喜欢的思想政治理论课教学方式,选择此教学方式的学生占调查总人数的32.2%。案例教学也在学生最喜欢的教学方式之列,通过情景式教学,在自主学习的过程中学生的课堂体验感和学习自觉性明显增强。教师的"教"和学生的"学"双向发力、共同作用,形成了高校思想政治教育"教师主导"与"学生主体"的双向互动新模式。教师通过各种新媒体,改变了传统的枯燥无味的教学方式,创造了"慕课"等形式的教学方式。但喜欢网络教学的学生仅占8.89%,说明"慕课"等形式的教学方式并不能很好地促进教师与学生的双向发力。

(二)各类课程与思想政治理论课同向同行

党中央多次强调要以立德树人作为育人的根本任务,致力于构建"课程思政"思想政治教育新格局。高校也十分重视"课程思政"的重要性,通过制定行之有效的体制机制,建立起马克思主义学院与其他学院、思想政治理论课教师与其他专业课教师、学校管理人员—任课教师—辅导员—服务人员的多层次、有重点、宽领域的思想政治教育新格局。高校是进行思想政治教育的主阵地,思想政治理论课是进行思想政治教育的主渠道。学校通过更新教职人员的观念,形成了全员协同育人的新局面。通过改革教师教学考核机制,增强了教职人员"三全育人"的整体素质;通过制定高效运行、科学合理的管理体系,提高了教职人员的协同育人意识。调查显示,6.85%的教师认为其所在学校思想政治理论课与专业课程的联动互补情况非常好,有40.18%的教师认为其所在学校思想政治理论课与专业课程的联动互补情况良好,各类课程与思想政治理论课同向同行(见图3-13)。同时,我们对这些学校的专业课教师在课程讲授中是否积极融入思想政治教育内容也做了调查,结果显示,有35.48%的老师在课程讲授中非常积极地融入了思想政治教育的内容,有48.38%的老师在课程讲授中比较积极地融入了思想政治教育的内容(见图3-14)。教职人员的观念有很大的更新,形成了全员协同育人的新局面。

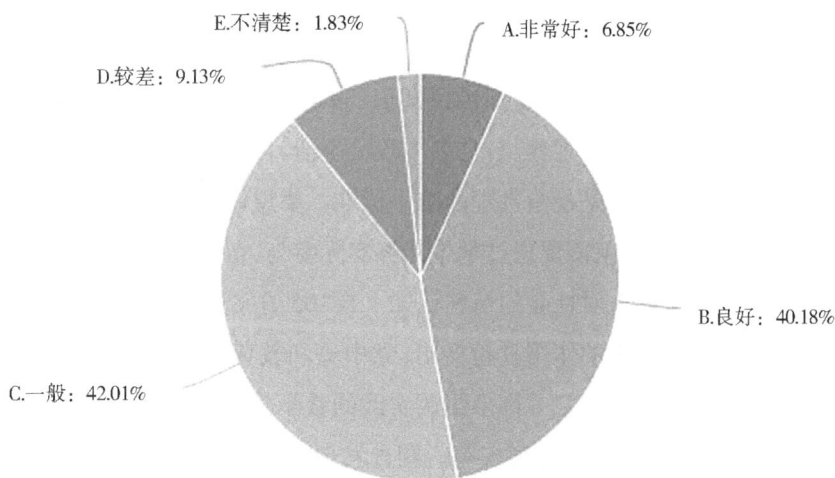

图3-13　您所在的学校思想政治理论课与专业课程的联动互补情况如何(教师问卷)

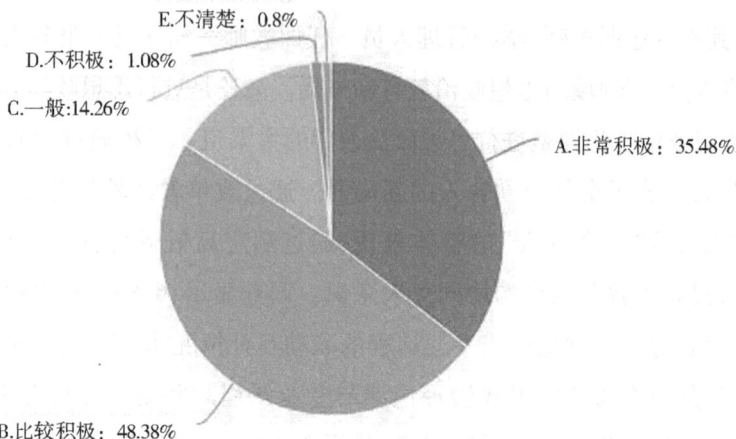

图 3-14　专业课教师在课程讲授过程中是否积极融入思想政治教育内容

（三）理论教学、实践教学和网络教学"三管齐下"

根据党中央、中共中央宣传部和教育部的要求,各高校积极提高思想政治理论课教学的实效性,创新思想政治理论课的教学模式,完善思想政治教育的管理与运行机制,构建全方位的思想政治工作格局。重理论轻实践是传统教学方法的通病,思想政治教育更是如此。传统的思想政治教育是一种灌输式的教育,这在一定程度上可以起到传授知识、满足应试教育的作用,但却难以达到让学生自觉养成政治素养、自觉参与政治生活、自觉拥护党的领导和社会主义道路的目标。实践是检验真理的唯一标准。要想让思想政治教育变得有温度、有深度、有感情,就需要通过学生能够实际参与、切身感受的实践活动来深化学生对党、对国家、对社会的情感认知。自"05 方案"实施以来,实践教学方式在思想政治教育中的作用日益突出,党中央和教育部也多次强调实践教学的重要性。高校随之制定了许多强调实践的教学模式,如"八位一体"实践教学模式、"三三制"实践教育模式等。调查发现,有 43.25% 的学生表示他们通过社会实践接受思想政治教育,有 56.71% 的学生通过班团活动接受思想政治教育(见图 3-9)。由此可以看出,各种社会实践在思想政治教育中的作用越来越显著,学生通过实际参与、切身感受的实践深化了学生对党、对国家、对社会的情感认知。同时,随着互联网和大数据的不断发展,网络技术也开始渗入思想政治教育。高校并非局限于利用多媒体对课堂教学进行辅助性应用,而是充分利用大数据技术,深度挖掘各种资源、构建网络平台、制定保障体系、促进高校思想政治教学模式创新式发展、创造性变革。在此背景下,各类网络教学模式层出不穷,如易班、微班、翻转课堂、移动课堂等。在调查中,有68.28%的学生通过报纸、网络、新闻媒体接受思想政治教育(见图3-9)。2020年,教育部印发《高等学校课程思政建设指导纲要》,明确提出要构建科学的"课程思政"教学体系,就是要把实践类课程有效融入其中。理论教学是让学生"读万卷书",实践教学是让学生"行万里路",网络教学是让学生共享世界;通过理论教学、实践教学、网络教学的"三管齐下",可以达到知、行、悟三者合一的效果。

(四)"三全育人"意识得到加强,"三全育人"格局初步形成

党中央高度重视思想政治教育,要求所有学校在完成立德树人这一育人根本任务的过程中努力构建"三全育人"新格局,通过制定详细的政策措施营造"思政课程"和"课程思政"同向同行的良好氛围。其中,高等院校贯彻落实党中央部署,在顶层设计中营造了"三全育人"的内部条件,提供了良好的内部环境。比如,广西百色学院为了贯彻落实党中央"三全育人"要求,专门出台《百色学院百色精神铸红魂"三全育人"体系建设管理办法》,举办会议深入讨论如何贯彻落实中央"三全育人"新要求。调查数据也充分显示:43.38%教师认为其所在的学校有校—企、校—校、校—家协同举行的思想政治教育活动,26.48%的教师认为其所在的学校有校—企、校—校、校—家协同举行的思想政治教育活动(见图3-15)。同时,针对"关于学生在校园日常生活中是否有接收到思想政治教育内容"这一问题,调查结果显示:61.71%的学生经常在校园日常生活中接受思想政治教育,37.53%学生偶尔接受,仅有0.76%的学生表示从未在校园日常生活中接受思想政治教育(见图3-16)。总之,当前各大高校充分利用各种教育载体,在学生组织建设与管理、校园文化建设、学风建设、社会实践等过程中将思想政治教育寓于其中,"三全育人"意识明显增

C.不清楚：30.14%

A.有：43.38%

B.没有：26.48%

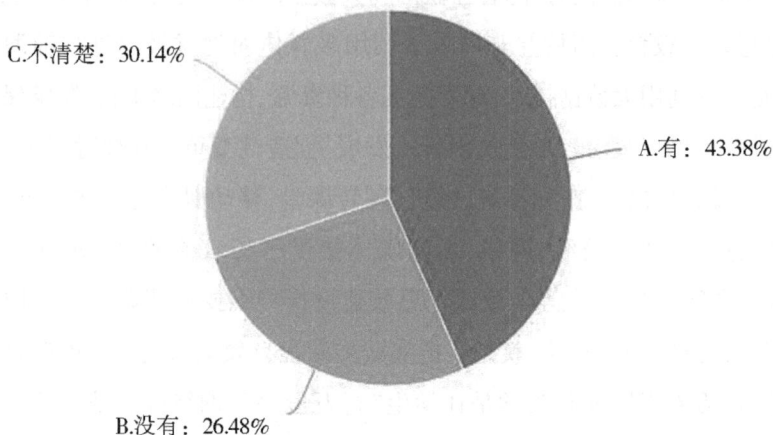

图 3-15　您所在学校是否有"校—企、校—校、校—家"协同举行的思想政治教育活动

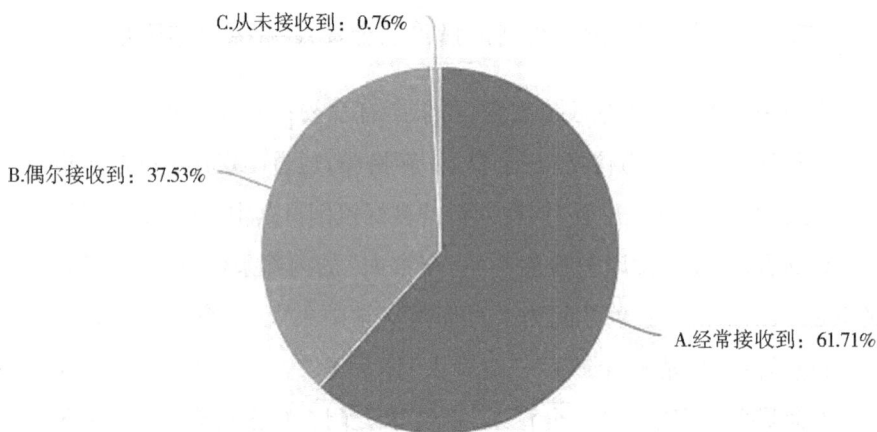

C.从未接收到：0.76%

B.偶尔接收到：37.53%

A.经常接收到：61.71%

图 3-16　您在校园日常生活中有没有接收到思想政治教育内容

强，"三全育人"格局初步形成并不断巩固与拓展。

第二节　历史合力论视域下高校思想政治 理论课协同育人的问题解读

通过对高校思想政治理论课协同育人的现状调研可以了解到,目前在高校思想政治理论课协同育人工作中协同意识深入人心,协同育人机制不断完善,协同育人工作稳中求进,呈现出良好的发展态势。同时,应当看到高校思想政治理论课在实现协同育人的过程中仍然存在着一些突出问题亟待关注与解决,从协同育人的内部影响要素到外部组织保障,协同育人过程中的问题主要表现为观念上的分歧、主体间的差异、方式上的陈旧、资源上的匮乏、课程上的分割以及机制上的脱节,以高校思想政治理论课为中心实现各个子系统之间的有机协同,需要以这些问题为参考,将思想政治工作规律、教书育人规律和学生成长成才规律结合起来,充分发挥各方育人主体的合力作用,使之形成良好的协同效应。

一、高校思想政治理论课协同育人观念存在分歧

理念是实践的先导,在先进理念的指导下实践才能有方向、有目标、有成果。高校思想政治理论课协同育人工作要实现全面、高效、持久的发展,首先必须解决思想上的问题,树立正确科学的协同育人观念。高校思想政治理论课协同育人观念已经在较大范围内流行起来,但在复杂的现实环境下,受各种内外部因素的影响,从整体上来看,育人观念还没有实现高度的契合统一,在实践中还没有达到理想的目标状态。

(一)高校思想政治理论课协同育人观念具有模糊性

实现协同育人的目标,需要从育人工作的全方面、全过程有机整合各方力量。高校在协同育人工作中发挥着至关重要的作用,但是协同育人并不仅仅是高校单方面的责任,家庭、社会等环境在协同育人过程中同样发挥着重要的作用、产生着重要的影响。同样,在学校这一有机体中,虽然大学生思想政治教育工作主要依托高校思政工作部门、思政课教师以及辅导员展开,但这并不意味着协同育人只是思政工作部门和思政队伍的责任,它是全体教职员工的共同使命。调查发现,目前关于高校思想政治理论课协同育人的观念主要存在以下两个误区。

一是就整个社会而言,部分育人主体认为教书育人只是学校的职责,家

庭、社会以及个人的自我教育意识不足。高校作为专门性的教育主场所常常被外界赋予过高的教育期望,需要注意的是,学生在校的时间只占他们活动时间的三分之一,仅仅依靠学校一方的教育难以对学生进行全面的引导,构建全方位的教育体系需要学校和社会承担起自身的教育责任。但调查显示,令人担忧的是现实中大部分家庭的家庭教育意识还没有建立起来,往往将教育任务看作学校的职责,而家庭只需要负责学生的生活需求。如访谈中一位老师说:"很多学生出现思想或者心理问题很多时候其实都与学生的家庭有着直接关系,但家长往往意识不到自己的问题,只是把问题丢给学校,当孩子出现心理问题时只是一味埋怨学校和老师给孩子施加压力,埋怨学校、老师不负责。"

二是就高校内部而言,某些人认为高校思想政治理论课协同育人工作是马克思主义学院和宣传部的事情,高校内部一些行政管理、后勤管理人员等缺乏对协同育人工作的关注和参与。部分教师不愿承担思想政治理论课协同育人的责任,他们认为课程有其明确的专业属性,课堂要保持科学性以满足学生对理论知识的足够认知,对学生的价值引领主要是思想政治理论课教师的工作,如果学生在课后有一些世界观、人生观、价值观方面的问题,教师可以进行解答和劝导。如在问卷中当学生被问及"您认为专业课教师在开展'课程思政'过程中存在哪些问题"时,表示思政元素挖掘不深的占39.65%,表示教学能力有待提升的占30.68%,表示强行拼接、生搬硬套的占15.94%,表示理论讲解不透彻的占35.84%,表示不能灵活使用思想政治教育教学技巧的占41.89%(见图3-17)。此外,还有一种观点认为不同专业的教师所承担的工作职责是不一样的,专业教师主要负责专业知识的传授,思想政治教育工作则应该由专业性更强的思政课教师和辅导员完成。这说明专业课教师还不能自觉并熟练地将思想政治教育融入课堂教育,共同打造"大思政"局面。

总的来说,各主体关于高校思想政治理论课协同育人的观念具有模糊性,关于思想政治教育与协同育人界限、范围的明晰度还不尽如人意,就连思政课教师与辅导员在思想政治教育的协同中也存在协同观念不一致、职责范围划定不明确、协同过程不衔接的问题,在关于学生课堂与日常的思政教育等问题

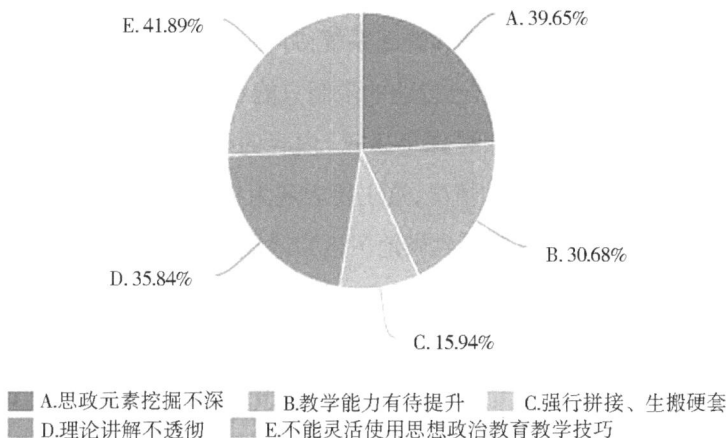

　　A.思政元素挖掘不深　　B.教学能力有待提升　　C.强行拼接、生搬硬套
　　D.理论讲解不透彻　　E.不能灵活使用思想政治教育教学技巧

图 3-17　您认为专业课教师在开展"课程思政"过程中存在哪些问题

上还没有形成较为融洽的分工协调管理办法。

（二）高校思想政治理论课协同育人观念缺乏系统性

　　高校思想政治理论课协同育人观念的系统性主要是指在各方主体的充分沟通与合作下形成的比较全面的育人理念，这种育人理念应当具有科学的计划性、良好的协作性以及完整性。系统性的协同育人理念是高校思想政治理论课协同育人工作实现高效协同、科学分工、优势互补的重要思想基础。

　　目前，高校大部分教师对协同育人的理念有一定的了解和认同，但是人们接受新鲜事物往往需要一个漫长的过程，协同育人理念在高校的实践中还处于初步探索阶段。一些具有"课程思政"协同育人意识的教师会将一些思想政治教育内容挖掘出来融入课程，通过课程对学生进行正确的价值引领，但是大部分教师现有的协同育人意识具有非系统性的特征，他们现有的"课程思政"协同意识主要是立基于教师本人的育人责任感。也就是说，高校协同育人观念往往是以教师自身的个人责任感为支撑，凭借其敏感性和敏锐力对学生开展"课程思政"教育，各方主体的协同育人力量并没有得到有效的安排和利用，这种形式的教育往往会受到教师本人素养水平的限制，具有易变性和差异性。

思想政治理论课协同育人观念的非系统性还表现为各主体之间育人工作的独立性与局限性。各专业教师缺乏系统协同观念的指引,往往会局限于自身的专业属性,一些教师受自己专业的限制只能看到比较显性的"课程思政"内容,挖掘不到隐含比较深的"课程思政"内容的问题,对于一些难以处理的内容经常会出现"贴标签"的情况,这主要表现为将一些与课程有关联的思想政治教育内容不经处理就直接生硬地搬运到课堂上,理论讲解犹如蜻蜓点水,学生也似懂非懂。总之,目前高校思想政治理论课的协同观念系统性不足,各主体之间还处于一种各自发力的零散状态,要实现协同育人的历史合力还要在观念整合方面发力,构建统一的多方协同意识。

(三) 高校思想政治理论课协同育人观念缺乏操作性

理念的最终归宿是现实实践,目前高校思想政治理论课协同育人的理念尽管得到了一定范围的推广,但协同理念在实践中的有效应用还不足,有些理念设计仿若空中楼阁,缺乏落地生根的条件,高校思想政治理论课协同育人理念的实际操作性还需进一步提升。

具体来讲,各育人主体关于协同育人的目标定位还缺乏明确性与统一性,各方主体对学生的理想信念与行为意识的重视程度明显不够,再加上协同育人过程中环境的复杂性,如协同育人的校园文化和社会文化环境建设还不够理想,享乐主义、拜金主义等错误思想仍然盛行于某些群体之中,这些因素都对学生的思维意识产生着不良的诱导作用。对这些影响因素把握的不确定性会对各方育人主体的协同育人观念产生错误引导,在偏差性观念的引导下协同育人的理想目标也就难以真正实现。如某些高校"课程思政"在协同育人进程中将理想目标定得过于"完美化"与"高尚化",而关于实现目标的阶段性实践步骤的设想却是一片空白,在这种理想化状态下形成的协同育人观念最明显的特征便是欠缺可操作性,难以在实践中得到有效实施。

在调查中,学生被问及"您最喜欢的思想政治理论课的教学方式是什么"时,课堂教学占17.06%,报告讲座占5.61%,案例教学占36.24%,社会实践占32.2%,网络教学占8.89%(见图3-11)。这说明学生还是更容易接受用全新的具有实践性方式的课堂教学。据调查结果分析可知,虽然当前高校特色"课程思政"育人体系建设稳步推进,高校内以思想政治理论课教师为代表的各专业教师主体积极开展精品课程试验,尝试推进专业课程教学与思政教育的有效结合,但是教师主体在渠道受限的情况下对学生学习需求、环境隐性变化等方面还存在了解不到位、不及时等问题,在育人观念上表现出保守性、实践性不足与操作性延时等特点,教师在这种"空想型"育人观念的影响下无法对协同育人的全局性计划部署彻底贯彻落实,面对学情不一、想法独特的各类学生也难以提供针对性更强的育人举措。

二、高校思想政治理论课协同育人主体协作不足

《关于进一步加强和改进大学生思想政治教育的意见》明确要求,建立和完善党委统一领导、党政齐抓共管、专兼职队伍相结合、全校紧密配合、学生自我教育的领导体制和工作机制。但是,由于各方育人主体之间的差异性与独特性,各方主体在协同育人工作中展现出实践性弱、跨越性小及融合性低的特点,在这种主体协作不足的状态下,高校思想政治理论课协同育人的成效难以更好地满足教育的现实需求。

(一)高校思想政治理论课协同育人的主体协作实践性较弱

在高校思想政治理论课协同育人模式的构建背景下,各学科纷纷融入思想政治教育元素,进行协同育人的各种尝试。但是,从访谈和调研的结果来看,协同育人理念的具体执行成效不容乐观,不同育人主体之间的协作还存在许多问题,具体主要表现为主体协作的理论与实践脱节,协同育人理念虽然已经得到大范围的传播与接受,然而在具体实践中协同育人理念难以得到有效落实。从高校协同育人的执行效果来看,大部分被调研者表示目前思想政治理论课协同育人的效果一般,仅有少数调查对象对高校思想政治理论课协同育人的效果持良好的积极态度。在人们的固有印象中,思想政治理论课主要是对党的思想理论进行宣传、对大学生德育品行进行教育引导,因此在教学中难以与专业属性较强的其他理论课程进行融合。通过对访谈资料的分析可以

发现,在协同育人模式下,包括理工科在内的部分自然科学学科专业知识的逻辑概念明确、专业化程度高,因此很难在课堂上将思政元素与课程内容结合起来,而实现与思想政治理论课协同育人的现实目标往往也是通过学习工科先驱前辈的德育情怀以及与实践生活的结合等方式进行,但这种结合无法将专业知识与协同育人的目标要求进行深度融合,这就导致类似的专业课程与思想政治理论课的育人模式存在较大的异质性,各方主体在协同育人过程中的独特优势难以得到有效发挥。

(二) 高校思想政治理论课协同育人的主体协作跨越性较小

在开展高校思想政治理论课协同育人的过程中,无论是高校内部还是高校外部,各子系统之间都缺乏高效的协同。目前,高校思想政治理论课协同育人的力量还十分有限,且各主体之间的协同合作只是停留在一些十分有限的固定范围,如家庭作为高校的外部要素与高校思想政治理论课对大学生的协同教育大多只关注其行为引导与表现,在思想教育方面表现出一定的短板。实际上,作为大学生成长的重要场地,家庭在其成长成才中发挥着至关重要的作用。家庭与学校作为大学生的两个常住性场地,原本在协同育人工作中有许多可以相互协同合作的地方,但现状却显示二者在协同育人工作中协同缺位。此外,高校的外部协同中十分重要的一个方面便是校际联合。当前,虽然有不少校际联合的事实案例,但是从总体上来看,数量还不是很多,联合的程度也不够深入,校际合作协同育人跨越的范围还十分有限。高校内部各子系统之间的协同工作具有一定的组织性,各部门、各育人主体之间已经开始了一些协同合作,在协同育人过程中具有一定的整体性与系统性,但是这些主体之间相互配合的程度并不高,协同的范围也十分有限,有些协同环节甚至存在脱节、冲突的情况,以至于出现无法有效进行有机衔接的现象,这也是高校思想政治理论课协同育人工作仅能在很小的领域内实现的原因。

(三) 高校思想政治理论课协同育人的主体协作融合性较弱

各类专业课程因其专业特性的缘故,在与思想政治理论课协同育人的过程中还存在着融合不强的问题,具体主要表现在两个方面:一是专业课程和思想政治理论课的协作性不强,某些高校内的强势专业甚至存在"学科优势论""学科保护主义"等狭隘性观点,在这种观点的影响下,某些专业的老师和学生对思想政治理论课存在排斥心理,这种排他心理直接给高校思想政治理论课的协同育人带来阻碍。专业老师普遍对于实现与高校思想政治理论课协同育人的工作并不乐意接受,同时认为实现与思想政治理论课的高度融合具有困难,认为这是一项具有挑战性的任务。高校思想政治理论课协同育人的成效调查结果显示,大学生中只有不到四分之一的人对目前高校的协同育人工作给予了肯定(见图3-18)。可见,高校协同育人的主体协作工作还有很大的进步空间。二是党课与思想政治理论课的融合性不强。党课在一定程度上弥补了思想政治理论课内容的滞后性,并在一定程度上突出了教材内容的精华,但是有的高校党课并未真正纳入思想政治教育活动中,党课的学习只局限于党员和入党积极分子的日常教育。毫无疑问,新时代实现高校思想政治教育课程的融合,就需要不断进行课程改革,将多学科交叉融合,丰富教育内容,将课程与时代接轨,彰显时代内涵。

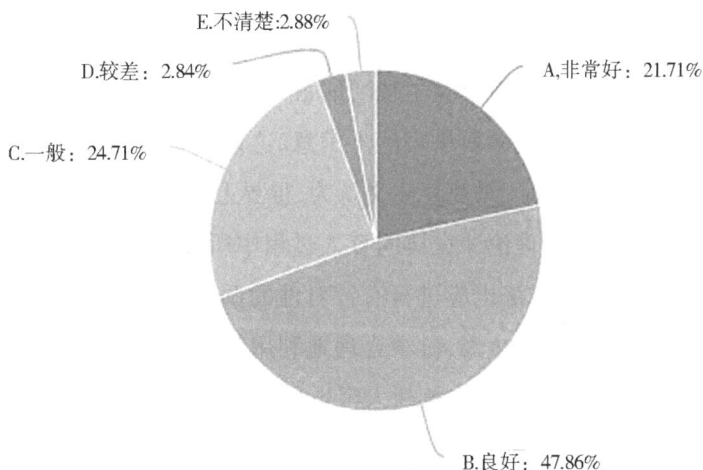

图3-18　您所在学校的思想政治理论课与其他专业课程的
联动互补情况如何(学生问卷)

三、高校思想政治理论课协同育人方式缺乏创新

在高校思想政治理论课协同育人的过程中,育人方法是关乎育人成效的重要一环。但是就现状而言,高校思想政治理论课协同育人方式方法还比较保守,亟待与时俱进。

（一）高校思想政治理论课协同育人的方式具有保守性

就整体状况而言,当前各高校在思想政治理论课协同育人工作中所采取的育人方式仍然以传统的课堂教学为主,教师在课堂教学过程中仍然主要通过口述的方式将教学内容传达给学生,这种以理论教学方式为主的教学活动往往只能给学生带来理性知识层面的收获,教师对理论与实践结合的忽视会对高校思想政治理论课协同育人的教学质量产生影响。大部分学生在访谈中反映,课堂上许多思政课教师照本宣科,授课形式单一、枯燥乏味、缺乏互动,在具体教学活动中往往重理论灌输而轻情感疏导,在学生思想价值引领方面有所欠缺。根据学生问卷深入探究可以发现,认为在理论性讲授的课程中教师对思政元素挖掘不深的占 39.65%,认为教学能力有待提升的占 30.68%,认为强行拼接、生搬硬套的占 15.94%,认为理论讲解不透彻的占 35.84%,认为不能灵活使用思想政治教育教学技巧的占 41.89%,其中只有 35.12% 的学生对思政课协同育人方式的效果表达了满意,这说明思政课协同育人的方式还有待改良(见图 3-17)。马克思主义认为,世界上的事物处于不断地变化发展之中。高校思想政治理论课在协同育人过程中所处的环境不同、对象状况不同,那么其育人方式方法也应进行有针对性的调整与改变。尤其是在互联网和科学技术快速发展的今天,科学合理地利用新媒体进行教学能够有效提高协同育人的成效,助力实现立德树人根本目标。但比较遗憾的是,在实际教学活动中,许多教师只是局限于固有的教学方式,在新技术融入方面还缺乏尝试与创新精神,同时受资源、环境、政策等因素的影响,高校思想政治理论课协同育人的方式方法整体上呈现出保守态势。

（二）高校思想政治理论课协同育人理论与实践缺乏协同性

高校思想政治理论课协同育人是理论与实践的统一，实现理论与实践两方面的协调统一能够有效提升高校思想政治理论课的育人成效。但是，在具体操作过程中，高校思想政治理论课协同育人的理论与实践协同并不理想，其中高校思想政治理论课的理论课程与实践课程协同不到位是其主要表现。随着科学教学理念的普遍流行，大部分高校都推出了理论课程与实践课程结合的双向育人模式，但是高校思想政治理论课的理论性较强，在实践协同推进中难免存在许多"落地"问题。比如，受地理、资源、环境、观念等主客观因素的影响，有些高校对建设实践课堂的重要性认识还不足，有的高校虽有加强实践课程建设的意识，但局限于现有的条件无法进一步开展实践工作。另外，研究发现，一些教师对"实践"的理解具有狭隘性，许多教师往往将实践教学与户外活动等同起来，好像只有学生在课堂外才能得到实践教育。在这种观念的影响下，有的教师为了体现其课程的实践性，每周给学生布置大量的形式性实践作业，甚至挤占原本的授课时间。显而易见，这种理论与实践的错位非但不能达到课程内容与实践的衔接与补充，还可能本末倒置，使得思政教育停留于表面，难以达到入脑入心的育人效果。总之，就现状而言，高校思想政治理论课程作为通识课程并没有得到足够重视，大家对思政课的印象存在着"高大上"和"假大空"两个极端现象，而究其缘由，这无疑与思政课同现实生活实践"脱钩"有关。

（三）高校思想政治理论课协同育人的主渠道与支渠道配合度不够

一般而言，作为"主渠道"的思想政治理论课是以课堂教学为依托向大学生传递社会主义主流意识形态，进而达到培养大学生的理论思维、提升大学生道德素养和政治品质的育人目标。作为"支渠道"的日常思想政治教育则主要以党团教育活动及日常管理活动为载体，主要通过管理、教育、服务等多种形式的实践性活动培养学生的思想道德情感、国家政治认同及品德践行能力。但就目前的状况而言，大部分高校对"主渠道"的关注主要在其理论指导方面,缺乏日常教育引导,而在"支渠道"方面则主要强调日常管理,忽视对学生思想价值方面的引领,"主渠道"与"支渠道"之间处于一种相互分离的独立状态,二者的协调配合还有待进一步增强。"主渠道"与"支渠道"之间本应同向同行的应然状态被替代为相互分离、各自为政的实然状态,这种应然与实然之间的差别主要表现在二者目标的分化、内容的离散以及方法的割裂这三个方面,作为"主渠道"的高校思想政治理论课受场地、课时、资源等现实"窘境"的限制脱离了学生实际,教师在有限的时间和精力下"单打独斗""单兵作战",往往会导致实践教学的边缘化甚至缺位,进而造成学生缺乏对现实生活的体验、对理论的理解不够深刻。"执行脱节"现象比较普遍,很多高校对课堂教学内容相关的课外实践教育活动几乎不开展或是很少开展,而有些高校的校园文化活动与思想政治理论课教学内容联系也不紧密。

四、高校思想政治理论课协同育人课程融合生硬

高校思想政治理论课的课程融合主要指的是"课程思政",所谓"课程思政"就是要挖掘各类课程中蕴藏着的德育功能,使其回归教育的育人本源,完成立德树人的根本任务。但是,"课程思政"是一个任务量大、环节复杂、涉及面广的系统工程,要使系统内部各要素、各子系统相互作用、良性互动,则需要学校、社会、家庭等多方共同努力,协调好管理、教学、服务等各个环节。不可否认,当前许多高校在构筑"课程思政"这一系统工程的过程中,还存在着一系列问题亟待解决。

(一)协同育人理念认识不到位

人无德而不立,德是才的根基所在,没有德行的人,即使再有才能,也是为社会所不容的。重视德育,就是实行"立德树人",就是要把思想政治教育贯穿高校教育的全过程,形成思想政治教育协同育人新格局,打造"三全育人"新格局。

"课程思政"是高校实现思想政治理论课协同育人的重要方式,它要求专业课教师不仅要传授专业课知识,还要承担对学生进行德育的责任。中国的

现代化教育,其根本任务是立德树人,德育为先,不仅是思想政治教育需要把立德树人、重视德育放在育人的本位,其他专业课教育也是如此。实际上,专业课教师大多不具备对学生进行德育的本领,并且往往忽视德育的重要性,片面认为掌握专业课知识才是教育的根本职责所在。在"您认为对大学生进行思想政治教育的责任主体是____"这个问题上,96.35%的教师认为这个主体是思想政治理论课教师,有74.89%的教师认为专业课教师同为主体。而在学生的回答中,仅有48.62%的同学认为专业课教师也是思想政治教育的主体(见图3-19)。因此,这就导致出现专业课教师重知识传授、思想政治理论课教师重道德教育的尴尬局面。

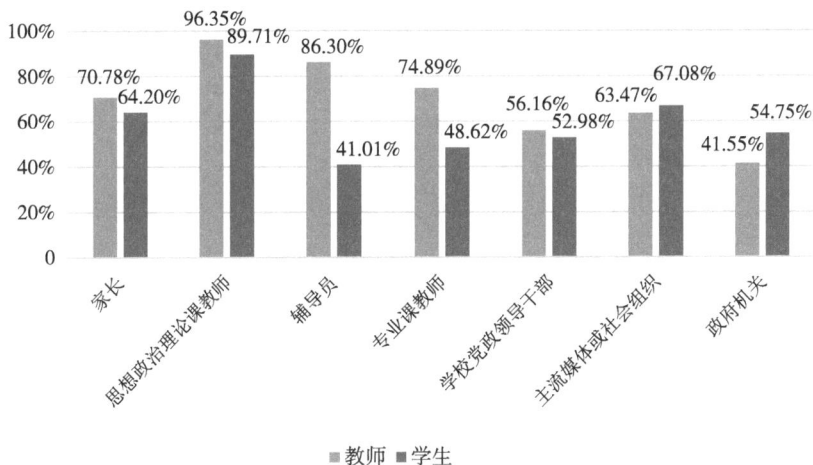

图3-19　您认为对大学生进行思想政治教育的责任主体是____

(二)课程协同路径不通畅

每个专业课的课程设置、教学方式、知识传授都有所不同,而思想政治理论课又有不同于任何专业的学科特色,具有丰富的教学资源,要实现"思政课程"和"课程思政"的同向同行就变得异常复杂与艰难。其中横亘在实现思想政治理论课和专业课协同育人之间的障碍,一是如何将思想政治教育的观点渗入专业课的教学过程,二是专业课如何发掘自身蕴藏的思想政治价值。虽然有约 84% 的学生认为教师积极融入思想政治教育内容(见图 3-20),但是在问及"您认为专业课教师在开展'课程思政'过程中存在哪些问题"时,41.89% 的学生赞同教师不能灵活运用思想政治教育教学技巧,39.65% 的人赞同专业课教师思政元素挖掘不深,35.84% 的学生赞同理论讲解不透彻等(见图 3-17)。可以看出,大多数的专业课教师都将思想政治教育的理念融入教学过程中,但是在挖掘思政元素、掌握思政教学技巧等方面仍有不足,没有解决好横亘在思想政治理论课和专业课协同育人之间的障碍。协同育人涉及众多方面,思想政治理论课育人系统涉及许多要素,因而思想政治理论课协同育人路径的构建就变得更加复杂,路径不清晰,所能达到的育人效果也会很有限。

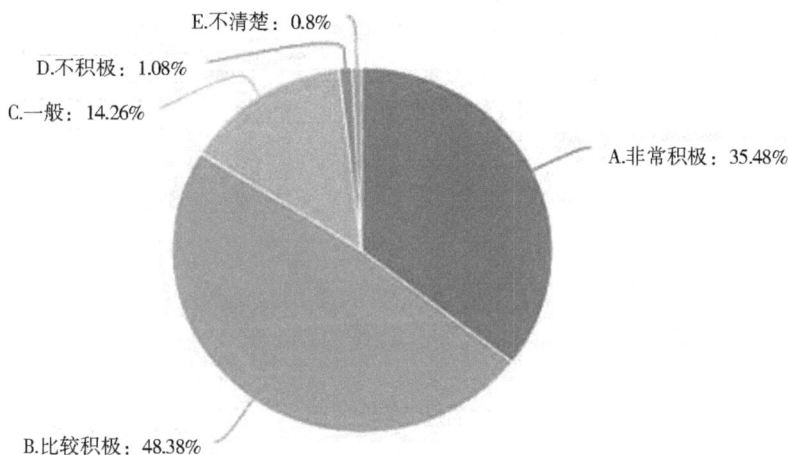

图 3-20　专业课教师在课程讲授过程中是否积极融入思想政治教育内容

(三) 课程协同机制不完善

任何制度的顺利实施都需要有行之有效的体制机制进行保障,协同育人也概莫能外。机制不健全,制度就无法实现其效力。协同育人的机制不健全,具体到其实施效果,存在其他课程与思想政治理论课程协调衔接不到位,与学科体系、教学体系和保障体系衔接不充分,以及协同育人机制制度建设不完善、协同育人机制保障措施不健全等问题。① 现阶段的思想政治理论课程和"课程思政"的发展存在着各自为政的现象。一方面,专业课教师和思想政治理论课教师之间的沟通不足,没有进行协同育人措施的共商共享。当问及"您在日常的生活和工作中与思想政治理论教师的交流频率如何"时,37.9%的教师表示偶尔进行交流,更有0.91%的教师表示从不进行交流(见图3-21)。另一方面,高校管理人员的顶层设计不完善,校院两级领导就思想政治教育协同育人而进行的讨论效果仍需加强。针对"校院两级党政领导干部是否定期组织召开思想政治理论课协同育人专题会议"这个问题,19.63%的教师表示没有,29.22%的教师表示不清楚,这说明会议开展的效果未达到预期(见图3-3)。

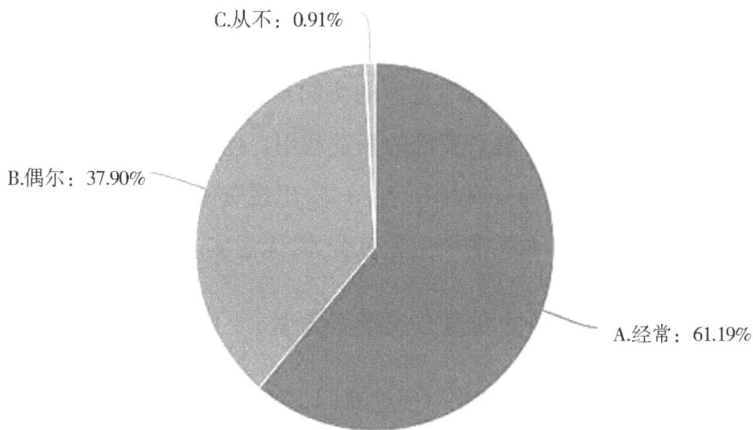

图3-21　您在日常的生活和工作中与思想政治理论教师的交流频率如何

五、高校思想政治理论课协同育人资源整合欠佳

加强课程资源的开发与建设是实现高校思想政治理论课协同育人必须努力的方向之一。特别是随着互联网、大数据的不断发展,思想政治理论课所能运用的资源类型与日俱增,从原有的多媒体教学资源、师资队伍资源,拓展到

---

① 张琼:《高校思想政治教育协同育人机制探析》,《学校党建与思想教育》2019年第18期。

现在的各种辅助教学资源、红色文化资源、网络学习资源等。这些新兴资源对于转变原有的填鸭式、枯燥无味的思想政治教育具有重要辅助作用。但是,在利用这些新兴资源的过程中,由于多方因素,各种问题也层出不穷,如丰富的本土资源被忽视,网络资源的共享不够、利用不足,红色文化资源的利用缺乏合理规划、整体布局和可持续性等。

(一)本土教育资源开发有限

对于本土资源的利用,主要通过网络媒体进行宣传,网络宣传可以让本土教育资源具有直观性、真实性、生动性。但由于资金投入不足,各地方对于本土教育资源的开发十分有限,这就导致本土教育资源中所蕴藏的教育价值很难实现。资金缺乏限制了本土教育资源开发的宽度和广度,进而影响了本土教育资源与其他教育资源的整合与协同。同时,思想政治教育的顺利开展需要多方共同参与、协同育人。部门之间的协同与否不仅会影响思想政治教育的实效性,也会影响对本土教育资源的开发利用。换句话说,各部门之间容易在开发利用本土教育资源的过程中产生分歧,出现资源浪费的局面,导致资源开发利用缺乏协同性,从而无法产生教育合力,无法实现协同育人目标。

(二)红色文化资源的利用方式不够合理

红色文化资源是高校思想政治理论课课程教学的重要资源形式。红色文化资源指的是革命故事、革命人物、革命精神、革命遗址等具有教育价值的文化资源。红色文化资源不同于一般的课堂教学资源,它有着自身的故事性感染力,能够激发学生的学习主动性,增强思想政治理论课的感染力;它凝聚着革命先辈的不朽精神,可以引发学生的情感共鸣,发挥思想政治教育引领主流价值的作用。将红色文化融入高校思想政治教育,对于弘扬社会主义核心价值观、增强学生的爱国情怀、赓续红色革命精神具有重要意义。但目前,红色文化资源的利用方式还存在着许多不合理之处,一是资源开发利用率低,二是对文化资源的开发浮于表面,三是资源利用没有注入地方血脉。只有让红色文化资源进校园、进课堂、进教材,为学校、教师、学生所用,才能发挥其教育价值,实现其育人使命。

(三) 网络教学资源共享不够、利用不合理

随着时代的不断进步和互联网的不断革新,网络技术也逐渐融入高校思想政治教育的教学中。部分高校通过构建大数据网络平台,拓展了思想政治教育理论课的教学途径,丰富了高校思想政治理论课的教学内容,增加了教学时间,拉近了教师和学生之间的沟通。网络教学在产生积极影响的同时也存在一系列问题。网络教学资源种类繁多,质量良莠不齐,会给高校思想政治理论课的协同育人带来负面影响。网络中存在的各种社会思潮、非主流意识形态在很大程度上影响着大学生的思想方式和行为方式,如果不对这些网络资源进行合理利用,那些错误的观点、思潮就会腐蚀大学生的心灵,破坏社会主义核心价值观的主流影响力,不利于大学生的身心健康和正确的价值观的形成。

关于"当前思想政治理论课资源(如红色资源、网络资源、传统文化资源)是否得到了充分开发和有效整合",调查发现,有 8.68% 的教师认为资源未得到充分利用和有效整合,有 81.74% 的教师认为思想政治理论课资源得到了利用但效果不明显,仅有 9.59% 的教师认为思想政治理论课资源得到了利用且效果显著(见图 3-22)。这说明思想政治理论课资源还未得到充分利用,而最大的问题在于利用效果欠佳。

六、高校思想政治理论课协同育人机制保障滞后

协同育人的保障机制既是发挥高校思想政治理论课的主渠道作用的重要保证,也是提高思想政治理论课教学质量、提升高校思想政治理论课育人实效性的有力制度支撑。高校思想政治理论课协同育人的保障机制包含很多方面,如组织保障、制度保障、物质保障、人力保障、学术保障等。保障机制的顺利运行,需要各个方面共同发力、协同配合、同向同行,任何一方面的脱节都会影响机制的长效运行。当被问及"您所在学校开展协同育人是否拥有充足的物力、人力、财力和制度保障"时,40.18% 的教师认为有但未能发挥真正实效,

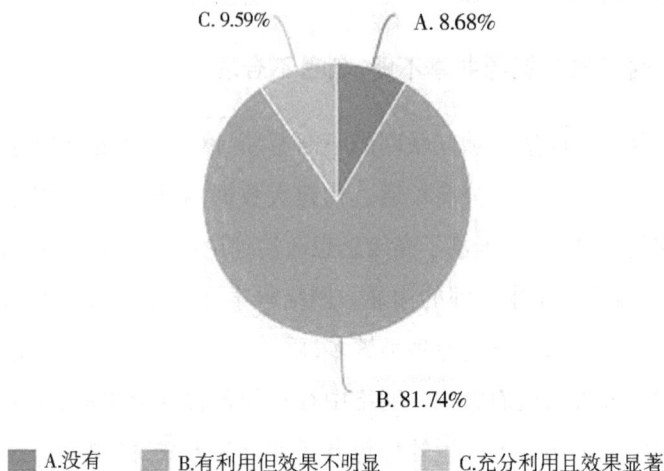

C. 9.59%　　　A. 8.68%

B. 81.74%

■ A.没有　　■ B.有利用但效果不明显　　■ C.充分利用且效果显著

图 3-22　当前思想政治理论课资源(如红色资源、网络资源、传统
文化资源)是否得到充分开发与有效整合

15.07%的教师回答没有,仅有 32.42%的教师给予了肯定回答;这和学生的回答具有偏差,有 64.68%的学生认为是有充足保障的,22.47%的学生表示不清楚(见图 3-23)。总之,高校思想政治理论课的保障机制仍有待完善,在组织保障、制度保障、物质保障、人力保障等方面都还需要加强。

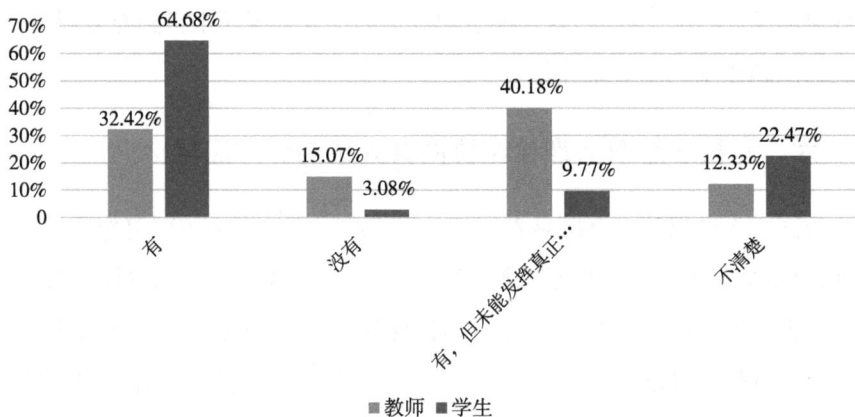

■教师　■学生

图 3-23　您所在学校开展协同育人是否拥有充足的物力、人力、财力和制度保障

（一）组织保障待提升

高校思想政治理论课的组织保障,主要指高校为开展思想政治教育而设立和配置的专门组织机构。一般来说,高校开展思想政治教育的主要组织就是该校的马克思主义学院以及各学院的马克思主义工作小组。根据中央16号文件精神,各个高校应配备专门的思想政治教育服务人员,建立思想政治教育人才培养基地,完善思想政治教育组织保障工作。完善组织保障,是充分发挥高校思想政治理论课的主阵地、主渠道作用的重要保障支撑。中央文件精神要求各高校配置独立于其他学院的专门从事思想政治教育工作的组织机构,这就需要高校投入大量的人力、物力。事实上,除少数偏文科性质的高校外,普通的综合性大学或是理科类高等院校常常并不愿意大力投资思想政治教育。有些人认为,思想政治教育只是一种道德性质的教育,所能产生的经济效益和科研成果是寥寥无几的,因此他们更倾向于把教育经费投资于能产生高收益的偏理工类科目。当被问及"学校是否有统一的思想政治教育领导机构及制度"时,有20.55%的教师和29.52%的学生表示不清楚(见图3-24),这就说明了高校思想政治理论课的组织机构影响不够,未能充分体现在思想政治理论课中,较少为高校教师和学生所了解。可以看出,许多高校虽然响应中央精神要求,设置专门的思想政治教育工作机构,但其投入的力度很有限,

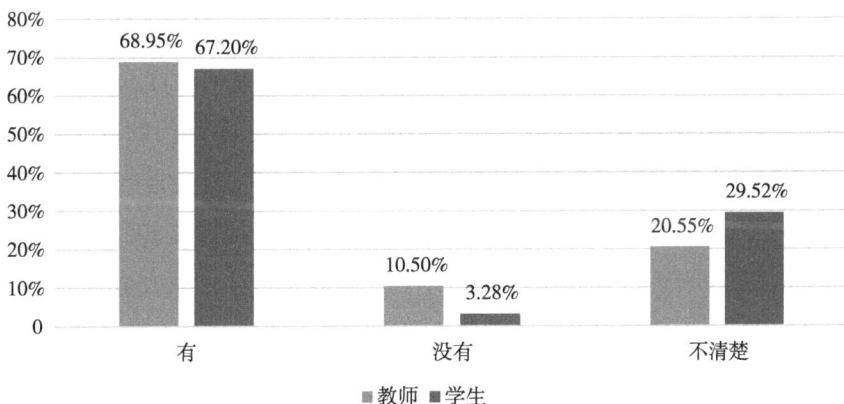

图3-24 学校是否有统一的思想政治教育领导机构及制度

这就导致了高校思想政治理论课的组织保障不到位问题的产生。

（二）制度保障待完备

根据教育部 2018 年印发的《新时代高校思想政治理论课教学工作基本要求》可知,高校思想政治理论课的制度要求包括以下方面:一是规范建设教研室(组);二是实行集体统一备课;三是完善考核方式;四是实施校领导听课指导制度;五是健全多元评价机制;六是健全教育督导机制。高校思想政治理论课的教学工作要从科研环境、教师队伍、领导班子等方面着手,这就要求高校既要扩大对思想政治教育的经费投入力度,又要构建一支教学有思想、有觉悟、有能力、有担当的教师队伍,还要高校领导班子管建设、管教学、管科研、管课堂。思想政治教育学科所具有的政治性、阶级性、意识形态性,决定了该学科的教学具有周期长、见效慢、短期收益低等特点。这些特点严重阻碍了高校投资于思想政治教育的积极性、主动性,缺乏充足资金的投入,思想政治教育科研室的建设就步履维艰。相较于其他专业课教师,思想政治理论课教师不论是在社会地位、进修制度、科研环境还是在资源配置方面都是远远落后的。这些现实问题的存在都从不同的方面阻碍了一支有思想、有觉悟、有能力、有担当的思想政治教育教师队伍的构建。高校的党委书记和校长是落实高校思想政治理论课建设的主要负责人,他们承担着思想政治教育的工作、问责、督导、牵头等方方面面的政治和领导责任。从校长、党委书记到学院院长、院系党委书记,再到辅导员、班长、团支书,组成了高校思想政治教育工作的主要领导班子。从学校到学院再到班级这一多层次、多环节、多部门的复杂工作链条,由于部门之间交流不到位、职能设置不合理,就不可避免地产生"各自为政"的局面。缺乏运行有效、职能有序、保障完备的问责制度,就会导致高校工作人员"尸位素餐"、督导制度"虽令不从"现象的产生。调查数据显示,当被问到"您对于构建高校思想政治理论课协同育人路径有什么好的建议"时,大多数教师都提到了希望完善机制保障,提出了"党委领导,党政同责,机构主抓,加强科研,落实考核"的有效建议。由此可以看出当前高校的制度保障仍有待完备。

（三）物质保障待充足

高校思想政治理论课教学的物质保障主要是经费保障,具体来说,经费保障包括基本教学保障、教师进修保障、教师科研保障、课程建设保障等方面。基本教学保障主要是指满足思想政治理论课课堂教学所必需的设备设施,如多媒体、计算机、打印机、传真机等基础设备,以及用于课程教学讨论的会议室等基础设施。据统计,现阶段高校思想政治理论课的基本教学保障是相对合理的,已有的设备设施可以充分满足思想政治理论课课堂教学的需要。但就教师进修、教师科研这两个方面的保障供应来说,实际供给是远远低于实际需求的。教师的教学能力水平在很大程度上决定着高校师资理论课教学工作的思想性、理论性、实效性。在现阶段,对高校思想政治理论课教师的学术交流、实践进修和科研投入力度均偏低,没有形成领导牵头、骨干带头、教师齐头的思想政治理论课教师进修的系统化格局。由于经费投入不够,构建精品思想政治理论课课程的路还很遥远。随着高校思想政治教育的不断发展,部分高校已经探索出一些优秀的思想政治理论课课程,如"精彩一课""慕课"等。这类高校以文科高校为主,甚少有理科类和综合类高校。精品思想政治理论课课程的建设,需要教师的精心设计、与时俱进,不断更新教学内容和形式;需要高校互学互鉴、投入资金,构建思想政治教育教学资料数据库,搭建思想政治教育科研成果交流平台。"不积跬步,无以至千里;不积小流,无以成江海。"精品思想政治理论课课程需要一步一个脚印,需要充足的资金投入,需要各部门各司其职、各尽其责。

（四）人力保障待完善

高校思想政治理论课的人力保障主要指师资保障,师资保障制度不完善,教师队伍质量也就无法保证,思想政治理论课的教学质量就无法保证。随着"05方案"的实施和一系列有关高校思想政治理论教师的方针、政策的出台,高校思想政治理论课教师队伍建设取得了不小成效,但仍有一系列的问题,阻碍着教师队伍的发展完善。其中,师资保障不完善就是阻碍教师队伍发展完善的重要原因之一。随着高校不断扩招,学生人数逐渐大幅增加,但是教师人数的增幅却远远低于学生的增幅,专门从事思想政治教育的思想政治理论课教师、辅导员更是存在较大缺口。比如,有的学校虽然常年招聘,但截至目前,许多高校思想政治理论课教师、辅导员仍未满足教育部对高等学校总体上按师生比不低于 1∶200 的比例设置本、专科生一线专职辅导员岗位的配比要求,以及按师生比不低于 1∶350 的比例设置专职思想政治理论课教师岗位的要求。

第三节　历史合力论视域下高校思想政治
理论课协同育人困境的成因

高校思想政治理论课协同育人过程中存在的问题多种多样,其所暴露出的问题与高校思想政治工作的理念、队伍建设、内容、方式、制度等因素直接相关。透过问题现象对产生问题的本质原因进行深入探究是研究的应有之义,这样才能有的放矢,为进一步完善高校思想政治理论课协同育人机制建构提供有益的经验与参考。

一、高校思想政治理论课协同育人的理念协同不深刻

高校思想政治理论课协同育人的理念协同内涵广泛,其包含了从协同育人的理念形成到理念落实这一整个过程,也就是说,理念协同即在思想观念层面保持认识的一致性、在目标指向层面保持方向的一致性、在实践执行层面保持行动的一致性。理念协同不仅影响各个育人主体的协同观念,在思想上层建筑的反作用下对协同育人的实践开展也会产生重大影响,对高校思想政治理论课协同育人的重要性认识不足、目标方向协调不一致以及理念内化程度不高是当前协同育人理念协同产生问题的重要原因。

(一) 高校对思想政治理论课协同育人的重要性认识不够

虽然目前高校普遍进行了思想政治工作协同育人的新探索,但在实际过

程中仍然存在一些突出问题。究其缘由,主要在于高校对思想政治理论课协同育人重要性的认识产生偏差,高校内部各子系统、思想政治教育工作系统以及其他协同育人主体之间的协同意识不强,从而阻隔了各子系统开放融合的可能性和效率。

在调查中,当教师被问及"学校在开展'课程思政'过程中存在哪些问题"时,表示"思想认识程度不够"的占 62%,表示"思政元素挖掘不深"的占 79%,表示"组织协调工作欠佳"的占 72.6%,表示"相关技能培训缺乏"的占 60.27%。这说明部分高校缺乏持久性的协同育人理念。一方面,是因为高校领导班子的重视程度不够,校党委或者院党委组织进行思政教育理念学习的次数较少或是对新理念的推广学习不及时,没有形成常态化的教育学习机制。各育人主体受工作守成性的影响,更加重视自身所在岗位或者部门内部工作的进行与完成,对职责范围之外的协同育人工作重视程度明显不够,特别是在缺乏上级督促的情况下,各育人主体对与其他工作群体或其他系统之间协同工作的积极性明显不足。另一方面,高校思想政治理论课协同育人理念作为新理念还缺乏大量强有力的实践支撑,高校各协同育人主体对这类缺乏经验性的协同工作不敢大胆尝试。就思想政治工作来说,其面对的教育环境、教育主体、教育目标以及教育内容等都是可变量,这些因素都处于不断地运动变化之中,因此开展思想政治教育的协同育人工作就要在掌握思想政治教育三大规律的基础上根据新条件、新问题、新变化适时适当进行调整与规划,如果一味依赖经验不敢迈出新步伐则会使得思维理念与时代和实际脱节。目前各高校对思想政治理论课协同育人工作的开展还处于摸索探究阶段,对协同育人理念的深入宣传与贯彻还处于初级层面,因此各主体对协同育人理念的感悟还不是很深刻,在理念理解上难免会出现一些分歧,这会给协同育人工作带来阻碍。

(二) 高校思想政治理论课协同育人的目标方向未协调一致

统一目标方向才能将合力的作用发挥到最大。在高校思想政治理论课协同育人的过程中,协同育人的主体力量都作用于大学生,若要实现不同育人队伍之间的力量协同,将大学生的育人力量发挥到最大限度,必须重视各育人队伍在方向上的一致性,确保育人系统内部各作用力在一致的目标方向下有规律地运动,保证作用力的方向朝着有利于大学生思想发展和成长成才的方向发展。但长期以来,高校思想政治理论课的协同工作中经常出现教育内容重复、观念分歧甚至相反、各育人队伍"独立作战"等问题,这不仅违背了协同育人的初衷,还增加了受教育者的负担与迷茫感,甚至可能割裂大学生思想政治教育的完整性,造成大学生各育人系统要素之间的承接性与互补性割裂,对高校思想政治理论课协同育人整体系统的良好运行造成阻碍。

追根究底,高校思想政治理论课协同育人的目标方向不一致是出现这些问题的重要原因,由于各育人队伍相对而言都具有自己独立的育人工作系统,在育人过程中都有自己的目标要求,因此要开展各个队伍之间的协同育人工作必然要克服这些主体之间的分力作用,汇集同一方向下的合力,将合力作用发挥到最大。高校思想政治理论课实现协同育人的目标首先要保持方向上的正确性,这里所说的方向既包括政治方向上的正确性,也包括培养方向上的正确性。列宁曾说过:"在任何学校里,最重要的是讲课的思想政治方向。"[1]这就意味着在思想政治教育理论课实现协同育人的过程中首先要坚定马克思主义的立场,在步伐和步调上与党中央保持一致,坚持正确的政治导向,促进青年一代在正确的政治导向下实现全面发展,培养出合格的社会主义建设者。

(三) 高校思想政治理论课协同育人的理念内化程度不够高

理念是行动的先导,马克思主义理论深刻表明了意识对实践的能动作用,实现高校思想政治理论课协同育人的实践任务需要有坚定的理念支撑,只有在思想上达成统一,才能实现认识和行动上的统一,理念的高度内化是提高思想政治理论课协同育人成效的重要之举。

当前"协同育人"这一理念虽然已经初步形成,但还没有真正内化于每个育人主体的心中,绝大多数教师都非常认可协同育人的重要性,但是各育人主

---

[1]　华东师范大学教育系编:《列宁论教育》,人民教育出版社 1994 年版。

体对协同育人理念的理解却各不相同,协同育人理念在不同育人主体心中内化程度也不相同,在参差不齐的标准化差异下,各育人主体在协同育人工作中的观念、看法难免会产生分歧,进而在协同育人过程中的具体行动表现出较大的差异,难以实现育人合力的最大化。

高校思想政治理论课协同育人理念内化未达标的重要原因在于高校贯彻协同育人理念的力度还不够。比如,对高校协同育人工作来说,其中很重要的一部分工作就是要实现教育环境的协同,将校园的软环境与硬环境打造成为协同育人工作开展的协同载体,通过环境文化潜移默化地影响和增进各育人主体协同育人的理念意识,促进各育人主体在协同育人理念意识内化方向上的一致性,促进协同育人理念内化程度的大致均衡性,确保各协同育人主体在协同育人工作中具备较好的衔接性。此外,协同育人理念贯彻的意识不强是高校思想政治理论课协同育人各主体理念内化程度未达标的另一重要原因。各育人主体对协同育人理念的理解存在差异,在实际工作中实现协同育人还存在一些问题和挑战,在这样的情况下各育人要素基本保持原有状态完成育人目标,在协同育人工作中的交叉地带要么存在重复施教的问题,要么存在互相推诿的问题,究其根本就在于各育人主体之间没有形成一致的协同育人理念,协同育人理念没有得到思想上的深化,还不足以指导实际生活中的行动。

二、高校思想政治理论课协同育人的主体协同不明确

高校思想政治理论课协同育人工程涉及多方主体力量,而之所以从恩格斯的历史合力论视域出发对协同育人的相关问题进行探讨就是为了发挥各方主体的力量,实现各方育人主体力量的最大化。但是,各方主体在协同育人实践中表现出协作不足的缺陷,究其原因,主要就在于协同育人过程中各方主体的积极性还有所欠缺,在以学校为育人主场所的传统思维下外部各方主体尚未发挥应有的育人力量,且内外部力量的联动性不足,尚未形成完善的协作机制。

（一）高校思想政治理论课协同育人的主体积极性欠缺

无论是在思想层面还是在实际行动层面,部分高校对于思想政治理论课协同育人的研究和执行都显得力度不足,究其缘由,各育人主体在协同育人工作中积极性欠缺所导致的协同动力不足是重要成因。

在协同育人过程中,家庭、高校、企业、科研机构、社会和网络平台等各方主体都承担着自身不可推卸的责任,但是在现实生活中,这些校内外主体往往很少自发地意识到自身在协同育人过程中的责任,某些育人主体甚至直接将大学生思想政治教育的任务看作高校和教师的专属任务。在育人责任意识欠缺的境况下,这些主体所属领域开展思想政治教育协同育人的积极性也就大大减弱了,在协同育人过程中存在着动力不足的困境,进而高校思想政治理论课协同育人工作也无法更好地开展。目前高校思想政治理论课协同育人体系建设属于高校思想政治教育工作中相对比较新的教育渠道,还处于摸索探究的起步阶段,而新事物从产生到被接受这个过程需要一定的时间,在探索协同育人的过程中,从领导层到执行层的各育人主体难免会遇到各种疑问与困难。比如,如何对不同专业、不同岗位的老师进行激励,从而促进协同育人理念的落实,或是如何增进不同教学、管理岗位教师之间的协同工作,增进育人主体之间的沟通交流与协调等,在各种现实问题的考验下,各育人主体关于协同育人的积极性会受到影响,进而影响协同育人的执行力。

（二）高校思想政治理论课协同育人的外部主体力量薄弱

高校思想政治理论课协同育人的成效不仅与育人主体本身挂钩,往往还会受到育人对象及外部环境等多种因素的影响。由于目前协同育人的工作开展还处于初步的探索阶段,在这个过程中难免会出现各种问题,其中协同育人的外部主体力量薄弱是各种问题形成的重要原因。外部主体力量薄弱不仅会导致高校思想政治理论课的支撑力量不足,还会对协同育人的效果产生潜在的重大影响。外部主体力量不足的原因主要包括两个方面:一方面,高校思想政治理论课协同育人的外部支持力不足,这里的外部支持主要包括机制保障、资金支撑等政策和经济外力的支持。协同育人的机制保障尚未健全,协同育人工作中机构设置和分工安排往往会出现不合理的现象,这直接导致各机构之间的职能交叉和互相推诿,以至于在协同育人工作中出现盲区、死角。另一方面,高校思想政治理论课外部各育人主体的动力不足。高校思想政治理论课协同育人体系是由不同类型、不同层次的各种因素通过相互联系和相互作用构成的多维立体系统,这个育人系统的应然状态是各方力量都得到充分的发挥,从而汇聚起磅礴的育人合力。但在现实中,协同育人工作尚处于摸索探究阶段,协同育人的工作重点仍然寄托于学校,校外各育人主体的力量没有得到充分的重视,这就导致制定的各类计划与激励政策更加偏向于学校主体,而对校外育人主体的吸引力就不是那么强烈。校外主体在上级重视度不够的情况下往往容易忽视自身的育人责任,进而在协同育人过程中表现平平。

（三）高校思想政治理论课协同育人的主体沟通不足

高校思想政治理论课协同育人的系统内部关于育人的规划往往是竖向的指令下达模式,缺乏横向的沟通与协作交流机制,高校内部的思想政治理论课教师、专业课教师、辅导员以及其他管理岗位工作者之间的交流合作较少,而高校内外部育人主体之间的协作交流更是少之又少。由于各个育人队伍工作性质的不一致,各个育人队伍往往分属于不同的管理系统,不同的管理系统又构成一个独立的运行体系,在各自的工作指标下,各管理系统之间通常没有过多的交流,也就是说,管理的分割造成各育人主体之间沟通交流的弱化,各主体在协同育人过程中经常处于一种分离状态,导致协同育人处于一种流于表面的联合而缺乏实质性的沟通与合作状态。

在协同育人过程中,沟通的欠缺会直接导致育人主体之间认识的偏差。比如,在思想政治理论课的教育和实践活动问题上,辅导员常常认为这是思政课老师的领域,自己不能过多干涉;思政课教师因为科研和教学任务重往往更加关注课堂教学,对实践部分往往寄希望于辅导员的带领和引导。就目前的状况而言,各育人主体之间缺乏沟通的原因主要包括缺乏沟通平台和渠道、难以找到沟通切入点以及难以达成共识,当前各育人主体之间的沟通往往是私下交流,还没有建立比较完善的沟通机制,在没有整体统一指导和主持的沟通下,难以形成统一有效的协同成果,在实际操作中也难以汇聚强有力的育人合力。

三、高校思想政治理论课协同育人的工作方式不到位

工具的有效利用有助于事半功倍地完成各项任务,方式方法作为重要的工具手段在协同育人中发挥着重要的作用。在高校思想政治理论课协同育人过程中方式协同的不到位是协同育人过程中方式落伍、课堂单一、资源局限等问题的重要原因之一,方式协同不到位主要表现为各方育人主体的育人方式没有形成衔接性的整体育人系统,在实践过程中缺乏充分的创新性与联动性。

(一)高校思想政治理论课协同育人的方式难以有效衔接

在推进高校思想政治理论课协同育人工作背景下,虽然众多高校普遍有加强思想政治理论课协同育人的意识,但在思想政治理论课协同育人工作中所采取的方式却呈现出阶段性和跨越性的特点,各方育人主体的育人方式缺乏协同合作和有效衔接,因此在开展工作时常常容易产生偏差。

目前,关于高校思想政治理论课协同育人的相关工作受教学条件的限制而呈现出单一理论性的特点,学生进行社会实践的机会较少,高校思想政治理论课在协同育人过程中展露出育人方式单一性的问题,由于各育人方式缺乏有效的过渡衔接与配合,高校思想政治理论课协同育人的成效也受到严重影响。此外,教师在协同育人工作中将教学局限在第一课堂,注重对学生进行书本知识的讲解,束缚了思想政治教育在教学工作中的有效开展,这也直接对协同育人的效果产生重大影响。事实上,在日常教学中这种以单向灌输为主的教育方式仍然是高校思想政治理论课协同育人工作开展的主要方式,并且各育人主体主要采用座谈会的方式进行单向的信息沟通与意见协同,缺乏深入沟通和交流的平台,这些不仅会对学生的学习积极性和主动性造成打击,而且阻碍育人主体掌握学生的思想状况,从而制约高校思想政治理论课协同育人

方式的发展和进步。就实际状况而言,在高校思想政治理论课协同育人的实际工作开展中,以理论灌输与宣传、以文化人、以情动人和实践育人等为主的育人方式往往处于相互脱离的状态。

（二）高校思想政治理论课的方式协同缺乏创新性

协同育人方式是影响高校思想政治理论课协同育人成效的重要维度,高校思想政治理论课育人对象的复杂性与发展性及其表现出的个体意识和创新意识,决定了协同育人的工作方式不能趋于单一化和传统化。特别是在互联网信息技术深入发展的时代,创新性已经成为影响包括教育行业在内的各行业发展的重要因素,但是高校思想政治理论课作为协同育人的关键性课程,它在结合传统育人方式和创新型育人方式方面还存在不少短板,这也是当前高校思想政治理论课协同育人工作成效不足的重要原因。

具体来说,从各类教师主体的实际育人方式来看,各类课程教师尤其是非思政专业教师在开展教学前对本课程蕴含的思想政治教育因素缺乏深入把握,对其课程中的思想政治价值也难以挖掘并实现有效利用,在这种情境下,一些有效的思想政治教育内容难以在课堂中得到及时转化与创新,借助高校课堂实现联动育人的目标也将受到阻碍。此外,思政课教师作为开展思想政治理论课的主要力量在协同育人进程中也存在方式保守的问题,受环境资源因素及教师个人因素的影响,有些教师缺乏教学技巧的策略性运用技能,在教学实践中他们只是将有关思想政治教育的内容生硬地搬到相关教学实践中,这种教育方式在实践中很难引发学生的兴趣甚至会引起学生不同程度的反感,思想政治理论课协同育人的效果也会大打折扣。

（三）高校思想政治理论课的方式协同缺乏联动性

高校思想政治理论课协同育人工作是一个动态的过程,在这个过程中需要根据学生需求及其成长发展规律对育人方式不断进行调整与创新,从而更好地实现资源的优化配置与育人工作的协调配合。但是,各育人主体受惯性思维的影响往往难以突破经验界限,在实际教学中,各育人主体一般根据自己已有的经验积累选择思政课协同育人方式,而受主体差异性的影响,各方育人主体所采取的育人方式难免具有较大的跨越性与差异性,这将直接导致协同育人工作中育人方式上的不衔接,各主体间协同育人方式呈现出联动性缺失的态势。

在高校思想政治理论课协同育人进程中各育人主体由不同的部门进行管理,由于分属各个不同的序列,各育人主体之间的沟通交流与协同合作稍显不足,且各育人队伍受限于自身的职权属性范围,在协同育人的实际工作中缺乏全局与整体视野,在有限的沟通范围内各主体之间的互补关系难以有效实现,高校思想政治理论课协同育人的成效也大打折扣。如高校思想政治理论课的"主渠道"与"主阵地"分别由教学部门和学工部门负责管理与建设,而两个部门之间的沟通合作往往以高层次的交流为主,联动协同的深度与广度并没有达到预期水平,长此以往,各育人队伍之间的"距离感"所带来的"特立独行"将割裂高校思想政治理论课协同育人工程的完整性。

四、高校思想政治理论课协同育人的课程协同不完善

课程是开展任何一门学科的根基,思想政治理论课也是如此。如果课程不协同,构建协同育人格局也就无从谈起。高校思想政治理论课协同育人的课程协同,指的是思想政治理论课课程内部各子课程之间的协同,以及思想政治理论课课程和其他专业课课程之间的协同。本书提到的高校思想政治理论课协同育人课程协同不完善,是指高校思想政治理论课和各类专业课课程之间的不协同。现阶段,高校对思想政治理论课协同育人的重要性认识不足,专业课教师和思想政治理论课教师的育人意识有偏差,学生在高校思想政治理论课协同育人过程中获得感有限,这些因素导致了高校思想政治理论课协同育人的课程协同不完善。

(一)高校对思想政治理论课协同育人重要性的认识有待提高

高校是进行"课程思政"和"思政课程"的主阵地,决定着思想政治理论课协同育人的根本成效。近年来,随着党中央相关文件的出台,高校思想政治理

论课协同育人初显成效,但仍有很多因素阻碍着高校思想政治理论课协同育人的前进步伐。高校领导班子对协同育人重要性的认识不够就是成因之一。根据调查数据,校院两级党政领导干部就思想政治教育协同育人这一问题而进行的专项讨论效果不显著,领导班子的协同意识仍待加强。部分高校的工作部署一如既往地把教学科研、学科建设、招生就业、校企合作作为其工作重点,过于重视功利性建设,忽视"潜移默化"的协同育人建设,是许多高校领导班子的"通病"。

(二)专业课教师与思想政治理论课教师对协同育人的认识尚存差距

教书育人是教师的职责和使命所在,其中"教书"侧重传授科学文化知识,"育人"偏重思想道德教育。思想政治理论课教师是高校对大学生进行思想政治教育的主力军,是高校实现"思政课程"和"课程思政"同向同行的"领头羊"。专业课教师与思想政治理论课教师一样,不仅需要传道授业解惑,也需要传播真理价值。然而,现实中高校专业课教师与思想政治理论课教师的沟通交流次数较少,对专业课教师来说,自身的育人目标就是传授书本知识,增进学生的学术修养,而这和传授价值观、提升学生思想修养的思想政治理论课教师在本质上是不同的,这就导致高校专业课教师和思想政治理论课教师渐行渐远的局面。如何转变专业课教师的思维方式,提升专业课教师对"课程思政"重要性的认识,形成思想政治教育合力,无疑是现阶段高校思想政治教育亟待解决的问题。

(三)大学生在思想政治理论课协同育人过程中获得感有限

学生是教育的最终受益人,教育的成效如何最终是由学生的接受度决定的。高校积极响应党中央号召,制定了一系列有关思想政治教育的方针政策,并取得了一定成效,但是我们也要看到,目前还存在一些疑难杂症需要根治。根据党中央相关文件精神的要求,新时代高校思想政治教育的改革重点是增强思想政治理论课的"三性一力",使思想政治理论课教学变得"有虚有实、有棱有角、有情有义、有滋有味"。其中,"有滋有味"主要强调的是增强思想政治理论课的亲和力和吸引力,这是提升高校思想政治理论课有效性的难中之难。某些思想政治理论课教师拘泥于枯燥无味的书本知识讲解,忽视人文情怀、价值疏导对于提升课程吸引力的巨大作用,这就导致一些学生不听、不想、不行、不获的"四不"局面的形成。思想政治理论课是培养学生核心价值观、增强学生政治认同、构建协同育人格局的关键课程,思想政治理论课的教学成效直接影响着学生在这一过程中的获得感,关系到培育社会主义时代新人目标的正常实现。

五、高校思想政治理论课协同育人的资源融合不合理

高校开展思想政治理论课可以依靠的教学资源非常丰富,按照不同的划分依据,可以把思想政治理论课的教学资源分为不同的类型,如知识资源、德育资源、能力素质资源,主体资源、课程资源、实践资源和宣传资源,课内外资源、校内外资源、社会家庭资源、地方特色教育资源,等等。这里所指的资源主要是多媒体资源、教师队伍资源和网络教学资源。由于缺乏整体规划、缺少建设队伍、资源的质量良莠不齐等因素,高校思想政治理论课的资源融合出现不合理的问题。教育资源融合的不合理,阻碍了资源的高效协同,既造成了资源浪费,又降低了高校思想政治理论课协同育人的成效。

(一) 资源种类众多,甄别加工复杂

网络社会强势崛起,网络对高校思想政治理论课建设造成的影响可谓是"两面开花"。一方面,互联网给高校思想政治理论课教学带来前所未有的机遇,海量的教学资源、便捷的教学方式,在一定程度上解放了思想政治理论课教师,而各种各样具有吸引力的网络内容和学习方式调动了大学生学习的激情和欲望。这在一定程度上促进了高校思想政治教育的发展。然而,机遇与挑战往往是并存的。另一方面,互联网的庞大造就了信息的庞杂,许多碎片化、低俗化的信息充斥在网络世界,利用不当就会出现教师话语权丧失、学生价值观走偏等问题。面对种类异常庞大的网络资源,如何对其进行甄别加工

无疑是摆在思想政治教育者面前的一大难题。除此之外,目前可供使用的思想政治教育资源层出不穷、不计其数,如社会家庭资源、地方特色资源。特别是地方特色资源,由于具有地方特色,就需要具体问题具体分析,而这也间接加大了高校资源整合的难度。

(二) 新兴资源层出不穷,资源融合滞后

课程资源的开发利用就是要调动一切可调动的资源,通过对资源的有效整合,提升课程的实效性和吸引力,促进课程育人目标的实现。高校思想政治理论课课程的资源整合,就是要有效融合一切可以促进高校思想政治教育的资源,不断提升高校思想政治教育的思想性、针对性、实效性和亲和力,最终完成培育德智体美劳全面发展的时代新人的育人目标。科学技术不断发展,网络信息与日俱增,教育资源层出不穷,特别是在大数据时代,信息数量大、种类多、更新快是醒目的时代标签,这些时代特点给高校思想政治理论课的资源融合带来了极大冲击。新兴资源层出不穷,需要对它进行甄别、规划和部署,故而资源的融合需要很长时间。资源融合的更新周期是很长的,但时代的发展十分迅速,数据的变化也很快,这就造成高校思想政治理论课的资源融合滞后于时代发展的问题。

六、高校思想政治理论课协同育人的保障协同不充分

目前,高校思想政治理论课的保障协同不充分的成因很多,主要有:教师队伍波动大;教学保障不充分,机制运行长效性不足,学科建设缺动力;物质保障不充分。这三方面的原因制约着高校思想政治理论课协同育人保障机制的高效运行。

(一) 师资保障不充分,教师队伍波动大

随着我国教育事业的不断发展,高校的招生人数也逐年递增,大学生人数不断增加,但这也导致部分高校师生比的失衡,思想政治教育更是首当其冲。特别是在许多高校,思想政治教育起步晚,被重视程度不够,人员配比严重不

足,思想政治理论课教师和辅导员的配比率远远达不到教育部规定的师生配比要求,长期存在"僧多粥少"的短缺现象。同时,有些高校尤其是民办高校的思想政治理论课教师相较于其他专业课教师受重视程度低,岗位竞争压力大,职称评选难度大。此外,高校思想政治理论课教师的教学任务是立德树人,教学目标是培育时代新人,其教学成果见效周期长,导致教学付出与收获往往不成正比,故而许多思想政治理论课教师辗转于不同的工作岗位,热衷于提升自己的学历、丰富自己的履历,这就造成高校思想政治教育教师队伍波动大的现状。教师队伍波动大,保障不到位,这就给立德树人工作带来了严重阻碍。

(二)教学保障不充分,机制运行长效性不足

思想政治理论课教学保障体系是一个十分复杂、涉及广泛的系统工程,需要学校党委、马克思主义学院、学校管理部门、社会多方发力,又需要人财物多方面投入。目前,高校的思想政治理论课教学保障体系存在着多方面的问题,原因如下:一是对思想政治理论课教师的重视程度不够。党中央多次强调要加强对思想政治理论教师的重视,这在一定程度上改善了思想政治理论课教师的处境和待遇,但是相较于其他专业课老师来说,还是有很大差距。二是缺乏科学合理的领导负责制度。高校思想政治教育的顺利开展,不仅需要思想政治教育主要部门的努力,也需要学校领导参与,只有各个部门各司其职、尽职尽责才能保障思想政治教育的顺利实施,只有充分调动各方力量,才能形成管理合力,实现协同育人的格局。三是缺乏长效运行的机制体制。高校思想政治教育想要顺利开展并取得成效,不仅需要思想政治理论课教师尽职尽责,学生广泛参与,更需要学校领导班子建立长效运行的体制机制。一套高效的思想政治教育工作运行机制,既包括师资建设、教学设计、组织安排、学科建设发展、学科研究、教学改革等方面,又包括教学秩序管理、教学岗位管理、教师评优选先、教学总结反馈等方面。这些工作的开展需要众多部门共同努力、联合行动。但各个部门之间的沟通难免存在不足,这就阻碍了机制的高效运行。

（三）物质保障不充分，学科建设缺动力

不管是课堂教学、网络教学还是实践教学，都不可避免地需要经费投入。购买教学资料需要经费，实践基地的建设需要经费，任课教师的深造研修、学术研讨都需要大量的经费投入。而且不仅是思想政治教育，其他各个学科也都要求加大经费支持，在总量有限的情况下，思想政治教育学科能够享有的经费投入就显得捉襟见肘了。一些高校党政领导认为不值得投入过多经费来搞好思想政治教育，因为思想政治教育所能带来的效益十分有限。思想政治教育学科由于自身学科的特殊性，不能产生像自然科学学科的经济效益，也没法在很大程度上提升高校的知名度，故而不少高校不愿意大量投入经费去发展思想政治教育。正因如此，思想政治教育想要转变教学模式、提高思想政治理论课教师的素质、提升教育的实效性就变得异常困难。教师是高校思想政治教育的"主力军"，高校思想政治理论课要想实现协同育人的目标，关键就在于拥有一支政治强、情怀深、思维新、视野广、自律严、人格正的思想政治理论课教师队伍。因此，必须不断改善思想政治理论课教师的生活条件、教学条件、科研条件，制定相关激励机制、完善教师进修条件、加大经费投入，以此来提高思想政治理论课教师的工作主动性和创造性，特别是要优待老专家、中青年杰出教师，为他们创造良好的优质进修平台、科研育人条件，唯有如此，他们才能安安心心、无后顾之忧地教书育人。

第四章　历史合力论视域下高校思想政治理论课协同育人的建构策略

　　历史合力论视域下高校思想政治理论课协同育人构建不仅是推进高校思想政治理论课创新发展的战略举措，更是提升高校思想政治教育有效性和针对性的必由之路。历史合力论视域下高校思想政治理论课协同育人的有效构建是一个立体复杂的系统工程，有其科学性和思想性，也有其适应规律和超越规律，只有行为逻辑符合其开展的基本原则，才能保证规范有序。在构建高校思想政治理论课协同育人的过程中，需要与时俱进、创新发展，优化思想政治理论课协同育人中各要素相互作用的关系及作用的方式，厘清历史合力论视域下高校思想政治理论课协同育人的建构原则，遵从历史合力论视域下高校思想政治理论课协同育人的指导理念，从而构建时代发展要求的思想政治理论课协同育人的教育新机制，切实增强高校思想政治教育的创新力和生命力。

第一节　历史合力论视域下高校思想政治理论课协同育人的建构原则

　　在对历史合力论视域下高校思想政治理论课协同育人的基本内涵、构成要素、结构分解、现实问题及原因分析的基础之上，还应当进一步明确其建构原则。所谓原则，就是指人们在说话或实践过程中所依据的法规、准则或标准。历史合力论视域下高校思想政治理论课协同育人的建构原则就是高校思想政治理论课实现协同育人所必须遵循的准则和规范，它是在马克思主义历史合力理论的指导之下，遵循思想政治教育学基本原理，服务于新时代高校思想政治理论课立德树人的根本任务,在实现新时代思想政治教育规律和价值的指向下形成的基本准则。厘清历史合力论视域下高校思想政治理论课协同育人的建构原则,对于正确探索和建构高校思想政治理论课协同育人机制具有重要的指导作用,对实现新时代高校思想政治理论课的价值和作用具有独特的理论价值和实践意义。

一、坚持主导性和方向性相统合

高校思想政治理论课程协同育人的主导性是指高校及思想政治理论课教师发挥指导性作用,通过各种教育途径对大学生进行知识教育和自我教育,引导大学生科学合理地不断学习、进步和提高。高校思想政治理论课程协同育人的方向性是指各教育部门机制的协同发展要坚持明确的政治方向,遵循思想政治教育学规律,紧紧围绕立德树人的目标共同作用以形成协同育人的教育合力。高校思想政治理论课程协同育人坚持主导性和方向性相统一是有深刻的现实背景的。近年来,随着人工智能、5G、大数据等现代技术的快速发展,互联网的日新月异使得社会层次的意识形态舆论的传播速度大大加快,也提高了意识形态舆论的社会影响力。新媒体时代意识形态传播环境的深刻变化,使得任何一个大学生主体都可以通过网络新媒体这个渠道来接受和表达其观点态度,因此高校意识形态工作的每一个环节都备受关注。高校思想政治理论课程是新时代构建高校意识形态安全的重要一环,是贯彻落实高校思想政治教育工作的前沿阵地,深化高校意识形态安全建设的实践工作,思想政治理论课程的作用自然不可或缺。高校思想政治理论课程是塑造新时代大学生思想价值观念的主渠道,思想政治理论课程的教学实效性直接影响着大学生的价值观念、理想信仰、精神风貌和道德水平的提升,高校要坚持主导性和方向性相统一的原则,充分发挥思想政治理论课堂的主渠道作用,紧紧围绕立德树人这一根本任务,坚持高校意识形态主导地位,坚持正确的政治传播方向,积极探索和开展思想政治理论课程教学途径,帮助大学生树立正确的"三观",引导大学生成为具有远大理想和崇高信念的全面发展的时代新人。

（一）坚持高校党委对思想政治教育理论课程的领导

办好中国的事情,关键在党。历史合力论视域下新时代高校思想政治理论课建设是一个复杂多元的有机系统整体,而要实现高校多主体部门相互配合,就要突出高校党委部门统筹兼顾的重要作用,只有充分发挥高校党委部门机关具有的系统化、整体化、全面化的统筹整合优势,才能够使新时代高校思想政治理论课建设整个过程和所有环节做到井然有序,实现协同发展,从而提升协同育人的实效性。习近平总书记深刻指出,新时代高校思想政治理论课建设要着重强调加强党的领导,"各级党委要把思政课建设摆上重要议程,抓住制约思政课建设的突出问题,在工作格局、队伍建设、支持保障等方面采取有效措施"①。做好新时代高校思想政治理论课建设工作,必须更好地发挥党的领导这一最大优势,强化党委部门的带头作用,发挥党建引领的"主心骨"作用,统筹高校思政课教师队伍培养方案,加强思政课一体化体系建设。

高校党委部门要将思想政治教育工作紧紧抓在手上,强化思想政治理论课程的建设水平。提倡和鼓励高校党委领导干部要深入思想政治教育理论课程建设的一线,主动带头走进思政课堂,主动带头讲好思政课,这不仅是作为"关键少数"的高校领导干部在高校新环境下继承和发扬党注重思政工作优良传统的生动体现,而且这种做法可以为新时代高校思想政治理论课程建设持续注入新风与活力。与高校传统的专职思想政治理论课教师相比,高校党委领导干部长期带头奋战在高等教育的前沿,又扎根于新时代高校领导教育实践阵地的一线,对党和国家的各项教育方针、政策有着亲身的实践体会,因此高校党委领导干部往往具备高度的政治素质和深厚的理论水平,这对于讲好思想政治理论课有着天然的优势。高校党委领导干部带头讲好思政课,充分发挥模范表率作用,将大大激励和鞭策各级领导干部走上思政教育第一线,让重视思政课的氛围蔚然成风,同时带动全体思想政治理论课教师改进教学

---

① 习近平:《思政课是落实立德树人根本任务的关键课程》,人民出版社 2020 年版,第 24 页。

方法、丰富教学内容、提升课堂教学质量,增强思想政治理论课亲和力、针对性,并以此推动学校各类课程与思想政治理论课同向同行,形成协同育人效应。

高校党委部门要切实发挥领导作用,提高政治站位,将思想政治理论课程建设的水平作为衡量高校意识形态工作的一个重要项目去抓,加强领导和指导,强化顶层设计,切实将思想政治理论课程建设的政治责任、管理责任和领导责任落实到位,强化系统性思维,健全党委领导部门"一把手"负总责,分管领导、职能部门各负其责的工作责任体制,充分发挥党委部门、马克思主义学院、教师队伍等的联动作用,各部门各方面齐抓共抓,通过制度建设、政策引导、机制保障、经费支持等全方位、立体化的措施,贯穿高校思想政治理论课程的理念、主体、客体、目标、途径等各个环节,汇聚主渠道主阵地合力,务必在高校党委领导下,学校上下、内外协作联动,形成全员、全过程、全方位协同育人的"大思政"格局,提升思想政治理论课程建设的强大合力。

(二)坚持高校思政课教师对思想政治教育理论课程的主导

在历史合力论视域下分析高校思想政治理论课协同育人的构成要素,教师是在诸多要素中起着最积极最关键作用的主导性要素。大学生思想道德素质的形成是多种因素相互作用、相互影响的复合结果,在此过程中缺少其中任意一个因素或者任一因素发展得不够完善都难以达到良好效果。思想政治理论课程本身的内容和大学生自身的成长环境深刻影响着大学生思想道德素质的提升,同时大学生思想道德素质在理论知识转变为行为实践的过程中还与思想政治理论课教师发挥的影响息息相关,因此在思想政治教育理论课程协同育人体系中教师的作用应该得到充分重视。习近平总书记在思想政治理论课教师座谈会上的讲话深刻指出:"办好思想政治理论课关键在教师,关键在发挥教师的积极性、主动性、创造性。"[1]高校思想政治理论课程承担着马克思

---

[1]　习近平:《思政课是落实立德树人根本任务的关键课程》,人民出版社 2020 年版,第10 页。

主义理论教育教学的重要任务,肩负着在大学生中宣传教育马克思主义中国化最新理论成果的重要使命,而思想政治理论课教师是大学生成为国家和社会所需的时代新人的指导者和引路人,因此高校思想政治理论课教师必须牢牢掌握思想政治教育理论课程的主导权,加强理想信念教育,把握正确的政治方向,充分发挥思想政治教育理论课作为主渠道的价值和作用。

在诸多教育因素形成协同育人合力的具体实践过程中,教育者充当着不可替代的角色,作为教育的设计者与执行者,教师对学生具有重要的价值引导作用。思想政治理论课教师要坚守政治底线、强化政治担当、坚定政治立场、明确政治方向,在理论教学和实践教学的过程中要将政治原则作为出发点和落脚点,巩固马克思主义理论在高校思想政治理论课程中的指导地位,坚持用马克思主义中国化的最新成果去引导学生,坚持党和国家的教育方针,发挥好思想教育、政治引导、行为引领等方面的重要作用,强化自身在思想政治教育过程中的主导地位,创新青年大学生思想政治教育的方法路径,及时了解学生的学习需求,坚持问题导向,强化顶层设计,坚持引领青年学生的目标方向,激励青年学生的使命担当,用先进理论武装大学生的头脑,引导大学生自觉将个人理想融入实现中华民族伟大复兴的共同理想,强化大学生的思想认同、政治认同、价值认同、行为认同,做到德才兼备、全面发展,成为德智体美劳全面发展的时代新人。

二、注重统一性和多样性相弥合

协同育人理论本质上就是寻求现有教育体系中的各个组织、成分、要素之间共同的契合点,整合其原本分散的结构,打破各组织、成分、要素之间存在的原有矛盾、冲突和隔阂,充分发挥各部分应有的独特育人作用,推进多元育人主体的参与和治理程度,最终实现整个育人体系的效能最优化。历史合力论视域下高校思想政治理论课程是一个复杂多元的系统整体,它涉及课堂内容、教学设计、教师素质、教学环境、教学资源等多个方面、层次和要素,而历史合力论视域下高校思想政治理论课协同育人就是要调动这多方面、多层次、多要素,使各部分在各司其职的基础上最大限度地提高整体效能,实现各部分协同组成的整体功能要大于各部分简单的机械相加之和,实现最优解。历史合力论视域下高校思想政治理论课协同育人机制的价值和作用要得到充分的发挥,就必须立足整体,体现多样,坚持统一性和多样性相统一的原则,使得各个教育要素相互联系、相互作用,实现各要素优势互补,形成教育合力,促进协同育人机制的良性发展。习近平总书记在思想政治理论课教师座谈会上的讲话特别强调,推动思想政治理论课改革创新,"要坚持统一性和多样性相统一"。在历史合力论视域下推进高校思想政治理论课协同育人机制的建设,就必须坚持统一性和多样性的辩证关系,增强思想政治理论课的针对性和系统性,推动新时代思想政治理论课的改革和创新,不断提高思想政治理论课的质量和水平,切实提高思想政治理论课协同育人的实效性。

（一）强化思想政治理论课顶层设计以实现整体优化

高校思想政治理论课程是一个系统完整的课程体系,它涵盖了专科、本科、硕士、博士多个层次相贯通相联系的公共政治理论课程。从整体来看,高校思想政治理论课程相互衔接、相互补充、层层递进,共同服务于培养德智体美劳全面发展的社会主义建设者和接班人这个培养目标;而从具体来看,不同层级的思想政治理论课程的教学任务、教材内容、课程结构又不尽相同,每个层次都可以看作一个独立的系统,分别承担着专科、本科、硕士、博士多个层次的教育任务[①]。因此,历史合力论视域下高校思想政治理论课程协同育人工作必须强化顶层设计,明确各类层次、各类教材的独特价值,科学规划课程设计,使得各级各门思想政治理论课形成一个系统有机统一的课程体系,提升思想政治理论课的教育效果。例如,现阶段本科生思想政治理论课程所采取的方案是"05方案",它是由"马克思主义基本原理""毛泽东思想和中国特色社会主义理论体系概论""中国近现代史纲要""思想道德与法治""形势与政策"等必修课程以及"当代世界经济与政治"等选修课共同组成的。这一课程

---

① 郭凤志:《高校思想政治理论课程建设研究》,北京师范大学出版社2019年版,第112页。

系统中每门课程是有各自独立具体的教学目标的,比如"马克思主义基本原理"的教学目标是引导学生从整体上把握马克思主义,正确认识人类社会发展的基本规律;"毛泽东思想和中国特色社会主义理论体系概论"的教学目标是引导学生学习马克思主义中国化的具体成果,坚定在党的领导下走中国特色社会主义道路的理想信念;"中国近现代史纲要"课程的教学目标是引导学生了解国史、国情,深刻领会历史和人民是怎样选择了马克思主义、选择了中国共产党、选择了社会主义道路。① 针对新时代国家和社会对于社会主义人才的更高要求,高校应当推动思想政治理论课程的改革创新,强化顶层设计,推动思想政治理论课程在教学目标、课程设置、教材使用、教学管理等方面的统一性,加强对各门思想政治理论课教学目标、教学内容和教学方法等教学技能的具体研究,同时根据教学实际情况和具体内容,合理分配各门思想政治理论课的教学时数和课程目标,形成科学、合理、可行的课程体系,在教学管理层面思想政治理论课程负责单位要各负其责、相互配合,共同做好思想政治理论课教学工作,同时要对思想政治理论课的教学成效进行科学合理的实时动态监督,完善相关考核机制,将教学管理责任落到实处。高校在教学目标、课程设置、教材使用、教学管理等方面的合理统一规划、科学引导、齐抓共管②,可以更好地形成思想政治理论课协同育人的合力,进一步提升思想政治理论课协同育人的实效性。

(二)关注思想政治理论课多样性特点实现针对发展

从现代教育理念的视角反观思想政治理论课协同育人研究,应充分考虑各教学要素的具体特点,细化区分教学对象,有针对性地采取因地制宜、因时制宜、因材施教等方式来满足不同地区、不同层次、不同学段的学生多样化的学习需求,更好地体现"以学生为本"的现代教育理念。思想政治理论课协同

---

① 《〈中共中央宣传部　教育部关于进一步加强和改进高等学校思想政治理论课的意见〉实施方案》,http://www.moe.gov.cn/srcsite/A13/moe_772/200503/t20050302_80414.html。

② 冯刚:《理直气壮开好思政课:把握新时代思政课建设规律》,人民出版社 2019 年版,第127 页。

育人应充分考虑学生主体性和接受能力这一层次的维度,要使学生主体的自觉性、主动性、独立性和创造性等特点得到充分彰显,注意激发学生的学习热情和学习动力,更新教育教学理念,切实提升思想政治教育的实效性。

历史合力论视域下思想政治理论课程实现协同育人应当注意因地制宜。推动思想政治理论课程改革创新,试行分类式教学,实现有针对性的教育。思想政治理论课协同育人可以根据不同院校不同地区的不同特点,在坚持宏观标准的思想政治理论课教育内容和目标等指导下,可以采取因地制宜的原则,区分各地教育教学的具体情况,有针对性地开展特色教育,立足于本校学生学习的实际情况,采取不同的教学手段和教学方法以实现个性化、有针对性的教学方式。同时地方教学单位可以充分挖掘地区丰富的思想政治理论课教学资源,例如历史遗迹、红色资源和校史文化等文化资源可以很好地融入思想政治理论课程教学之中,并且这种地方特色文化天然具有亲和力,能够丰富和拓宽思想政治理论课的教学内容,更容易激发学生的共鸣,更好地提升思想政治理论课的教学效果。

历史合力论视域下思想政治理论课程实现协同育人应当注意要实现因时制宜。思想政治理论课程不同于其他一般学科课程,思想政治理论课具有的特殊的课程性质和育人目标决定了其内容广、时效强、变化快等特点,这无疑会极大提升思想政治理论课的学习和讲授难度。思想政治理论课程具有很强的现实性,必须及时反映党的创新成果和中国特色社会主义建设实践的最新发展[1],必须适应不同时期党和国家对于教育发展和人才培养的要求,因此思想政治理论课要不断推动课程体系的改革创新,反映时代要求,承担起培养担当民族复兴大任的时代新人。历史合力论视域下思想政治理论课协同育人建设要贴近和体现思想政治理论课程的特质,强调课程体系建设的综合性、实效性和时代性等特点,推动教学方法的理念创新、体制创新和媒体创新。

历史合力论视域下思想政治理论课程实现协同育人应当注意因材施教。

---

[1]　刘建军:《论高校思想政治理论课的课程属性和教学难度》,《广西大学学报(哲学社会科学版)》2020 年第 2 期。

思想政治理论课程涵盖了专科、本科、硕士、博士多个学生层次,不同层次之间都有各自不同的定位和基本任务,因此其教学内容、教学目标、教学方法、教学评价也不完全一致。思想政治理论课要从不同层次学生的知识程度和学习特点的实际出发,尊重学生的个性认知差异,遵循思想政治教育学科规律,因材施教细化区分教学对象,在把握学生的个性差异的基础上确定不同的教学目标,实施有针对性的教育教学。同时要注意拓展思想政治理论课程的教学评价体系,做到显性评价和隐性评价相结合,全面客观地评价课程教学效果和学生学习效果,提升思想政治理论课的亲和性和实效性。

三、注重时代性和开放性相契合

思想政治理论课是高校落实全方位育人的重要环节,立德树人的根本任务决定了其目标是培养既具有丰富的专业理论或技术的人才,也需要具有道德素养水平良好、政治价值观正确的新时代青年,因此思想政治理论课在讲深讲透讲活马克思主义基本原理的基础上,要结合时代发展的特点强化大学生的理想信念教育,根据教学实际需要,与时俱进转换教学话语,鼓励思想政治理论课保持开放性和包容性的特性,探索多种教育教学方法,提升协同育人的有效性和针对性。历史合力论视域下高校思想政治理论课协同育人要坚持时代性的原则,就是指思想政治理论课要面向现代化、面向未来,在教学内容、教学理念、教学方法等方面要大力改革创新,立足时代发展的实际,体现时代发展的成果,追求教学效果的最优化。历史合力论视域下高校思想政治理论课协同育人要坚持开放性的原则,是指思想政治理论课建设不能闭门造车,要广开言路,在课程设计、教育评价、机制运行等方面要充分听取意见,善于将其他学科的先进经验融入其中,搭建开放多元的思想政治教育课程教学平台和管理服务平台,推动思想政治理论课的创新发展。历史合力论视域下思想政治理论课坚持时代性和开放性相统一的原则,有助于调动和激发学生学习的积极性、主动性和创造性,对满足学生学习成长的发展需求、提升思想政治理论课教学实效具有重要意义。

（一）立足时代前沿，关注时代发展

多元信息化时代已经变为现实。一方面，信息科学技术的快速发展加速了教育层面的大力变革，现有的教育理念、内容、手段、方法已经发生了很大的变化，以大数据技术为基础的数字化教学理念打破了原有的标准化教学范式，对学生的学习、生活等数据资料的收集、整理、建模和分析，使得我们能够更加全面地掌握学生的学习成长特点，教育模式也因此出现了开始由大规模的知识传授转向个性化教育的趋势，新的教育文化也不断生成发展。另一方面，基于科学技术变革的教育层面，教育主体和客体之间的关系随着技术的变革趋于复杂化，数据化的教育理念也出现了部分忽视学生人文素质培养的现象，不利于学生德智体美劳全面、均衡发展。伴随着多元信息时代网络自媒体的冲击，一些腐朽落后的文化会对大学生思想价值观的形成发展造成极其严重的影响，对现阶段的教育效果也会造成弱化现象，因此科学技术在教育层面的运用发展势必会对现有教育生成更大的动力，提出更高的要求，带来更大的挑战。思想政治理论课是高校培养大学生思想价值观的主要阵地，是高校落实立德树人根本任务的关键课程，教育对象也是大学生群体，他们更多地受到信息时代教育变革的影响，高校思想政治理论课理应立足于时代前沿，主动拥抱科学信息技术的变化，努力适应新时代教育教学的新特点，在教育内容、教学方法、教学载体等方面进行改革创新，更好地满足新时代大学生学习的需要，提升思想政治理论课的教学实效性和针对性。

思想政治理论课具有很强的时代性和现实性，其内容必须及时反映党的最新理论成果和中国特色社会主义发展的生动实践，必须及时反映党和国家关于教育的最新方针，服务于国家和社会对于新型人才的具体需求，因此高校思想政治理论课必须秉持时代性的原则，在"变"与"不变"的时代环境中科学把握时代要求，有效发挥思想政治理论课的主渠道作用，承担起新时代赋予的新使命新任务，自觉推动思想政治理论课的改革创新，全面推动以习近平新时代中国特色社会主义思想为代表的中国特色社会主义理论体系的灌输教育，增强思想政治理论课的思想性、针对性和实效性。同时，思想政治理论课教师

也要关注时代发展,树立开放性思维,强化自身的主导性地位,加强对大学生思想层面的引领,推动思想政治理论课同信息技术高度融合,增强时代性和感染性,全面推动教学内容、教学方法、教学理念、教学评价等方面的改革创新,注重研发"启发式、参与式、研究式"教学模式,利用新颖活泼的方式活跃课堂教学气氛,贴近现实对学生进行事例教育,启发学生思考,并善于将理论知识讲深讲透,以彻底透彻的学理思想去说服学生,从而使其认知水平、思想境界更上一层楼,促使思想政治理论课的教学实效性得到增强。

(二)建构开放的"大思政"教育理念

大学生思想道德修养的形成是一个复杂的过程,不仅受到来自高校课堂的灌输性与启发性教育的深刻影响,还与高校校园文化、社会文化环境、家庭教育氛围等变量因素之间存在着密切联系,因此要引导和提高信息时代下大学生思想道德水平,就必须突破闭门造车思想,开拓多元化的大学生思想品德教育渠道,善于吸收和促进多渠道思想政治教育的合力,更好地完善思想政治教育的运行机制和实践路径,帮助大学生树立正确的价值观念,更好地实现人生理想和社会价值。历史合力论视域下高校思想政治理论课要实现协同育人的效果,就必须秉持开放性原则,树立协同育人理念,在高校党委的领导组织下,完善顶层设计,优化资源供给,有序组织多方配合、全员参与的协同育人思路,完善和加强推进大中小学思政教育一体化格局建设,更加积极地探索学校层面、社会层面、家庭层面共同育人的动力组合机制的实施方法和实践路径,从而切实增强思想政治理论课的实效,提升大学生思想道德价值观水平。

其一,高校要注重"课程思政"建设,建立健全大学生思想政治教育格局。高校思想政治理论课要突破原有的"孤岛"观念,打破原有的思政教育与专业教育相互隔绝、互不干涉的局面,形成思想政治教育与专业技能教育互融互促的格局,大力探索"思政课程"和"课程思政"的育人合力,赋予各项专业课的任课教师帮助实现大学生价值引领的时代重任,使得所有课堂、教师都承担起铸魂育人的任务,帮助大学生更好地将专业技能知识和思想道德修养融会贯通,在学习增长知识的过程中塑造人格、锻炼品德,成为党和国家、人民和时代需要的栋梁之材。其二,重视环境建设,更好地实现显性教育和隐性教育的结合。校园文化和社会环境对大学生思想价值观的形成和发展具有重要的熏陶作用,历史合力论视域下高校思想政治理论课协同育人建设更不能忽视这一重要变量,要在深化思想政治理论课价值引导建设的同时,加强日常思想政治教育的协同建设,实现显性教育和隐性教育的结合和统一。要大力加强校园文化建设,丰富校园健康向上的文化氛围,以校园文化、心理健康教育、主题教育、社团活动、党建文化等多方面为抓手,全面推动校园思想文化阵地的建设和管理,营造风清气正的校园文化,更好地实现以文化人。同时高校还应当注重在社会实践中丰富和提高大学生的思想道德修养,在确保大学生安全的前提下建立实践育人体系,充分发掘和运用社会资源和家庭教育,丰富和拓展思想政治理论课的教学内容,做到思想政治教育的课上课下相结合,实现思政小课堂和社会大课堂的有机衔接,精准对接国家和社会发展对于时代新人的需求,鼓励大学生在社会实践中去锻炼技能、丰富知识、发展能力,提高大学生理论联系实际的水平和能力。

四、注重科学性和制度性相融合

科学性是马克思主义具有的鲜明理论品格之一,历史合力论视域下高校思想政治理论课协同育人是以马克思主义理论为指导的,这就内在地决定了高校思想政治理论课具备鲜明的科学属性。根据 2012 年 6 月国务院学位委员会发布的《关于进一步加强高校马克思主义理论学科建设的意见》精神,马克思主义理论学科应加强科学研究,遵循学科建设规律、马克思主义理论发展规律和思想政治理论课教育教学规律,弘扬马克思主义优良学风和科学精神,不断推出经得起实践和历史检验的优秀成果。制度一般的含义是要求大家共同遵守的办事规程或行为准则,它具有约束、导向、规范作用。① 历史合力论视域下高校思想政治理论课协同育人要坚持制度性原则是指为达到思想政治

---

① 崔江婉:《协同学理论视域下大学生思想政治教育研究》,硕士学位论文,西安建筑科技大学,2017 年。

教育协同育人的预设目标,按照学科的基本性质和逻辑,运用一定的规章制度和行为规范,使得系统中各个部分、要素、环节能够同向发力,在形成协同育人的合力中实现协同育人系统的优化运行,进而推动形成新的有序的稳定的思想政治教育作用机制。历史合力论视域下高校思想政治理论课协同育人要注重坚持科学性和制度性相统一的原则,必须遵循事物发展变化的客观规律,完善落实思想政治教育理论课相关规章制度,科学地规范地推动思想政治理论课的改革创新,更好地落实立德树人的根本任务,促进新时代高校思想政治理论课的创新发展。

(一)遵循思想政治教育学科规律

其一,遵循思想政治工作规律。高校思想政治理论课正处在新时代改革创新的最好发展时期,也是高校将其作为抓手巩固强化意识形态教育工作的关键时期。历史合力论视域下高校思想政治理论课协同育人要增强针对性和实效性,就必须遵循思想政治工作规律,以立德树人根本任务作为中心环节,坚持社会主义办学方向,坚持马克思主义的指导地位,坚持用马克思主义理论和中国特色社会主义理论体系去武装大学生的头脑,切实增强思想政治理论课的思想性。同时高校思想政治理论课要贴近现实、贴近生活,紧跟时代步伐更新教学理念,创新教学方式,完善教学表达,循序渐进地对大学生进行思想价值观的教育。

其二,遵循教书育人规律。历史合力论视域下的思想政治理论课程是由教师主体和学生客体共同组成的,高校思想政治理论课教师在这一关系中处于主导地位,教师的积极性、主动性和创造性对大学生接受思想政治教育的效果具有直接的关键性影响,因此高校思想政治理论课教师必须强化自身的主导意识和主导能力,明确正确的政治方向,强化自身的马克思主义理论素养,充分发挥价值引领作用,充当大学生这一主体精神上的"掌舵人"和"指明灯"。高校思想政治理论课教师要明确自身的责任意识和身份意识,必须认识到自身对于大学生思想价值观引领的重要作用,要坚持教育者先受教育,提升教育教学本领,努力学习和探索新时代大学生喜闻乐见的教学方法和教学手段,掌握新时代青年话语体系;同时教师还应当注重自身的言行,做到言传身教,全面提升自身的教学魅力,通过深厚的理论涵养、风趣的教学方式、高尚的品德规范等吸引大学生积极主动地投入思想政治理论课学习之中。

其三,遵循学生成长规律。一切教育的最终指向都是人。历史合力论视域下的思想政治理论课协同育人是以学生为主体的,必须贯彻以人为本的教学理念,要把促进大学生全面健康成长发展作为最终目标,尊重学生学习成长的特点和差异,循序渐进地提升大学生的思想价值,要把大学生成长学习的目标同时代发展的特征相结合,更好地帮助大学生树立崇高的理想信仰,切实解决实践问题。高校思想政治理论课教师要主动围绕学生、关照学生、服务学生,充分了解学生,提高学情分析能力,在尊重学生学习特点和认知逻辑的基础上设计和开展课堂教学,注重因地制宜、因时制宜、因材施教,在满足学生学习需求的基础上科学规划学生思想价值观的养成,善于做学生的思想工作,创新教学方式,鼓励和激发学生的积极性、主动性和创造性,给学生成长留出足够的发展空间,使思想政治教育始终贴近青年大学生,全方位帮助其成长进步。

(二) 完善思想政治理论课教学制度体系建设

制度规范是确保系统和体制能够长期持续发展的重要保障。历史合力论视域下的思想政治理论课协同育人体系要持续深入地发挥作用,就必须构建一套与之相适应的制度规范,确保众多相互联系、相互依存、相互区别、相互制约的协同育人子系统能够相互配合,更好地发挥思想政治教育的主渠道作用,确保思想政治理论课培养建设社会主义现代化事业的时代新人的工作任务。

其一,建立健全高校思想政治理论课的教学管理制度。一套行之有效的思想政治理论课教学管理制度是保障高校思想政治理论课教学系统长期、持续、有效运行的组织形式,高校要依据党和国家的既定教育方针,明确思想政治理论课立德树人的根本任务,在"三全育人"的教育理念下科学制定教学管理思路,根据新时代人才培养目标和计划对思想政治理论课的教学计划、组织方法、科研管理、评价体系等方面做出规范和调整，从而更好地调节教学管理者、教师和学生之间的关系，规范思想政治理论课协同育人各个子部分的行为规范，汇聚更强大的同向动力，推动思想政治理论课协同育人体系的完善和发展进步。同时，高校思想政治理论课要完善相关制度保障体系的构建。制度保障对于确保思想政治理论课实现统一规划、统一管理、协调运行等方面具有重要意义，对于保证和提高教学质量有着不可或缺的作用。高校要完善党委部门对于思想政治理论课的有效参与和组织领导，把思想政治理论课建设工作放到重要位置，提升思想政治理论课教师的待遇和地位，在课时安排、经费支持、技术保障等方面给予思想政治理论课建设足够的支持，推动思想政治理论课的学科建设和课程建设，为新时代思想政治理论课的改革、创新和发展提供全方位的制度保障。

其二，建立健全高校思想政治理论课的教学评价体系。2020年10月，中共中央、国务院印发的《深化新时代教育评价改革总体方案》指出，要坚持把立德树人成效作为根本标准，突出强调了落实党的全面领导、坚持正确的办学方向、做好思想政治工作和意识形态工作在教学评价体系中的重要地位，这对新时代促进学生身心健康、全面发展等方面具有重要意义。① 高校思想政治理论课教学评价是从思想政治理论课的教学目标、课程安排、内容知识等方面对教学过程和教学效果进行科学、全面、客观、公正的评价判断，是思想政治理论课协同育人体系的重要组成部分，对于推动思想政治理论课的科学性和实效性、提升思想政治理论课教师发展以及更好地关注大学生思想品德价值观层面具有十分重要的意义。建立健全高校思想政治理论课的教学评价体系，就要坚持问题导向与价值导向相统一，统筹兼顾、精准评估，在突出政治性、科学性、针对性和复合性的基础上对思想政治理论课的教学评价体系进行改革创新，促进教师和学生共同进步发展，实现思想政治理论课科学性和制度性的统一。

---

① 《中共中央 国务院印发〈深化新时代教育评价改革总体方案〉》，http://www.moe.gov.cn/jyb_xxgk/moe_1777/moe_1778/202010/t20201013_494381.html。

五、坚持理论性和实践性相结合

理论联系实际是马克思主义的本质要求。历史合力论视域下的思想政治理论课协同育人是以马克思主义作为根本指导的,是在党和国家教育方针下高等教育的重要组成部分,其核心内容是对马克思主义基本原理和新时代党的创新理论成果的教育宣传,其根本任务是培养社会主义现代化建设事业的接班人,因此思想政治理论课协同育人建设更需要贯彻和体现马克思主义的基本立场、观点和方法,落实理论联系实际的工作作风,坚持理论性和实践性相统一的原则,厚植学科思维,强化实践特点,更好地帮助大学生将理论知识和现实实践相结合,实现知行合一。

(一) 厚植学科思维,强化学理支撑

高校思想政治理论课是以马克思主义为指导的,是在马克思主义的立场、观点和方法指导下建设的学科,其主要任务就是讲解传授马克思主义基本原理及马克思主义中国化的理论体系,帮助大学生树立正确的马克思主义世界观,引导学生在马克思主义的指导下具体解决思想上和行为上存在的问题,更好地认识世界、理解世界和改造世界。因此思想政治理论课协同育人建设就必须厚植学科思维,强化学理支撑。一方面,要深化马克思主义的理论研究,彰显思想政治理论课深刻的思想性、严密的逻辑性和方法的辩证性。正如马克思所说:"理论只要说服人,就能掌握群众;而理论只要彻底,就能说服人。"[1]深化马克思主义理论的研究水平是思想政治理论课的内在要求,只有充分将马克思主义基本原理及其发展成果的内涵及创新研究透彻,才能在新时代的背景下研究新问题,总结新经验,创造新成果,更好地推动以马克思主义理论为基础的思想政治理论课不断创新发展,增强高校思想政治理论课的学理性和哲理性,展现马克思主义理论体系的说服力和解释力,加深大学生对于马克思主义的认识和认同,帮助他们更好地理解中国特色社会主义理论体

---

① 《马克思恩格斯选集》第 1 卷,人民出版社 2012 年版,第 9—10 页。

系,从而坚定地投入社会主义现代化强国建设之中。另一方面,要讲深讲透讲活教学内容,增强学科的学术性。高校思想政治理论课教师要将马克思主义基本原理贯穿教书育人的全过程,要结合中国及中国共产党近现代以来在革命、建设和改革过程的历史成就和实践经验,展现马克思主义与中国具体情况的结合过程,体现马克思主义中国化时代化的伟大意义,科学阐释中国特色社会主义理论体系的历史意义和现实意义,引导大学生增强中国特色社会主义的道路自信、理论自信、制度自信、文化自信,坚定政治立场,树立远大理想,胸怀崇高信仰,形成正确的世界观、人生观和价值观,从而自觉地将个人价值追求同党和国家的事业发展联系起来,在奋力成为时代新人的过程中为中国特色社会主义事业添砖加瓦。

(二) 重视现实实践,提高实践参与

"哲学家们只是用不同的方式解释世界,而问题在于改变世界。"①马克思主义自成立起就是在实践中发展成长的理论,实践性作为马克思主义的一个鲜明特征,是区别马克思主义与旧唯物主义和唯心主义的重要标准,是马克思主义哲学的首要的、基本的观点。历史合力论视域下的思想政治理论课协同育人是以马克思主义为理论基础的,因此具有强烈的实践指向性。实践教育是将课堂教育和社会实践及校园活动教育等相结合的教育形式,能使大学生在课堂教育外接受更多亲身经历的知识,对于提升大学生获取知识的亲身体验具有重要的价值。加强思想政治理论课协同育人的实践性要做到以下两个方面:其一,思想政治理论课教学内容要充分关注现实。高校思想政治理论课的目标是培养德智体美劳全面发展的时代新人,旨在引导和帮助大学生更好地认识世界和改造世界,因此其内容必须与现实生活实践相结合,立足时代发展,关注现实需要,回应时代挑战,将自身抽象性的理论与现实生活相结合,用通俗化语言转化课堂内容,帮助大学生深层次地理解和学习,增强理论知识的吸引力和感染力,在坚持理论高度的同时更好地实现科学思想理论的价值转

---

① 《马克思恩格斯选集》第 1 卷,人民出版社 2012 年版,第 136 页。

化,使大学生更好地面对和处理现实问题,从而培养全面发展的高素质创新型人才,保障党和国家的需要同新时代大学生的成长成才相统一。其二,思想政治理论课要强化实践参与,重视劳动实践教育。教育与生产劳动相结合既是马克思主义教育观点的基本原则,也是党和国家教育方针的重要内容,思想政治理论课协同育人是一门兼具理论性和实践性双重品格的特殊课程,理论性与实践性统一于思想政治理论课教学的全过程。高校思想政治理论课要拓宽课堂教学空间,将课堂的灌输式教育与社会实践的启发式教育相结合,整合学校资源和社会资源,鼓励学生多参加校园实践和社会实践活动,通过开展志愿服务、创业计划等活动调动大学生参与实践学习的积极性和主动性,培养学生发现问题和解决问题的能力。同时高校要建立健全学校与社会育人合作机制,打造协同育人平台,拓宽大学生实践参与的渠道和路径,更好地满足大学生成长成才发展的需要,使其不断完善自我、提高自我,实现"知行合一",增强高校思想政治理论课协同育人的实效性。

六、坚持长期性和动态性相嵌合

思想文化对人的影响具有深远持久的效果,但个人思想价值观的形成并非一朝一夕就能实现,而是在长时间的学校教育灌输和社会实践启发中完善发展的,其形成的过程也受到来自学校、社会、家庭各个方面的影响,具有很强的不稳定性和不确定性。高校思想政治理论课的主要任务就是对大学生的思想价值观进行教育和引导,帮助大学生形成正确的世界观、人生观和价值观,更好地帮助大学生认识世界、适应世界和改造世界。这种任务要求决定了高校思想政治理论课协同育人必须坚持长期性和动态性原则,既要坚持长期目标,构建常态化持续化协同育人机制,又要与时俱进,根据时代发展的需要和学生成长的特点及时进行动态调整,从而构建科学有效、常态化动态化的思想政治理论课协同育人体系,更好地助力思想政治理论课实现立德树人根本任务,科学有计划地培养德智体美劳全面发展的时代新人,完成新时代党和国家赋予高校思想政治理论课的历史使命。

（一）立足长远，构建大中小学思政课一体化格局

思想政治教育是一个长期化常态化的过程，要使得思想政治教育持续深入对受教育者产生作用，就必须树立长远的眼光，统筹思想政治理论课一体化建设，从小学、中学和大学逐步涵养、提升学生的思想政治理论学科的核心素养，循序渐进、科学有序地提升自身的思想政治素质，筑牢马克思主义思想理论基础，更好地实现思想政治理论课铸魂育人的功能。从现阶段大中小学思想政治理论课的教学内容和课程设置来看，各学段课程目标衔接度较高但各学段教学目标实际衔接不佳；从具体的教材内容来看，各阶段内容相互衔接，存在重复之处但各有侧重；从当前高校思政课教学研究来看，对中小学关注较少且偏向理论层面，大中小学思政课教师缺乏合作研究①。毫无疑问，现阶段大中小学思政课一体化中存在的课程目标定位不准、关系不清、交流匮乏等情况，会制约和阻碍思想政治教育的教学效果，不利于学生长久持续地提升思想道德水平。历史合力论视域下的思想政治理论课协同育人要加快构建大中小学思政课一体化建设格局，在教学目标、课程内容、教学方法等方面科学规划，逐步提升，注重对大中小学思想政治理论课教材的编写和使用，契合各个年龄段学生学习和成长的需要，优化教材审查和使用培训机制，聚焦打通大中小学师资的阶段性区隔，建立共建、共享、共研模式，推动思想政治理论课创新式内涵式发展，更好地涵养思想政治理论课教学生态，提升思想政治理论课的教学实效性，潜移默化地对学生的思想价值观产生深远持久的影响，确保学生树立正确远大的理想和崇高信仰，投身于中国特色社会主义的建设之中，为实现中华民族伟大复兴的中国梦贡献力量和智慧。

（二）脚踏实地，实时动态调整培养方案

马克思主义的一条重要原理就是一切以时间、地点、条件为转移。历史合

---

① 吴敏：《大中小学思政课一体化背景下的中小学教学衔接研究》，硕士学位论文，江西师范大学，2020 年。

力论视域下的思想政治理论课协同育人要坚持脚踏实地、与时俱进的原则,根据社会环境、学生认知特点的变化等因素,不断创新和发展思想政治理论课教育方法,做好"教学有法、教无定法、贵在得法",实时动态调整培养方案和培养方法,一切因人、因境而定。信息时代大学生群体更多地受到大数据技术、网络圈层化等影响,不可避免地会被网络上纷繁复杂的信息所迷惑,以泛娱乐化主义和历史虚无主义为代表的腐朽落后的网络信息会干扰大学生的价值立场和价值判断,扭曲大学生对中国特色社会主义道路、理论、制度和文化的情感认同,冲击大学生正在形成的思想价值观,这无疑会阻碍和破坏高校思想政治理论课的正常教育模式。高校思想政治理论课协同育人要深入研究和把握社会环境等外在因素的变化,关注大学生的认知特点,坚持建设性和批判性相统一的原则,对现有的教学体系不断进行改革创新,不断提高思想政治理论课建设水平,使之成为符合时代发展和学生成长需求的精品课程,吸引学生积极主动参与课程学习,彰显思想政治教育学科特性,实现思想政治理论课教育效果的最大化。

第二节　历史合力论视域下高校思想政治理论课协同育人的指导理念

一、立德树人教育理念

所谓立德树人,就是坚持中国特色社会主义教育发展道路,坚持社会主义办学方向,以凝聚人心、完善人格、开发人力、培育人才、造福人民为工作目标,培养一代又一代拥护中国共产党领导和我国社会主义制度、立志为中国特色社会主义奋斗终身、德智体美劳全面发展的社会主义建设者和接班人。[①] 思想政治理论课协同育人建设要落实立德树人的根本任务,这既是马克思主义教育的内在要求,也是新时代党和国家教育方针的重要体现。我国高等教育

---

① 本书编写组编著:《新时代党员干部学习关键词(2019 版)》,党建读物出版社 2019 年版,第 9 页。

的历史方位和发展趋势为高校思想政治理论课建设赋予了新的时代任务和实践使命,内在地规定了思想政治理论课的建设目标和教学任务,从根本上决定了高校思想政治理论课的性质、任务、要求和方向。高校思想政治理论课的本质核心是对马克思主义理论的教育和宣传,是对大学生进行思想教育、政治教育、道德教育和价值教育的主渠道平台,是新时代对大学生进行社会主义意识形态教育和引导、实现铸魂育人的重要渠道,必须全面贯彻党的教育方针,坚持立德树人的根本任务,实现"立德"和"树人"的培养目标在高校思想政治理论课中的结合和统一,提升思想政治教育协同育人建设的新高度,开创高校思想政治教育的新局面。

立德树人教育理念根植于中华民族优秀的传统教育文化之中,扎根于中国共产党领导的中国教育探索之中,发展于新时代社会主义现代化教育实践之中。中华传统文化中历来都把"立德"作为首要的规范和要求,重视培养人的道德、品德、才德,甚至将"德"作为衡量一个人能力的重要标准。《大学》曰:大学之道,在明明德,在亲民,在止于至善。程颐说:"大学,孔氏之遗书,而初学入德之门也。"圣贤之道应以明德入门,在弘扬和培育高尚品德的过程中实现个人的理想和社会的进步,其中彰显的深厚的文化精神及民族情怀对于现阶段推进德育工作具有重要的启示作用。新中国成立以来,中国共产党领导的社会主义教育方针高度重视"立德",大力弘扬雷锋精神、焦裕禄精神等中国共产党人精神谱系,在从小学到大学的课程中都设立了思想品德类课程,重视培养德才兼备的知识分子,在全社会形成积极健康、奋进向上的价值追求。新时代以来,党和国家更加重视立德树人,通过社会主义核心价值观的弘扬和培育,引导青年群体树立远大理想和崇高信仰,培育高尚道德品格,注重将思想政治教育工作贯穿学校教育教学的全过程,不断提高人才培养的要求和质量,契合了培养建设社会主义现代化强国的时代新人的历史任务。

历史合力论视域下高校思想政治理论课协同育人要把立德树人作为根本任务,在对传统德育思想工作的创新性继承和发展的基础上深刻回答好"培养什么人、怎样培养人、为谁培养人"这个时代问题,契合时代发展的需要,不断丰富立德树人的价值内涵,完善协同育人体系建设,发挥教师主导的关键作用,遵循思想政治教育规律,立志培养德智体美劳全面发展的社会主义事业建设者和接班人。其一,夯实理念之基,深化理想信仰教育。心有所信,方能行远。高校思想政治理论课应强化理想信念教育,将理想信念教育贯穿教育教学全过程,推动理想信念教育的常态化制度建设,构建理想信念教育教学优良的生态环境,在更好地实现铸魂育人的过程中实现立德树人的根本任务。理想信念教育不能抽象空洞,应该在理论与实践相统一中深化学习,坚持以学促行的教育理念,通过"四史"学习和合理开发利用红色资源,帮助大学生学习胸怀远大理想信仰的共产党人书写苦难辉煌的壮丽史诗的精神,引导学生理解理想信仰的伟大力量,明晰树立远大理想的重要性,补足精神之"钙",从而促使大学生坚定中国特色社会主义共同理想,以理想信仰滋润初心本心,在远大理想和崇高信仰的引领下指导学习实践,切实做到学以致用、知行合一。同时,思想政治理论课深化理想信仰教育,不能抛开教师自身的主导地位,"要让信仰坚定、学识渊博、理论功底深厚的教师来讲"①。思想政治理论课教师承载着传播知识、传播真理、塑造精神、培养人才的时代重任,是大学生理想信念教育的引路人。因此,思想政治理论课教师自身应该加强对马克思主义理论的学习,坚定正确的政治立场,树立正确的价值导向,坚持培养以身作则、严于自律和以德立身等思想品格,发挥自身良好的榜样作用,更好地为青年大学生筑梦引路。其二,在"真、善、美"的统一中深化大学生的价值追求。大学生正处于世界观、人生观和价值观加速形成的关键时期,是成长成才的"拔节孕穗期",更需要精心培养和用心打磨。追求真善美既是人类社会不断进步、实现自我超越的不竭动力,也是思想政治教育的永恒主题②。历史合力论视域下思想政治理论课协同育人要把握马克思主义真、善、美这三种力量形态,坚持价值性和真理性相统一的原则,关注大学生的学习需求和实际利益,探索知识讲授与价值观培养在教学过程中的结合,不断提升教学智慧,促进大学生的全面发展,帮助大学生更好地理解马克思主义"真、善、美"的价值内涵,在大

---

① 习近平:《思政课是落实立德树人根本任务的关键课程》,人民出版社 2020 年版,第12 页。

② 林洁:《思想政治教育真善美的力量形态探论》,《理论导刊》2020 年第 11 期。

学生心中埋下真善美的种子,使其达到崇真、向善、尚美的境界。

二、"三全育人"教育理念

所谓"三全育人"就是指全员育人、全过程育人、全方位育人。"三全育人"是新时代新形势下高校思想政治教育落实立德树人根本任务,坚持社会主义教育方针,遵循思想政治教育规律,进而构建"大思政"格局,着力培养德智体美劳全面发展的时代新人的实务性需求。坚持"三全育人"教育理念对于新时代思想政治理论课"打好组合拳"来巩固自身的主渠道定位和实现思想政治理论课的创新改革发展具有重要意义。

其一,坚持全员育人。历史合力论视域下高校思想政治理论课协同育人是在以思想政治理论课程为基础的协同育人体系中达到对大学生进行思想政治教育的,要实现思想政治理论课协同育人的目的和任务,单单依靠思想政治理论课教师是不够的。一方面,思想政治理论课教师要充分发挥育人作用,坚定政治立场,发挥价值引领作用。要深化对马克思主义的研究,精心设计教学内容,创新教育教学方法,发挥教师自身的积极性、主动性和创造性,不断改善思想政治理论课教学成果,将马克思主义基本原理及马克思主义中国化的理论成果体系讲深讲透,讲清科学理论的真理性,紧密联系学生学习成长成才的实际需求,坚持"八个相统一"要求,做到"政治强、情怀深、思维新、视野广、自律严、人格正",更好地担当起学生成长过程中"引路人"的崇高职责。另一方面,要大力发挥辅导员和其他党政学工部门教师等育人主体的引领作用。大学生思想价值观的形成完善是一个逐步提高、不断发展、循序渐进的过程,需要汇聚来自辅导员和党政学工部门教师等育人主体的协同育人力量,更好地发挥高校思想政治教育绵绵用力、久久为功的特点。高校要切实构建全员育人的思想政治教育模式,强化育人导向,明确全员育人职责和工作标准,明确全员责任,要充分发挥各部分的育人功能和作用,充分发挥高校资助育人、管理育人、文化育人等高校育人资源,更好地将思想政治理论课教师、专业课教师、学工部门教师等育人主体力量融合,实现同行同向协同发力。

其二,坚持全过程育人。新时代高校要高度重视思想政治教育工作,把思想政治教育贯穿高校教育教学的全过程,创新现有的思想政治教育体系,拓宽高校协同育人的新思路,通过繁荣校园文化,强化"课程思政"建设等措施将显性教育和隐性教育相统一,加快构建高校思想政治教育工作的育人共同体。一方面,高校要深入挖掘专业课程的思想政治教育元素,根据学科特点和学科内容,有针对性地对学生进行思想价值观的引导,实现专业知识传授和价值引领功能的有效结合,推行"课程思政"。高校要将德育放在重要位置,利用好大学生的每一节课,增加专业课教师的育德能力,打破"思政课程"和"课程思政"相互隔绝的孤岛,坚持马克思主义理论中普遍性和特殊性相统一的原理,推动两者的协同联动,突出新时代高校的社会主义学科特征,更好地引导大学生在学习专业知识的过程中提升自身的思想道德修养。另一方面,高校要加强对校园各类思想文化阵地的规范管理,繁荣校园文化。校园文化是大学生在课堂教学之外最主要的环境,为青年大学生的个性成长和学习教育提供了文化土壤,发挥着文化润物无声的特点。高校要主动运用新媒介的形式来创新校园文化,加强对校园论坛、贴吧等新媒体的建设,积极占领舆论阵地,大力宣传中国特色社会主义先进文化,创新思想政治理论宣传教育的形式和方法,增强校园文化的生命力,更好地服务于学生的成长成才。同时,高校可以通过开展主题活动来繁荣校园文化,守好舆论建设高地,通过学术论坛、讲座和主题竞赛等形式多样的渠道营造积极向上的校园氛围,强化高校校园文化的价值观导向作用,引导大学生在积极参与活动的过程中学到新知识,树立正确的价值观念,自觉维护身心健康,激发积极向上的生活态度,进一步完善高校显性教育与隐性教育的统一。

其三,坚持全方位育人。高校思想政治理论课协同育人要从教学机制、教学保障、教学评价等多方面入手,以新媒体技术为支撑,搭建协同育人平台,拓展大学生合作学习的渠道,给学生主体性发挥以充分的空间,帮助学生实现全面、均衡发展。高校思想政治理论课要增强课程教学活力,促进教学评价体系的改革创新,在学校党委部门的有力领导之下,对思想政治理论课的教学管理、组织管理、队伍管理、学科建设等环节进行考核管理,促进协同育人体系的完善和发展。同时对学生学习的效果进行合理评价,结合平时作业、课内表现、实践活动、考试测验等多环节来综合评价学生的学习状况,建设科学性、客观性和发展性的评价标准,凝聚高校思想政治理论课协同育人的合力,构建"大思政"格局,多方位推动学生的进步发展,开创高校"三全育人"的新局面。

三、以学生为本教育理念

在现代教育体系中,一切教育活动的出发点都是人,教育的对象是具有主观能动性的个人,教育的本质是帮助受教育者实现自由全面发展的需求。[①]在高校思想政治理论课程体系中,大学生是课堂中学习、实践和创造的主体,是接受思想政治教育、获取价值性知识的主体,因此高校思想政治理论课要充分尊重大学生的主体性,贯彻以学生为本的核心教育理念,致力于实现大学生的自由全面发展,帮助其更好地成长成才。历史合力论视域下高校思想政治理论课协同育人要结合思想政治理论课的具体教学实践和大学生成长成才发展的需要,发挥学生的主体性作用,要面向全体学生,关注每一位学生,因材施教,注重每一位学生的成长,发展每一位学生的个性,深刻把握学生成长的特点,遵循学生的成长规律,激发大学生参与思想政治理论课学习的积极性和主动性,提升大学生的主体意识性、主体参与性和主体创造性,推动高校思想政治理论课的创新发展。

其一,在教书育人方面体现和实践以学生为本的教育理念。高校思想政治理论课最本质最核心的要求是通过教书育人来实现立德树人的根本任务,必须把培养大学生的自主学习方法和学习能力作为首要目标,坚持知识性和价值性相统一的原则,尊重学生学习和认知的特点,创新教育教学方法,充分发挥因材施教的个性化教育优势,有针对性地进行教育引导,一切以学生的自由全面健康成长为目标,尊重学生的成长个性,激发学生的学习潜能,努力创造适合每个学生学习成长的环境,彰显现代化教育的目的和意义。高校思想

---

① 郭长义:《人的全面发展视域下的新时代高校劳动教育研究》,《辽宁大学学报(哲学社会科学版)》2019 年第 4 期。

政治理论课要解放学生的学习能力,积极推进课程改革,加快推进教学内容、教学方法、考核方式、评价体系等方面的创新发展,建立集系统、多元、丰富、新颖、深刻等特性于一体的思想政治理论课课程体系,可以通过构建强化基础知识层次的必修课程、探讨兴趣人文知识的选修课程等相统一的课程结构,满足不同类型、不同层次大学生的个性化需求,让每个大学生都可以在高校思想政治理论课协同育人体系中找到适合自己学习的课程安排,从而更好地激发大学生学习创造的积极性和主动性。高校思想政治理论课要充分体现素质教育的要求和目标,不断培养学生全面发展的能力,充分激发大学生的青春活力,采用理论灌输、探讨启发、实践深化的教学方式,不断提高学生学习的体验感和获得感,培养当代大学生的人文底蕴、学习能力、实践能力、心理能力、创新能力等方面的素质品格,注重培养大学生独立发现问题、分析问题、解决问题的能力,鼓励和激发大学生创新创造的思维理念,帮助大学生更好地适应社会发展和国家进步的需要,使其成为时代发展需要的有信仰、有能力、有道德的时代新人。高校思想政治理论课要更好地追求高校思想政治理论课的新模式,推动形成高等教育体系健康发展进步的新格局。

其二,在学生管理方面体现和实践以学生为本的教育理念。高校思想政治理论课的教育目标就在于为社会培养更多的有文化、有道德、有能力、有素质的高层次知识技能复合型人才,为更好地实现这一教育目标,高校教学管理者要牢固树立以学生为本的教育理念,尊重学生在教学管理过程中的主体地位,以促进学生自由全面发展为根本目的,唤醒学生成长发展的内生动力,构建更加智慧、更加科学、更加有效的学习和管理机制。

一方面,要创新教学管理理念,坚持以学生为本的教学管理原则。学校教育教学管理的核心是促进人的发展,无论是管理制度、实践过程还是评价导向,都是为人的发展服务的。高校思想政治理论课的教育教学内容十分广泛,包括对大学生的德智体美劳等全面综合素质的培养和提升,旨在全面培养大学生的学习和生活实践能力。因此,高校思想政治理论课要在教育教学管理上树立"五育"整体育人观,注重在现代素质教育的理念上切实加强人本思想的渗透和融合①,全面把握"三全育人"高校教育理念的基本特征,不断地改进和优化传统的教学管理模式,实施教育引导、实践启发、自我提高的教学管理理念,在理论与实践的统一中不断强化学生的核心素养,锻炼大学生勤奋刻苦、独立自主、创新创造、志愿服务的意识和能力,切实注重在思想政治理论课教学和管理过程中激发大学生的积极性和参与精神,严格遵循致力于培养大学生成长成才的目标,更好地彰显历史合力论视域下高校思想政治理论课协同育人的人本理念。

另一方面,要创新教学管理方向和手段,丰富思想政治理论课教学管理活动,提升教学管理成效。历史合力论视域下高校思想政治理论课协同育人要突破课程教学"思维"的瓶颈,注重教育教学相关要素的整体优化和互联互通,兼顾提升教学管理质量和促进学生成长成才的特点,更好地把握教学规律,实现教学管理的范式变革。高校思想政治理论课在创新教学管理理念的同时,还要切实注重教学管理模式的创新,大力实施人文素质教学管理方式,采取一切以学生为本的教学管理模式,提升教学管理方式和过程的人性化水平和科学化水平。在课堂教学中要丰富教学视野,推动教学方式的改革创新,在日常学习生活中,教学管理者要加强与学生的沟通和交流,以师生平等的态度对学生的学习生活情况进行调查,注重学生情商和智商的双重培养提升,并致力于良好人文环境的创设,彰显学生的主体作用,推动学生自主学习能力的提升,同时根据学生出现的问题,采取以信息技术为辅的手段辅助管理工作的开展,促进管理能效的提升,②更好地强化对大学生的全面教育,引导其树立正确的学习和生活价值观,更好地推动高校思想政治理论课教学管理的创新发展。

四、协同联动教育理念

所谓协同联动,是指两个或两个以上的不同主体,采取相互配合、协同一

---

① 常艳丽:《教育教学管理,如何唤醒学生内动力——〈教育家〉杂志线上圆桌论坛实录》,《教育家》2020 年第 30 期。
② 丁泽芬:《树立以学生为本思想创新大学生管理理念》,《科技风》2020 年第 26 期。

192

致的方法,在这一过程中致力于实现资源配比的最优化来完成任务或达成目的,其特点是系统要素之间的支持配合和良性互动。协同理论20世纪70年代由德国著名物理学家赫尔曼·哈肯(Hermann Haken)首次提出,是在多学科研究基础上逐渐形成、丰富、发展起来的一门新兴学科,是系统科学的重要分支理论。协同理论认为,在自然界存在各种各样、千差万别的系统,尽管各个系统互不关联,但其共同具有相似的特征:大量子系统组成的系统,在一定条件下,由于子系统相互作用和协作,能够在目的一致的基础上通过自身调节机制产生协同作用,从而形成新的稳定结构。① 协同学理论同样适用于历史合力论视域下高校思想政治理论课协同育人的建构,高校思想政治理论课协同育人体系是一个多元主体、多元模式的教育体系,它涉及教师、学生等不同教育主体,涉及课堂教学、课外活动、社会实践等多方面的教育模式,因此需要学校、社会、家庭等多方面的支持配合,需要课堂与课外、线上与线下等多主体、多渠道、多方式、多要素的协同联动,强化各个要素科学、有效地配合互动,以形成历史合力论视域下高校思想政治理论课协同育人的新格局。

其一,构建高校内部要素互动协同育人机制。历史合力论视域下高校思想政治理论课协同育人体系的构建需要高校内部要素的协同互动,协调来自教育主体、教学设计、教学资源、考核评价等各方面要素的力量,推动思想政治理论课协同育人系统内部各要素相互配合发挥其协调优势,形成协同育人合力。铸魂育人是大学教育的根本。高校是培育大学生正确价值观念的主战场,是帮助大学生形成世界观、人生观、价值观的重要场所。因此,高校必须提高政治站位,在思想上、行为上要统一,明确高校思想政治理论课建设的根本任务和功能定位,紧紧围绕"培养什么人、怎样培养人、为谁培养人"这一教育根本问题,强化问题导向,以深刻的使命意识和高度的责任意识加强顶层设计,做到统一规划、统筹协调和分类指导,推动高校系统内部各要素相互协调

① 王莺洁:《高等职业院校多元主体协同育人机制研究》,硕士学位论文,南昌大学,2018年。

配合、同向同行。① 高校构建思想政治理论课协同育人体系要从多方面下手，要统筹协调好教师队伍建设、"课程思政"建设、考核评价体系建设等方面，贯彻以学生为中心的教育教学理念，构建党委部门领导、院系部门落实、教务后勤部门保障的统一高效的思想政治理论课协同育人工作格局。思想政治理论课协同育人需要汇聚高校各单位、各部门和各个教育主体的力量，需要各个要素齐心协力、相互配合，需要来自党委部门的领导主体、思想政治理论课教师的教学主体和由辅导员、专业课教师共同构成的思政育人参与主体等共同作用，共建"大思政"格局，进一步完善组织领导，进一步加强教师队伍建设，进一步更新评价考核机制建设，从而在立德树人根本任务的指导下凝聚各方力量，形成强大的合力，达到高校思想政治理论课协同育人的预期效果。

其二，构建高校外部要素参与协同育人机制。思想政治理论课的根本任务是实现立德树人，旨在通过系统科学的马克思主义理论教育，对大学生进行政治、思想、道德和法律等基本素质知识教育，引导大学生形成正确的情感认知、理想信仰等，帮助大学生形成正确的世界观、人生观和价值观。这一过程不能超越现实社会而存在，深受来自学校教育、社会实践、家庭环境等多形式、多渠道、多方面的复合因素的推动和制约。随着信息科学技术的快速发展，互联网通信技术革命已经到来，微博、抖音、知乎等 App 占据了大学生大量课余时间，身处信息时代的大学生容易被互联网中鱼龙混杂、良莠不齐的信息所影响，从而对大学生的价值观造成冲击和破坏，不利于大学生身心的健康成长，同样不利于高校思想政治理论课教学实效的提升。因此，历史合力论视域下高校思想政治理论课协同育人体系的构建同样需要高校外部要素的有序参与。高校思想政治理论课协同育人需要在校内要素相互作用的基础上，通过建立学校与社会、学校与家庭等校外协同育人机制，充分实现全要素的配合，形成强大的协同育人合力。高校要充分整合和吸纳社会资源，对接相关社会单位和企业，结合时代发展和社会建设的需求，优化人才培育方案，努力提高

---

① 岳宏杰、郑晓娜、赵冰梅：《高校课程思政和思政课程同向同行问题研究》，东北大学出版社 2020 年版，第 114 页。

人才培养与社会需求的匹配度,加强对大学生的实践育人培养力度,鼓励大学生在社会实践中得到锻炼成长。同时高校要提升思想政治理论课协同育人成效,需要密切关注学生的家庭环境,密切与学生家长进行合理沟通,科学分析来自家庭的反馈信息,制定更符合个人成长成才的培养方案,更好地推动高校思想政治理论课协同育人的新发展。

五、精准施教教育理念

习近平总书记向来重视精准化做事方法,并反复强调培养和运用精准思维的重要意义。2014 年 9 月,习近平总书记在指导兰考县委常委班子专题民主生活会时指出,"要从细节处着手,养成习惯。如果对工作、对事业仅仅满足于一般化、满足于过得去,大呼隆抓,眉毛胡子一把抓,那么问题就会被掩盖"①。精准思维蕴含了马克思主义实事求是的原则和具体问题具体分析的方法论,精准思维的核心要求是"深、实、细、准、效",要求我们在处理事情的过程中要找准问题、注重细节、靶向施策,要落实到每一个细节上,落实到每一个关键点上。精准思维作为一种思想方法和工作方法,同样适用于高校思想政治理论课协同育人体系的构建。在信息时代的大环境下,大数据技术不仅给人们的现实生活方式造成了极大的影响,并且已经深刻改变了世界各国的存在方式和发展态势。大数据技术所引发的产业革命和思维变革也深刻影响到新时代高校思想政治教育的发展,高校思想政治理论课作为培养大学生思想价值观的前沿阵地,必须合理利用大数据技术,深化精准施教教育理念,坚持问题导向,注重分类施策,实现精准发力,提升思想政治理论课的实效性和针对性。

其一,合理利用大数据思维,实现思想政治教育的精准转化。历史合力论视域下高校思想政治理论课协同育人不能离开科学技术的辅助,大数据技术可以通过及时收集大学生的学习动态信息,从海量的数据中分析、研判出其潜

---

① 中共中央纪律检查委员会、中共中央文献研究室编:《习近平关于党风廉政建设和反腐败斗争论述摘编》,中国方正出版社、中央文献出版社 2015 年版,第 85 页。

在和有倾向性的问题①,从而洞察学生的实时学习情况,根据其具体的学习需求适时调整思想政治理论课的教学内容和教学方法,从而有针对性地提升思想政治理论课的教学实效。高校思想政治理论课要凝聚协同育人的教育合力,就要科学合理地利用大数据技术对教学内容、教学方法、考核方法、课程评价等方面进行改革创新,通过及时掌握学生的思想状态,依托数据可视化,注重教学对象的层次化,精准把控不同年级、不同学科、不同基础的大学生群体的思想特质和存在的问题,打破以往思想政治教育单向灌输的教学方式,实现精准供给、分类指导,提高思想政治理论课的灵活性和针对性,形成融合型、全方位的思想政治理论课协同育人体系,增强思想政治教育的渗透力,使思想政治教育真正做到入耳入脑入心。

其二,及时更新大数据观念,推动大数据管理与运用能力的提升。高校思想政治理论课协同育人要科学地使用大数据技术的初衷是推进精准把握教学对象、科学设置教学内容、有效选择教学方式,因此必须科学合理地使用大数据技术实现精准教育,这就给思想政治理论课教师提出了更高的要求。思想政治理论课教师要及时转变思想观念,树立正确的大数据意识,及时提高自身的教学理念、服务理念、管理理念,时刻保持和提升学习能力、创新能力和工作能力,切实提升自身的媒体技术素质,做到熟练使用大数据技术开展思想理论课的教学,从而提升思想政治理论课课堂教学的智能化水平,营造出智能化教学场域,继而发挥大数据的精准化功能,打造出智能技术与"思政课程"之间更深层次衔接的智慧思政课堂,更好地提升大学生参与思想政治理论课的积极性和主动性,提升思想政治理论课的教学实效性。

第三节 历史合力论视域下高校思想政治 理论课协同育人的路径选择

思想政治理论课是培育中国特色社会主义事业合格建设者和可靠接班人

---

① 郑洁、王婧:《大数据时代高校意识形态安全教育研究》,吉林大学出版社 2020 年版,第41页。

的"灵魂课程",是一个由相互作用、相互协同、相互渗透、相互联系和相互支撑的诸多教育要素所构成的动态复杂的巨系统。故而,在历史合力论视域下高校思想政治理论课只有整合多维融合的协同育人要素、组建多元参与的协同育人队伍、搭建多式聚合的协同育人平台、构建多层联动的协同育人场域、创建多元互补的协同育人机制,才能实现各子系统之间的完美"耦合",消除各子系统之间的"高墙壁垒",增强高校思想政治理论课的有效性和亲和力,进而形成"大思政"育人新格局。

一、整合高校思想政治理论课协同育人的多维要素

"协同"理论认为,系统要运用好协同力量,更好地发挥出协同效应,各个系统内部的子系统以及各子系统内部的各个要素间必须形成协同、有序、和谐的关系,向同一个方向发力,才能产生"1+1>2"的整体效果。如果各子系统间以及要素之间相互摩擦、相互冲突、彼此孤立,出现类似于原子化的状态,就会增加系统的内耗,这个由分散孤立的要素"拼凑"而成的系统自然难以在最大程度上实现其整体效果。这就需要高校思想政治理论在历史合力论的指导下,致力于目标协同、主体协同、内容协同、方法协同以及环境协同等,以期发挥系统的最大功效。

(一)历史合力论视域下高校思想政治理论课要实现目标协同

高校思想政治理论课的教育目标,是指通过思想政治理论课,在受教育者的思想和行为层面所期望达到的一种结果。具体而言,高校思想政治理论课的教育目标是教育者依据受教育者的精神世界发展需求以及社会发展的现实要求对受教育者思想品德发展质量的一种期望与规定。这种教育目标是开展思想政治理论课的依据和动力源,在一定程度上也体现出了高校思想政治理论课的价值取向。高校思想政治理论的目标从来都不是单一、孤立地存在,而是一种集合体,是一种目标体系,可以根据一定的标准从不同的维度和层面对其进行划分,将其分为不同的维度和层次。从高校思想政治理论课目标所作用的范围观照,可以将其分为总目标和次级目标;从高校思想政治理论课的作

用对象观照,可以将其分为个体目标和社会目标;从高校思想政治理论课的目标时限观照,可以将其分为近期目标、中期目标、远期目标;从高校思想政治理论课目标的地位观照,可以将其分为根本目标和具体目标;等等。目标协同是指高校思想政治理论课的建设主体对不同维度和层次的目标相互协调、相互匹配,建立一个共同、清晰且明确的目标体系。即培养一代又一代拥护中国共产党领导和社会主义制度、立志为中国特色社会主义事业奋斗终身的有用人才,着力培养德智体美劳全面发展的社会主义建设者和接班人,着力培养担当民族复兴大任的时代新人。① 其中,高校思想政治理论课的根本目标在这一目标体系中处于核心位置,发挥着统领各维度和各层级具体目标的关键作用,不同维度和层次的具体目标则处于从属地位,服务和服从于根本目标,受根本目标制约。

历史合力论视域下高校思想政治理论课的目标协同实质就是一种目标同向,需要从以下三个层面对其加以阐述。首先,表现为要致力于巩固党办高校的政治方向。中国共产党作为中国特色社会主义事业的领导核心,其地位决定了高校思想政治理论课的首要目标就是必须让受教育者自主、自觉、自愿地认知和拥护中国共产党的领导及其领导下的中国特色社会主义事业。其次,表现为维护强大的社会主义意识形态指向。目前,我国意识形态领域整体向好,呈现出良好的发展态势。但是不稳定、不确定因素依旧存在,主要表现为西方资本主义国家通过"政治渗透""思想征服""糖衣炮弹"等软性措施对我国意识形态安全产生的颠覆性冲击。这就需要高校思想政治理论课守好责任田、打好阵地战,积极运用其强大的影响力、供给力和感染力,加强目标同向,保持其在预定轨道正常运行,维护好意识形态领域安全。最后,要把握好培育时代新人的育人导向。习近平总书记强调高校要"以培养担当民族复兴大任的时代新人为着眼点"。人的自由全面发展不仅是高校思想政治教育的终极目的,也是共产主义的终极旨归和社会主义的本质要求。高校思想政治理论课是大学生思想政治教育的主渠道,对大学生德智体美劳全面发展发挥着不

① 赵静:《协同推进高校思想政治理论课建设研究》,《思想理论教育导刊》2019 年第 9 期。

可替代的作用。高校思想政治理论课的目标协同其实就是"制定目标—分析目标—实施目标—评估目标"的过程,其逻辑起点是人,逻辑终点就必然是自由而全面发展的时代新人。

（二）历史合力论视域下高校思想政治理论课要实现内容协同

高校思想政治理论课的内容是思想政治教育这一复杂系统的基本要素,是施教者向受教者实施教育的具体要素。具体而言,其是根据一定的社会要求和受教育者自身的思想实际状况,经过施教者识别、筛选后有计划、有目的地传递给受教育者的带有强烈目的性的思想政治信息。高校思想政治理论课的内容是依据高校思想政治理论课的目标和任务所确定的,是其目标和任务的具体的表现方式。高校思想政治理论课的目标与任务内在规定的丰富性与多样性以及受教育者精神世界的复杂性与多变性,决定了高校思想政治理论课内容的广泛性与丰富性。故而,作为高校落实立德树人根本任务的一门关键课程,高校思想政治理论课的内容始终处于关键位置。所谓高校思想政治理论课的内容协同则主要是指高校思想政治理论课内容系统中各个组成部分和要素之间相互衔接、相互协调、相辅相成以及所具有的一致导向性。

历史合力论视域下高校思想政治理论课的内容协同想要达到和目标协同相匹配的"1+1≥2"的整体功效,形成内容上的"协同效应",首先就必须抓住高校思想政治理论课和日常思想政治教育在协同育人内容上的契合点。高校思想政治理论课和日常思想政治教育在内容上各自有其侧重点,高校思想政治理论课在内容上侧重于马克思主义理论教育,而日常思想政治教育在内容上侧重于助益受教育者即高校大学生树立正确的思想观念、政治观点,养成良好的道德品质。但是,在协同育人的过程中,必须注意高校思想政治理论课和日常思想政治教育在内容上的契合点。一方面,高校思想政治理论课的育人内容是日常思想政治教育育人内容的前提和基础。因为在高校思想政治理论课的内容系统中,马克思主义始终是指导思想,这就决定了日常思想政治教育要始终以马克思主义指导思想为根本前提,自觉将其纳入日常思想政治教育育人内容之中,以此来保持其内容的先进性、方向性、政治性和科学性。另一方面,日常思想政治教育作为"第二课堂",其内容是高校思想政治理论课这个"第一课堂"育人内容的必然延伸。"第一课堂"的育人内容只有在"第二课堂"中进行深化、拓展与延伸才能防止"主渠道"与"主阵地"脱节,将内化于心的内容更好地外化于行,进而保证协同育人过程的完整性。

其次,还要抓住高校思想政治理论课理论教学与实践教学在协同育人内容上的衔接点。高校思想政治理论课理论教学与实践教学在内容上各有侧重,但二者具有内在的互释性,即"实践可以解释理论,同时理论也可解释实践"①。故而,高校思想政治理论课只有把握好理论教学与实践教学在内容上的衔接点,才能使二者内在的互释性更好地发挥作用。一方面,要依据高校思想政治理论课理论教学的现实需求筛选制定精准的实践教学内容。理论课教学可以采用讨论式教学、案例式教学、专题式教学等方式实时和适时地融入实践教学的内容中,这样既可以让大学生在理论课中"活起来",又可以让大学生在实践课中"动起来"。另一方面,高校思想政治理论课实践教学的内容需要相关理论教学的知识作为基础和前提。理论思维不同,其价值观念和价值判断自然有所差异,因为实践教学一旦脱离理论的指导,就必然会流于形式。质言之,只有抓住高校思想政治理论课理论教学与实践教学在协同育人内容上的衔接点,才能真正让大学生在灵魂深处体悟到马克思主义的理论真谛和实践魅力,切实提升高校思想政治理论课的针对性、有效性与实效性,最终构建起协同育人的"大思政"格局。

(三)历史合力论视域下高校思想政治理论课要实现方法协同

方法是人们在认识世界和改造世界的过程中,为达到一定的目的和期望所使用的活动方式和手段的集合。高校思想政治理论课的方法是依据高校思想政治理论课的目标与内容而确定的,随着目标与内容的变化而变化。高校思想政治理论课目标与内容的多样性与丰富性决定了其方法的多样性与丰富性。正如巴班斯基所言:"教学方法是师生为达到教育和培养人的目的而进

---

① 甄卓铭:《理论教学与实践教学的同构关系》,《现代教育科学》2011 年第 5 期。

行的相互联系活动的方式,由于活动的方式和性质是多方面的。所以,教学方法也是多种多样的。"①高校思想政治理论课的方法是接通此岸与彼岸的中介和桥梁,为了更好地提升高校思想政治理论课协同育人的效果,就必须在目标与内容的指导下,综合运用多种方法和手段,达到多种方式方法之间的相互协同、相互配合、相互促进,增强协同育人实效。

但是,高校思想政治理论课的方法协同,并不是多种方法和手段的简单叠加,而是致力于催生方法之间的"化学反应"和"新的力量",实现方法与方法之间的真正融合。"许多人协作,许多力量溶合为一个总的力量,用马克思的话来说,就造成'新的力量',这种力量和它的一个个力量的总和有本质的差别。"②所以,高校思想政治理论课的方法协同不是方法的纯粹杂糅,而是要为方法的协同创造充分的条件,以期通过方法协同助推教育内容协同,进而实现教育目标协同。首先,高校思想政治理论课的方法选择要有精准性,这个精准性不仅指涉教育方法的独特性,也指教育方法的适用性。只有这样才能实现教育方法与教育内容和目标的精准对接。其次,高校思想政治理论课的方法选择要有整合性。在追求方法选择的精准性后,更应该强调方法选择的整合性。整合性是协同育人机制的独特优势,更易于催生"1+1>2"的整体功效。最后,在高校思想政治理论课方法协同的具体措施上,用好高校思想政治理论课这一"主渠道"的同时,也要用好其他多渠道的育人手段和方式。用"配合战"取代"单兵作战",用"多向发力"取代"单向输出",才能使高校思想政治理论课与其他各类课程同向同行、同向发力、协同联动,进而切实提升高校思想政治理论课的感染力、亲和力和渗透力。

(四) 历史合力论视域下高校思想政治理论课要实现环境同构

环境是人赖以生存、发展的各种因素的集合。人的生存、发展、交往都在环境中进行,与环境有着密切的联系。环境不仅包括了自然环境,更重要的还

---

①　[苏联]巴班斯基:《论教学过程最优化》,吴文侃等译,教育科学出版社 1982 年版,第9—10 页。

②　《马克思恩格斯全集》第 20 卷,人民出版社 1971 年版,第 139 页。

包括了社会环境。环境对人的作用,在很早就引起了人们的重视和关注。孔子指出的"性相近也,习相远也",荀子所谓"蓬生麻中,不扶而直;白沙在涅,与之俱黑",就是对此最好的印证。而高校思想政治理论课所要求的环境是一个特殊的环境系统,其特殊性体现在,只有当其对高校思想政治理论课教学活动以及教育对象的思想品德产生影响时,才会被认定为高校思想政治理论课所要求的环境。也即,高校思想政治理论课所要求的环境是由整个自然环境与社会环境中那些与高校思想政治理论课教学活动以及教育对象的思想品德有密切联系的因素所组成的。

高校思想政治理论课的环境系统是一个具有动态性、特定性、可创性特征的复杂巨系统,不仅包含物质环境、文化环境,还包含了技术环境。在高校思想政治理论课协同育人的系统中,育人环境既是影响高校思想政治理论课协同育人的外部制约因素,也是其客观基础与现实场域。因此,在历史合力论视域下推动高校思想政治理论课实现环境同构,不仅是实现协同育人的逻辑必然,也是逻辑使然。

首先,要构建良好的物质环境,以奠定高校思想政治理论课协同育人的物质基础。物质环境是实现协同育人所必需的物质条件的集合。马克思指出,"物质生活的生产方式制约着整个社会生活、政治生活和精神生活的过程。"①没有物质环境的支持,任何育人活动都难以顺利进行。一方面,高校思想政治理论课不应仅仅囿于传统课堂教学所使用的物质器具,而应该积极与现代多媒体设备相结合,推动高校思想政治理论课教学的现代化转型。另一方面,要加强高校思想政治理论课协同育人的实践基地建设,通过建设红色基地、实践育人基地、创新创业基地,为高校思想政治理论课协同育人的顺利开展提供良好的互动交流平台。

其次,要构建良好的文化环境,以助推高校思想政治理论课协同育人质量。高校的文化环境不仅包括校风校训、师风师德、院系文化等文化观念,还包括以校园活动为主要内容的外在文化和以规章制度为主体的制度文化等。

————————

① 《马克思恩格斯文集》第 2 卷,人民出版社 2009 年版,第 597 页。

高校本身就蕴含着丰富的文化元素,但其又深受文化环境的熏陶。这就需要构建良好的文化环境,推动环境系统各要素之间的协同配合,整合多种文化资源,培养各方育人合力,为高校思想政治理论课协同育人营造一个良好的文化氛围。

最后,要构建良好的技术环境,以强化高校思想政治理论课协同育人效果。在高校思想政治理论课协同育人的过程中,要利用好网络信息技术在传播时空上的即时性与广泛性,在传播内容上的可视性与丰富性,强化协同育人的感染力与渗透力。

总之,新时代只有推进高校思想政治理论课物质环境、文化环境和技术环境的协同联动,形成叠加效应,实现环境同构,才能为高校思想政治理论课提供正向的外部支撑,进而真正促进协同育人的内涵式发展。

二、组建高校思想政治理论课协同育人的多元队伍

习近平总书记指出,要"整体推进高校党政干部和共青团干部、思想政治理论课教师和哲学社会科学课教师、辅导员班主任和心理咨询教师队伍建设,保证这支队伍后继有人、源源不断"①。建设多元参与的协同育人队伍是推进高校思想政治理论课协同育人的必由之路。育人队伍的协同既不是各种育人队伍完全融为一体,也不是一支队伍从属于另一支队伍,而是要坚持育人队伍的协同联动,凝聚全员力量,具体表现为建设协同育人的领导队伍、协同育人的教师队伍、辅导员与思政课教师的协同育人队伍,等等。只有加强高校思想政治理论课协同育人队伍建设的顶层设计与建好角色转换通道,鼓励队伍间的交流与合作,推动其走向有机融合,才能更好地激发高校思想政治理论课协同育人的内生动力。

（一）历史合力论视域下高校思想政治理论课要推动建设协同育人的领导队伍

首先,要建立切实有效的领导机制。校领导、院领导可以进课堂为高校大

---

① 《习近平谈治国理政》第二卷,外文出版社 2017 年版,第 380 页。

学生做思想政治教育的专题报告,以此来把握高校师生真实的学习情况和思想动向。领导机制中不仅要有校领导的积极参加,还要有各级行政部门领导的积极配合,实现领导部门横向与纵向之间的协同联动。其次,要建立统一的协同体系领导机构。领导机构要做到以协同联动促共识,"德"与"才"兼备,理论与实践相统一。高校党委书记和校长是落实立德树人根本任务、加强高校思想政治理论课协同育人的第一负责人,要根据高校现有的实际状况、自身特色与优势并结合自身的工作经历和学科背景,发挥表率作用,带头走进思政课堂,听思政课、讲思政课,形成以高校党委领导以及各层级行政部门通力合作的"大思政"格局。最后,要建立科学有效的考核与评估机制。考核是评估的基本前提,对高校思想政治理论课领导机构和工作队伍的考核与评估,是调动其工作积极性、创造性与主动性的必由之路。作为落实高校教师与领导机构主体责任的审核标准和高校思想政治理论课建设的顶层设计,构建常态化的评估与考核机制对于构筑"大思政"工作机制意义重大。总之,高校党委必须具备做好高校思想政治理论课协同育人工作的紧迫感、责任感与危机感,切实发挥其统领作用,建立健全有序运转且权责明确的工作机制,增强育人合力,才能有真正地发挥其领导队伍的领导力、凝聚力和战斗力。

(二)历史合力论视域下高校思想政治理论课要推动建设协同育人的教师队伍

教师队伍是人类灵魂的工程师,是高校思想政治理论课协同育人的重要力量。办好思想政治理论课的关键在教师。首先,要加强对高校思想政治理论课教师队伍综合素质的提升。2019 年,习近平总书记在学校思想政治理论课教师座谈会上强调,新时代高校思想政治理论课教师要坚持"六个要",即"政治要强、情怀要深、思维要新、视野要广、自律要严、人格要正",[1]这为高校思想政治理论课教师队伍的发展方向擘画了明确的时代坐标。一方面,高校

---

[1] 《习近平主持召开学校思想政治理论课教师座谈会强调:用新时代中国特色社会主义思想铸魂育人　贯彻党的教育方针落实立德树人根本任务》,《人民日报》2019 年 3 月 19 日第 1 版。

思想政治理论课教师队伍要具备增强自身综合素质的主动性、积极性和自觉性。传道者自身首先要信道、明道。高校思想政治理论课教师队伍不仅要真信、真懂还要敢真用，要做政治素质过硬、基础理论扎实且业务素质精湛的思想引领者。另一方面，要落实高校所有教师的育人责任，"以德立身、以德立学、以德施教"①。致力于在专业课程中讲出"思政味"，在"自律"和"他律"的统一中，追求从"自制"到"自知"进而达到"自胜"的精神状态。其次，要发挥高校思想政治理论课教师队伍的主导作用，提高其政治素养、理论素养、身心健康素养，克服"本领恐慌"，提升协同育人实效。其一，提升高校思想政治理论课教师队伍的政治素养。"讲政治"是高校思想政治理论课的题中应有之义。高校思想政治理论课是高校意识形态工作的主阵地，因此思政课教师不仅要"能讲政治""会讲政治"，还要"讲好政治"，在政治立场、政治方向、政治原则和政治站位上要与党中央步伐一致，强化政治责任、政治担当和政治素养。其二，要提升高校思想政治理论课教师队伍的理论素养。高校思想政治理论课不仅是"讲政治"的理论课，还是讲马克思主义基本理论的关键课。理论素养是高校思想政治理论课教师协同育人的基础性本领和技能，要时刻增强理论学习的深度、广度与厚度，为协同育人积聚内生力量。其三，要提升高校思想政治理论课教师队伍的身心健康素养。身心健康是高校思想政治理论课教师队伍协同育人的基础和前提。思政课教师强健的体魄是其驾驭各种繁重教学工作和科研任务的重要前提，而思政课教师的健康心理和健全人格则是其协同育人的关键所在。总之，高校必须牢牢掌握立德树人这一中心环节，在遵循主流统领原则的前提下，坚持共生、共在、共振、共轭、共享的具体原则，整合教师队伍，发挥"全员"即全体教职工以及校外专家学者之间育人队伍的协同，实施高校思想政治理论课人才培养计划，推动思想政治教育内涵式发展。

---

① 《习近平在全国高校思想政治工作会议上强调：把思想政治工作贯穿教育教学全过程开创我国高等教育事业发展新局面》，《人民日报》2016年12月9日第1版。

（三）历史合力论视域下高校思想政治理论课要推动辅导员和思政课教师协同育人

高校辅导员与思想政治理论课专职教师是高校思想政治理论课最为关键的两大育人主体。因此，提升高校思想政治理论课育人实效和协同效应，离不开二者的通力合作和相互协调。

首先，高校辅导员要积极主动地参与到思想政治理论课教学过程中。高校辅导员是一支特殊的队伍，扎根于学生日常生活之中，与学生线上线下频繁接触，使得其与高校大学生建立了深厚的感情，也使得其更了解学生的现实诉求。这种丰富的阅历是高校辅导员在高校思想政治理论课上最直观、最生动、最鲜活的素材，更容易与学生产生共鸣，容易将其置于宏观理论学习与微观现实生活、长期目标与近期目标、抽象目标与具体目标的现实关联之中。从正面价值引导层面观照，这是高校辅导员进课堂所独有的优势；但从辩证的维度观照，这往往也是辅导员进课堂的劣势所在。由于年龄相仿，不论在"第一课堂"还是在"第二课堂"中，高校大学生似乎总是与辅导员存在着天然的亲近感，这就使得辅导员队伍成为高校大学生"排忧解难"和情感倾诉、宣泄的主要对象。但由于辅导员扎根于日常生活，往往理论积累较弱，面对一些政治性、理论性的尖锐问题往往容易顾此失彼、应接不暇。当其不能做到以情动人、以理服人，不能彻底说服学生的时候，学生内心的情感期待与现实状况的强大落差就会加速高校思想政治理论课协同效应的消解。所以，加强高校辅导员队伍的专业化与职业化建设，推动高校辅导员队伍在真正意义上走进"思想道德与法治"等思政课中去，是打造"有风景的思想政治理论课"的题中应有之义。

其次，高校思想政治理论课专职教师要积极参与到"第二课堂"即日常思想政治教育过程中。高校思想政治理论课的理论教学时间总是有限的，日常思想政治教育则贯穿高校大学生整个学习过程，占据高校大学生从入学到毕业的大部分时间。作为办好思想政治理论课的关键主体，高校思想政治理论课专职教师不应只囿于理论教学这一有限时空中，积极投身于日常思想政治教育实践教学中,才是其"因势而谋、应势而动、顺势而为"的实然与应然之措。

最后,要创设协同育人平台,推动辅导员和高校思想政治理论课专职教师实现双向互动。不论是辅导员参与到"第一课堂"中,还是高校思想政治理论课专职教师参与到"第二课堂"中,其背后蕴含的都是二者实现双向互动、资源共享、协同育人、互通有无的必然逻辑。具体而言,表现为辅导员与高校思想政治理论课专职教师的"将心比心",即辅导员具备思政课专职教师的职业思维,思政课专职教师具备辅导员的日常思维。只有如此,才能避免二者在协同育人过程中所产生的"道同却不相为谋"的反效结果。

总之,辅导员在与高校思想政治理论课专职教师协同育人中的短板可以通过二者协同育人本身来弥补;对于理论功底存在短板的辅导员,可以采取"以师带徒"的方式,通过旁听、助教等具体方式加以弥补;对于实践功底较强的辅导员,可以与高校思想政治理论专职教师"各司其职",采用"1+1"的教学方式,辅导员可以侧重于实践教学的内容,而高校思想政治理论专职教师可以侧重于理论教学的内容。只有二者打好协同育人的"混合拳"和"组合拳",才能催生更加强劲的育人势能。

(四)历史合力论视域下高校思想政治理论课要推动全方位协同育人

高校思想政治理论课协同育人是一项复杂的系统性工程,仅仅依靠单个部门和机构难以真正发挥育人合力,产生育人实效,这就在一定程度上要求全方位协同育人的出场。首先,要推动高校各部门之间协同育人。高校是思想政治理论课协同育人的主要阵地,高校内部各系统各要素之间是否形成一套完整、有序、协同的运行机制至关重要。在高校内部各系统各要素的实际运行中,思想政治理论课教学部门主要负责"第一课堂"的理论讲授,而走下课堂就几乎不用承担育人职责;学生工作部门主要负责高校大学生活动式教育,忽视理论的积累和经验的总结提升,容易导致理论教学与实践教学的脱节;党委工作部门主要负责党建工作,缺乏协同育人的主动意识。各部门各司其职是高校思想政治理论课协同育人的基本前提,但极端化的"各司其职"带来的各部门近乎"原子"的游离状态,看似有序,实则松散无序。而要实现各部门的育人合力,就需要合理分配、合理流动,最大限度地发掘校内各部门的育人潜力,激发育人合力。其次,要推动高校与基地之间协同育人。校地协同育人是高校思想政治理论课全方位协同育人的重要组成部分。在以往高校思想政治理论课的教学过程中,承担实践教学内容的单位并没有获得更多的有形和无形资源,相反所承担的实践教学内容却容易给其带来意料之外的风险和难题。这就在一定程度上降低了承担实践教学内容单位的积极性和主动性,进而拉低建设实践教学基地的水平和进度。而要解决这一内在张力,就需要找到高校与实践教学基地的利益契合点,处理好高校与实践教学基地之间的利益关系,使二者在双向受益的基础上建立良性的互动关系,重新厘定彼此的权利和义务,才能发挥出校地联盟的育人合力。再次,要推动校际协同育人。高校与高校之间并非只有绝对的竞争关系,资源共享、信息互通、优势互补是新时代对高校思想政治理论课提出的现实要求,只有建设良性互动的校际联盟,才是新时代实现高校思想政治理论课协同育人的必然之举。最后,要推动高校与地方政府之间协同育人。高校是推动思想政治理论课协同育人的主角,但是不论是高校各部门之间的协同育人、校际协同育人还是校地协同育人,都离不开地方政府的调控、监督与"在场"。例如,在校地联盟中,地方政府不仅可以在权利与义务方面重新规定,还可以在有形与无形资源上提供政策性支持,提升校地互动的积极性与主动性,缓解内在张力。总之,高校思想政治理论课协同育人不是一蹴而就的,更不是通过"单打独斗""单线作战"来实现的,唯有在目标一致性的引领下实现优势互补、逻辑互通,共同推进协同育人,才能真正使其落地落细落实。

三、搭建高校思想政治理论课协同育人的聚合平台

"平台可以促进多方主体相互之间的了解,有效激励多方群体之间互动,实现多主体资源共享、合作共赢,达成平台多方主体共同愿景。"① 质言之,平

---

① 李友富:《论整体协同把握思想政治教育的三个着力点》,《学术论坛》2015 年第 5 期。

台建设是高校思想政治理论课协同育人工作的重中之重。高校思想政治理论课协同育人必然要以实践为抓手,不断建构与拓展协同育人平台,重点培育与发展特色平台,创设高校思想政治理论课协同育人的大格局和新境界。

（一）搭建数字化施教平台

教学环节是高校思想政治理论课协同育人的核心,包括教学理念树立、教学方案设计、教学过程实施以及教学实效评估。搭建科学化、多层次、信息化的教学平台是高校思想政治理论课协同育人的关键所在。一是在线检测平台。大数据时代的技术变革使得高校思想政治理论课协同育人规律揭示、态势研判以及方案设计成为可能,也促使高校思想政治理论课呈现出精准化与精细化发展动势。高校思想政治理论课协同育人主体要积极引入新技术和新媒介,用新兴网络科技为高校思想政治理论课教学赋能,以数据体量的丰富性增进高校思想政治理论课教学内容的多元性,以数据研判的可视性增强高校思想政治理论课教学手段选择的针对性,以数据分析的智能性增添高校思想政治理论课教学方案设计的前瞻性。二是在线互动平台。高校思想政治理论课教学是生发于师生或者说教育者和教育对象双主体之间,承载着角色互动、情感交流、思想碰撞的交往和沟通形式,其本质就是一种交互影响和交互活动的过程,在这一过程中,"互动"无疑扮演着极为重要的角色。倘若在高校思想政治理论课教学中互动渠道受限、互动节奏失调抑或互动行为欠佳,不仅会影响育人工作的实施和开展,还会严重干扰协同育人工作的全面落实。故此,高校要不断引入课堂即时互动媒介,创设新颖多元的互动情境,开发中心型互动、发散性互动等多种互动方式,强化学习个体与教学中介的交互作用,以满足教育对象自我表达、意见反馈的学习需求,从而形成师生互动、生生互动的教学氛围,实现高校思想政治理论课教学共振效果的最大化,夯实高校思想政治理论课协同育人的内在根基。三是在线教学平台。随着网络通信的更新迭代和视听技术的飞速发展,计算机网络早已从最初的局域网、城域网迈入广域网,数字、图像以及音频在计算机之间得以广泛传递。进而言之,高校思想政治理论课教学不再仅仅局限于特定的时空畛域之下,开始不断拓展"教学版图"和"教育场地"。此时,在线教育抑或远程教育以强势姿态开创了新的教育教学时代,给高校思想政治理论课协同育人带来了前所未有的契机。高校思想政治理论课教学应准确识变、科学应变、主动求变,在变局中洞察新机,搭上在线教育飞速发展的列车。一方面,高校应做好在线教育行业分析,选择优质的在线教育平台开展深度合作,促进高校思想政治理论课教学知识传输场域的拓展和知识输出渠道的多元化。另一方面,高校应积极开拓校际教学合作,打造形式多样、内容多元、主题多维的高校思想政治理论课堂,催化协同教学的育人实效。

(二)搭建信息化共享平台

"思想政治教育沟通活动是思想政治教育者与受教育者的精神共享,共享是二者关系的核心内容,也是处理二者关系的重要原则"①。毋庸置疑,人的智慧是在共享中相互促进、相互增辉的,人类社会发展与文明进步也离不开精神、知识和经验的共享。同样地,作为追求真理、思想启蒙、价值引领的育人课程,理论知识、技术手段、经验积累、科研成果在高校之间的流动和交换,也是高校思想政治理论课协同育人工作的重要环节。进而言之,要构建高校思想政治理论课协同育人信息共享平台,必须把握好三个着力点。第一,保障共享数据来源的真实性。大数据时代,海量信息极大地丰富了虚拟世界的信息元素。然而,伴随着网络技术的飞速发展,人们逐渐摆脱传统意义上的社会约束,自由畅快地表达、传播、吸收各式各样的数据和信息,在实现数据资源多元化和丰富化的同时,也衍生出诸多信息假象和信息骗局。为更好地处理信息海量化与信息真实性的矛盾,高校思想政治理论课协同育人工作要在数据爬取和数据过滤上多下功夫,采用规范的调查手段,严格追溯信息来源,窥察数据处理过程,预判数据整体动态,力求剔除虚假、夸大、异常的数据信息,维护平台数据生态,确保协同育人共享平台数据的真实性和可靠性,提升协同育人共享平台的数据供给质量。第二,保障共享数据资源传输的规范性。"网络

---

① 谷佳媚:《思想政治教育沟通的理论反思与建构》,人民出版社 2014 年版,第 220 页。

的本质在于互联,信息的价值在于互通"①。互联网时代数据资源时常处于流动状态,数据资源的价值就是要在频繁流转的过程中加以体现。换言之,正是数据资源的传导和流通带动了几乎所有领域发生了以科技、智能、泛在为特征的群体性技术革命。同时,信息资源作为 21 世纪最为宝贵的财富,总有妄图牟取非法利益的人违反信息传输规则,侵入信息库盗用甚或泄露信息,这也给高校思想政治理论课协同育人资源共享平台的搭建敲响了警钟。因此,高校要高度重视信息安全问题,严格执行校园网络实名管理和平台准入核验,继而借助大数据技术实时记录、全程追踪、精准分析、自主智能的优势,将信息传输纳入特定的在线程序,探索高校思想政治理论课协同育人数据资源共享平台信息传输的行为规范。第三,保障共享数据资源利用的互惠性。高校思想政治理论课协同育人资源共享平台旨在帮助相关工作者在最短时间段内获得更为优质更为多元的有效信息,大幅压缩不必要的工作投入和精力耗散,提升协同育人工作者的积极性和主动性。但若要保持高校思想政治理论课协同育人资源平台的健康发展,还要建立良好的"生态体系",形成灵活、完整的信息生产链,确保信息资源共享平台的信息再生和更新,形成一定的聚集效应和规模效应。这意味着高校在平台建设时要充分考虑数据资源的公益服务,及时将围绕高校思想政治理论课协同育人工作的数据资源公布在共享平台上,以供协同育人主体参考和使用,也可在数据资源平台中积极推动联合性信息开发项目,吸引更多人参与到数据资源共享平台的建设和发展之中,厚植高校思想政治理论课协同育人工作开展的信息土壤。

（三）搭建科学化管理平台

得益于大数据、云计算和区块链等前沿信息技术的发展,数据驱动之下的用户管理、内容管理、配置管理、过程管理、运维管理、监督管理已然成为高校思想政治理论课协同育人工作管理平台的发力点和突破口。为进一步提升管理要素在协同育人工作系统中的工作效能,要加快高校信息化、智能化、精准

---

① 《习近平谈治国理政》第二卷,外文出版社 2017 年版,第 534 页。

化的管理平台建设,推动协同观念与管理实践的有机融合,构建系统灵活的管理模式,提升高校思想政治理论课协同育人管理工作的效率和质量,压实高校思想政治理论课协同育人工作的管理责任。首先,以技术逻辑为驱动,创建基础数据管理平台。数据管理作为高校思想政治理论课协同育人工作的重要构成,对协同过程的运行和协同目标的实现有着重要作用。具体而言,协同育人基础数据管理平台主要负责协同育人主体的身份信息、协同育人基金的收支信息、协同育人方案的运作信息以及协同育人实效的反馈信息的收集、核验、整理和归纳。在高校思想政治理论课协同育人的过程中,高校应坚持人性化、开放性、安全性和可伸缩性原则,严格遵循教育部和地方教育资源平台建设的相关标准和规范,加大数据管理平台建设的技术投入。例如,在高校思想政治理论课协同育人基础信息管理平台内采用加密技术等。其次,以过程逻辑为主导,建设协同过程管理平台。"实践是一个永无止息的发展过程"①。高校思想政治理论课协同育人工作是一个在探索中不断寻求突破的实践过程,必然要经历量变向质变的积累和飞跃,这意味着协同育人过程会呈现出鲜明的阶段性特点。倘若忽视对过程的阶段性识别和差异化管理,高校思想政治理论课协同育人的精准化和针对性便成为一句空话。故此,高校要将各学院、各部门、各级党组织、行政后勤部门联动起来,做好协同过程的评估和预测工作,以便为协同育人主体依据协同过程中要素的阶段性变化及时调整协同策略提供参考,切实增进高校思想政治理论课协同育人管理工作的科学性。最后,以系统逻辑为导向,开发协同资源配置平台。作为一个多重要素参与多维领域联动的系统工程、战略工程、固本工程和铸魂工程,高校思想政治理论课协同育人资源配置直接关系到协同工作的开展效率和运行状态。为提升高校思想政治理论课协同育人过程中人力资源、物力资源以及信息资源等配置的合理性和可行性,要建立专业的协同资源配置平台,落实科学性、安全性、规范性等要求,通过确定资源版权、设定资源配比、组建共享区块链、开展电子化监督等方式,实现协同育人资源的全流程透明化管理,让协同资源可以在法理和伦理

---

① 《胡锦涛文选》第一卷,人民出版社 2016 年版,第 315 页。

的限度内被充分利用。

（四）搭建多元化实践平台

"思想政治工作解决思想问题的同时,更要解决实际问题"①。当前,理论脱离实际、实践环节薄弱、产学研脱节是高校思想政治理论课协同育人普遍存在的问题。因此,高校思想政治理论课协同育人要着力构建教学实践平台、校企合作平台、科技创新平台,以整合实践平台建设为重点,全力搭建有吸引力、高品位的协同育人实践阵地,打造具有综合性、系统性、实践性和创新性的特色实践项目,扎实推进高校思想政治理论课协同育人工作的实践进度。

首先,要成立多维主体实践联盟。众所周知,实践平台的搭建不是单个主体能够独立完成的工作,必然要多主体参与共建过程,积极贡献智慧和力量,不断扩大实践平台的受众范围。第一,要进行实践环节的差异化布局。在推进高校思想政治理论课协同育人工作的过程中,企业、政府和院校等主体单位性质不同,资源不同,责任不同,但其在推进协同工作进步方面的目标是一致的。故此,要实现协同主体的协作联动和协同管理,不断优化实践方案,实行差异化布局。所谓差异化布局,是指高校思想政治理论课协同育人主体以某种方式参与到协同实践平台的建设,充分发挥各自在课程资源、教学工具、运营服务、学习管理、产品创作和成果转化等方面的实践特性。第二,要保障实施路径的合理化策略。实践联盟要强化对高校思想政治理论课协同育人工作的全局性认识、系统性规划和统领性实施,以协同育人实践平台为载体,将分散资源集中起来,消除实践联盟中杂乱、无序、异构和封闭的弊端,形成管理科学化、配置最优化和多主体集成化的实践模式。

其次,要重点发展特色实践平台。一是坚持"以实践活动为载体、以主体服务为对象、以实践应用为目的、以多向合作为导向"的行动宗旨,打造一批具有高校特色的实践平台,承担高校思想政治理论课协同育人信息的生产、分

---

① 艾四林:《充分发挥马克思主义理论学科在协同育人中的作用》,《学校党建与思想教育》2017 年第 23 期。

享、传播、积累和使用。二是高校应尽快融入融媒体时代的发展变革,打通校院级、校际、校企之间以及不同媒介之间的沟通渠道,推进各主体单位协同工作团队的沟通协作,努力促成高校思想政治理论课协同育人工作室的建成。三是高校可通过组建"协同工作室"的形式将校内与校外相关部门的协同力量调动整合起来,力求实现资源一体化、形式多元化以及行动高效化,打造从协同创意到技术选择的协同育人"实践基地",进一步推进高校思想政治理论课协同育人主体的深度融合。

最后,要组建专业协同研究机构。"一个新的科学理论的提出,都是总结、概括实践经验的结果。"①进而言之,综合科研能力是高校思想政治理论课协同育人工作实践的重要一环。高校应在协同育人科研平台建设方面,增加研究人员配备,增设研究中心,增加研究设备,进一步密切科研与教育之间的结合,开展深层次和多领域的科研合作,竭力攻克具有全局性、普遍性和战略性的协同育人重要理论课题和技术瓶颈,提升协同育人研究成果的实践转化率和利用率。

四、构建高校思想政治理论课协同育人的联动场域

高校思想政治理论课协同育人场域是一个开放的系统,涉及课堂内外、校园内外、网上网下、新旧媒体等多种场域,不仅需要协调好各场域之间的相互作用,强化对协同场域的整体治理,还要对场域发展进行理性引导。

(一) 构建互动互促的课堂场域

无论高校的育人场域处于怎样的实践条件下抑或以何种状态横向拓展,课堂始终是对思想政治理论课协同育人工作的主导型渠道,有着区别于其他协同育人子场域的特质。上好思想政治理论课始终是对思想政治理论课教师的基本要求,是协同育人工作的使命之所在。但是,思想政治理论课课堂绝非简单的知识灌输,而是基于对课程内容的深刻把握,讲求高超的授课艺术,依

---

① 《邓小平文选》第二卷,人民出版社 1994 年版,第 57—58 页。

托现代科学技术发展,注重情感交融互动,具有高度的技巧性和复杂性。要牢牢把握高校思想政治理论课协同育人课堂场域的主导权,就要在课堂教学、情感互动方面下功夫。

就课堂教学层面看,高校思想政治理论课协同育人课堂场域建设应坚持以马克思主义立场、观点和方法奠定课堂主基调,用经典启迪智慧,用理论指引方向,厚植课堂场域建设的理论根基;应坚持以习近平新时代中国特色社会主义思想引领课堂主旋律,直面时代课题,解读当下热点,凸显课堂场域建设的时代特色。同时,为推动高校思想政治理论课协同育人工作的深入发展,要不断增强思想政治理论课协同育人的统一性。具体来讲有如下四个方面:一是教学目标的统一。教学目标是高校思想政治理论课课堂的行动导向,在教学活动中具有不可替代的重要地位。面对协同育人的工作要求,大力推动高校思想政治理论课协同育人课堂场域建构,就必须紧紧围绕思想政治理论课的总体教学目标,着眼各门课程的具体教学目标,强化对教学内容、教学方法、教学体系的探索和创新,打牢高校思想政治理论课课程协同的基础。二是课程设置的统一。课程设置是高校思想政治理论课课堂的行动指南,在课堂场域建设中具有统领性地位。但当前高校思想政治理论课的课程设置存在整体性不强、内容交叉重复等问题。为保障协同育人工作的稳步推进,应严格遵守教育部相关改革方案,消除课程设置层面的协同壁垒,打造"思政课程"与"课程思政"有机统一的课程体系。三是教材使用的统一。"培养出好的哲学社会科学有用之才,就要有好的教材。"①教材是高校思想政治理论课课堂的行动范本,是协同育人课堂场域建设的重要保障。为聚合高校思想政治理论课协同育人的优质资源,应坚持教材的统一编写、统一使用,尤其是在通识类课程教材的编撰上要加强学校、出版机构以及权威学者之间的沟通商榷,力求提升教材的权威性、导向性、辐射性,形成适应中国特色社会主义事业发展要求、立足学术前沿、贴近现实生活的教材体系,扎实推进高校思想政治理论课协同育人课堂场域的建设进程。四是教学管理的统一。教学管理是高校思想政治

①　《习近平谈治国理政》第二卷,外文出版社2017年版,第345页。

理论课课堂的中心环节,抓好教学管理是协同育人的重要举措。具体而言,要强化教学管理的组织领导,强化各部门各单位各负其责、相互配合,形成各部门各方面齐抓共管的工作格局;要强化高校思想政治理论课教师的理论培训与实践研修,推出精品教学案例,催化示范效应和引领效应;要组建专业的思想政治理论课教学监督队伍,进行高校思想政治理论课随机听课,适时开展教学情况督查,定期总结并公开高校思想政治理论课课堂教学情况的年度分析报告,不断提升高校思想政治理论课教学的质量和水平。

就情感互动层面而论,高校思想政治理论课协同育人课堂场域的建设要以"情"动人,实现师生之间积极的情感互动,增强高校思想政治理论课的课堂魅力。总的来说,情感互动环境之下的高校思想政治理论课课堂是友好的、融洽的、充满感情的,这有利于调动学生的情感,激荡学生的心灵世界,净化学生的思想本真,增进师生之间的情感交流,促进师生之间的观点讨论和思想切磋,使得高校思想政治理论课课堂富有朝气、充满人文气息与活力,既达成高校思想政治理论课的课堂教学目标,又在双向互动式情感体验中实现师生的共同进步、共同发展。要切实增强高校思想政治理论课课堂的师生情感互动,就要明确这种情感互动的特点所在。一是这种情感互动是在一定的情境之中产生的,要具备一定的发生环境和意境营造。二是情感互动的产生和影响具有双向性,是教师情感状态与学生情感状态之间的交互作用与深度融合。三是在情感互动中教师始终处于主导地位,学生处于主体地位,教师作为课堂主导者把握并调节着情感互动的导向和性质。四是情感互动依托于课堂主题内蕴、人物塑造、情感建构和语言艺术等,是认识、情感、意志与人格等多重信息作用的结果。五是情感互动具有两种典型表现形式,即"同向性互动"与"抗性互动"。所谓同向性情感互动,是指师生之间在情感内容和情感目标上具有高度一致性,双方能够在情感互动达成的过程中统一思想、统一行动、步调一致。所谓对抗性情感互动,是指师生之间对情感内容和情感目标的认识要经过一个对立统一的过程。但无论是同向性情感互动还是对抗性情感互动,激发课堂的情感共鸣是其共同的目的所在,提升学生的思想状态是其共同的价值追求。在高校思想政治理论课课堂教学中,基于情感互动效应,应从以下层面出发促进师生的情感互动,以情感的穿透力、生命力和感染力激发深度的情感共鸣。第一,要营造情感互动的场域,建构课堂的情感世界。例如,转变课堂教学传统的文字叙事方式,实现教学内容的动态化呈现,营造情感享受的氛围,以图像、音频等形式提升在场感和沉浸感,使师生得以尽快深度融入特定教学情境之中,触动自我心灵世界。第二,要设置情感互动的内容,深化课堂的情感体验。内容是情感互动之本。高校思想政治理论课教师应对学生的思想特点和认知惯习具有深刻的洞察力,选择贴近学生生活实际、满足学生情感需求点和兴奋点的内容开展教学,进行精准化的情感倾注,提高捕捉学生情感动向的能力。第三,要形成情感互动的感召力,激发课堂的情感磁力。情感是一种无形的力量。高校思想政治理论课教师应注重情感投入的真挚与平衡,借助情感力量触动和激发学生的情感共鸣,呼唤学生对美好世界的追求,从而引发学生的思想认同,促进学生人格的健康发展。

（二）构建健康和谐的校园场域

校园作为高校师生学习、工作的重要场所,具有重要的价值引领功能、思想熏陶功能、人格塑造功能、力量聚合功能、心理调适功能和传播辐射功能。校园场域的建设是高校思想政治理论课协同育人的重要途径,关系到学生思想观念、心理素质、价值取向和思维方式的养成。但值得注意的是,校园场域高校思想政治理论课育人功能的发挥往往是隐性的,具有潜移默化、润物无声的特质。"校园文化具有重要的育人功能,要建设体现社会主义特点、时代特征和学校特色的校园文化,形成优良的校风、教风和学风。"①校园场域是由校园物质文化与校园精神文化构成的,其中物质文化包括办公楼、教学楼、教室、图书馆、体育馆、实验室、校史馆、文化广场、雕塑、绿化校园等基础设施和办公条件,精神文化是指校园文化氛围、精神积淀、校风校训、校园精神、道德规范等。

---

① 中共中央文献研究室编:《十六大以来重要文献选编(中)》,中央文献出版社 2006 年版,第 183 页。

高校思想政治理论课协同育人要构建健康和谐的校园场域,就要从物质文化和精神文化着手。从校园物质文化来看,高校思想政治理论课协同育人校园场域的建设要完善校园基础设施。一是保障校园网络基础设施的覆盖。校园网络是高校思想政治理论课协同育人的重要依托。高校应推进校园网络技术设计,制定校园网络管理方案,做好校园网络的安全自查,切实提升校园网络的安全性和可靠性。二是增设校园活动场地与设备。校园活动场地是高校思想政治理论课协同育人的微场地。高校应增设专门的高校思想政治理论课协同育人活动场地,诸如活动室、研修室等,继而通过制定严格的管理条例,保障活动场地使用的规范性与有序性。从校园精神文化来看,高校思想政治理论课协同育人校园场域的建设要推进校园文明重塑。校园文明是孕育学生思想品德的摇篮,鉴于校园精神文化环境与高校思想政治理论课协同育人校园场域建设的密切关系,高校应努力探索校园文明建设的有效路径。其一,创设具有深邃内涵的校园精神文化品牌活动。"现代社会,品牌的辐射力、影响度和示范性效果非常明显。"[①]高校应注重提升校园文化活动的品牌力、口碑力和引领力,将有思想、有内涵、有意思作为校园活动的举办宗旨,积极筹办和推广内涵丰富、立意深刻、形式新颖的校园文化活动,打造科学化、规范化、可推广的品牌文化活动。只有这样,校园文化活动才能持久稳定地发挥其育人功能,形成自身的品牌特色和品牌效应。其二,举办新颖多样的校园文化活动。校园文化是静态性的存在,只有借助一定的载体和形式才能变得鲜活起来,才能实现功能输出。高校思想政治理论课协同育人场域建设从宏观上要构建物质载体、精神载体、活动载体、实践载体、网络载体在内的载体结构,从微观上看要开展有特色的校内主题活动、学生社团活动以及社会实践活动,诸如志愿者服务、社会调查、理论进社区等,力求在传承校园精神文化内涵的同时,增强校园精神文明建设的时代感,确保高校思想政治理论课协同育人校园场域持续保持向上向好。

---

① 张琦:《基于校园文化活动平台的高校思想政治理论课实践教学探究》,《思想理论教育导刊》2012 年第 11 期。

（三）构建天朗气清的网络场域

随着互联网的快速发展,意识形态领域的新情况和新问题因网而生、因网而增,一些错误思潮以网络为温床不断生成发酵、传播。与此同时,高校思想政治理论课协同育人工作处于一个无边界的自由空间,育人环境建设的复杂程度远超于传统的育人工作。为加快推动网上网下的融合发展,形成线上线下"同心圆",建设高校思想政治理论课协同育人网络场域的主动权和主导权,让网络空间的正能量更强劲、主旋律更高昂,使互联网这个最大变量变成最大增量,为高校思想政治理论课协同育人提供更为强大的精神力量和舆论支持,高校可在网络生产和网络传播两个层面着力推进。从网络生产来看,高校思想政治理论课协同育人网络场域建设要打造网络生产"中央厨房",加速生产融合。针对当前高校网络生产过程中普遍存在的资源共享渠道缺乏、信息同质化严重等问题,各高校应尽快适应互联网时代的发展变革,打通高校之间资源共享渠道,推进高校之间的沟通协作,以组建高校思想政治理论课协同育人网络生产工作室的形式将各领域的生产力量进行调动和整合,实现网络生产环节的资源共享化、制作统一化以及形式多元化,打造从理念设计到技术创作的高校思想政治理论课协同育人网络内容生产"CPU"。同时,高校应坚持"内容为王",打造内容真实、立意深刻的传播内容体系。"一切创作技巧和手段最终都是为内容服务的"[1],高校思想政治理论课协同育人网络场域建设的总体目标是对外传播主流意识形态、宣扬正确的价值导向和道德理念,使得教育对象在网络空间中感受真善美。故此,高校既要着眼于宣介习近平新时代中国特色社会主义思想,讲好讲懂讲活中国共产党治国理政的伟大历程,又要推动反映美好价值理念、社会公德的实践案例走向网络、走向学生。从网络传播来看,高校思想政治理论课协同育人网络场域建设要打造网络传播"多维矩阵",加速传播融合。媒介形态的迭代更新加速了信息传播格局的变革,"去中心化"成为新传播时代的显著特点。对此,高校应强化"共享思维",积

---

[1] 习近平:《在文艺工作座谈会上的讲话》,人民出版社 2015 年版,第 19 页。

极用共享与互动的观念进行内容传播实践,让高校思想政治理论课协同育人主体更多地参与到教育内容传播过程之中,形成巨大的传播合力;应坚持"协同合作",充分挖掘现有的传播媒介,增强协同育人主体联合传播的意识和能力,整合各方传播优势,最大化地释放传播力量;应坚持"舆论主导",剖析教育对象在舆论事件爆发过程中的心理特征、行为动机和参与方式,深刻把握舆论传播规律,洞察舆论发展态势和演变轨迹,牢牢把握网络舆论场的主动权和主导权,始终坚持正确的舆论导向。总之,高校思想政治理论课协同育人网络场域建设既要把握好"生产链",又要构建好"传播链",唯有如此,网络场域的建设才能真正实现提质增速。

(四)构建高效聚合的社会场域

习近平总书记指出,要"把思政小课堂同社会大课堂结合起来"。高校思想政治理论课是传播马克思主义立场、观点和方法的重要渠道,承载着弘扬主旋律、传递正能量的神圣使命,助益于开启全面建设社会主义现代化国家的新征程。当前,高校思想政治理论课置身于社会发展的大局之中,所面临的环境要素更为复杂多变,单靠学校层面的管理和运作已显得力不从心,必须依赖于全社会的共同努力,在多方力量合作下实现共同调控,确保高校思想政治理论课协同育人总场域的平稳运行。第一,全社会要树立协同育人的教育理念,这是构建总场域的重要前提。也就是说,全社会应树立"三全育人"的教育理念,加速社会资源的融合和育人力量的聚合,着力促进学生、学校、家庭、社会"四位一体"的协同联动,一体化构建强化基础、突出重点、落实责任的高校思想政治理论课协同育人格局。第二,全社会要完善协同育人法律法规,这是构建总场域的应然要求。"当今时代,社会思想观念和价值取向日趋活跃,主流的和非主流的同时并存,先进的和落后的相互交织,社会思潮纷纭激荡。"[①]与此同时,高校思想政治理论课协同育人工作也面临着现代化转型所带来的价值观交织激荡和社会思潮纷繁复杂的冲击,心理失衡、道德失范、行为失准和

---

① 习近平:《在全国党校工作会议上的讲话》,人民出版社 2016 年版,第 20 页。

价值取向偏离的现象层出不穷,若不以有效手段加以疏导,极易对高校思想政治理论课协同育人工作产生不可逆的负面影响。为此,党和政府要强化对社会场域的管理,采用必要的行政手段和法律法规有力地防范信息安全风险,切实保障协同育人主体的权利,完善过程监管程序,加快形成依法监管、行业自律、社会监督、规范有序的工作秩序,为高校思想政治理论课协同育人工作的平稳推进保驾护航。第三,全社会要重申协同育人行业自觉,这是构建总场域的有效途径。共识是自觉的基本前提,自觉是认同的集中体现。社会中各行业在是否参与高校思想政治理论课协同育人的问题上具有一定的自主选择性,可以说,对社会责任的理解力和对协同育人价值的认知力决定着各行业对协同工作的参与度。为此,要积极开展理论宣扬和工作动员,使企业、团体组织、社会公众等认识到自身所承担的社会责任,让为党育人、为国育才成为行业自觉;要加大扶持力度,对自觉加入协同育人工作队伍的公司、企业或社会团体提供一定的政策支持和经费保障,激发其投身教育事业和履行社会责任的积极性、主动性和创造性。

五、创建高校思想政治理论课协同育人的保障机制

历史合力论视域下高校思想政治理论课协同育人工作是一个复杂的系统,需要协同育人主体以协同理论为依托,整合各领域教育资源,形成各育人系统内部和系统之间的育人合力,继而通过不断升级协同育人理念,完善协同育人内容,改进协同育人方法,构建科学化的协同育人体制机制,为高校思想政治理论课协同育人各方面工作的优势互补、紧密衔接提供强有力的保障。

(一)建立行之有效的决策机制

决策机制关系到高校思想政治理论课协同育人工作方案制定的科学化、民主化,对决策水平和工作效率亦有着至关重要的影响。为此,高校思想政治理论课协同育人工作应注重决策机制的整体性优化、层次性转换和程序性规范,基于目标指向、组织体系、制度运作来完善决策机制。

第一,提升决策人员的决策能力和决策水平。究其根本,决策人员的决策

能力和决策水平是决策是否具有科学性的重要基础。高校应进一步完善协同育人工作的组织管理,强化组织领导,通过组织专项教育培训提升决策者的理论素养、信息素养、知识素养、能力素养、数据素养、网络素养和心理素养,坚定决策者的政治立场和价值取向,增强决策者进行对象观察、组织管理以及数据分析的能力,最大限度地克服决策者的认知局限和理性限制。第二,实现决策程序运作的规范化与程序化。决策程序是否规范有效是决策水平的重要保障。针对高校思想政治理论课协同育人工作过程中可能出现的决策程序运行不畅甚或决策过程混乱的现象,高校应有的放矢、对症下药,尽可能排除社会环境、组织条件以及个人因素的干扰。在决策目标制定阶段,要最大限度地寻求共识,减少因目标不清而产生的决策分歧;在决策方案设计阶段,要尽可能消除科层制壁垒,建立扁平化组织结构,改变信息自上而下的单向传播,加速信息的传播和流动,充分调动集体智慧,为学校、家庭、企业、社会组织参与高校思想政治理论课协同育人决策过程提供畅通渠道,提升决策的民主化。第三,形成效果导向的决策跟踪与决策反馈。决策实效是决策水平的试金石,没有产生预期的结果或与预期效果相差甚远都表明决策过程的失真、失效,而决策追踪则是科学决策不容忽视的一个环节。高校思想政治理论课协同育人应坚持"效果导向",清醒地认识到一切形式的决策工作归根结底要看最终效果,要对决策执行过程和组织落实情况进行全程追踪和即时分析,并根据反馈信息找出偏差,实施相应的控制手段,继而不断修正决策方案。质言之,高校思想政治理论课协同育人决策追踪实质上是基于新情况和新问题进行的二次决策,与初次决策相比呈现出螺旋式上升的特点。

(二)建立良性互动的联动机制

建立良性互动的联动机制是高校思想政治理论课协同育人工作应对资源有限、竞争失序、管理欠佳、信息壁垒等问题的战略选择,其不仅有助于推动高校思想政治理论课协同育人工作格局的建构,也有利于"三全育人"教育理念的全面落实,还有利于整合有限的教育资源以提升协同工作水平。故此,高校应尽快建立一套指挥统一、反应灵敏、协调有序、运转高效的联动机制,这个机制应包括联动对象选择、联动资源配置以及联动模式建构等方面。

首先,高校应明确联动对象的选择畛域和选择标准。毋庸置疑,并非所有主体都能够被称为高校思想政治理论课协同育人主体,也并非所有对象都适合成为联动合作的对象。因此,高校应有目的、有计划地选择适宜的联动对象。一方面,在对象选择上要充分考虑功能的互补性与协调性。高校思想政治理论课协同育人作为一个多要素构成的系统,每个要素在系统中都应发挥出不同的功能与作用,尽管从量的角度看多元主体的参与能够增强高校思想政治理论课协同育人力量,但仍要从整体发展水平与系统功能分配角度深入分析各主体的优势与劣势,做到取长补短、优势互补、相得益彰。另一方面,在对象选择上要充分预判参与的短期性与长期性。协同育人过程的阶段性变化对协同育人主体的职能要求也会有所不同,因而部分协同育人主体只会参与阶段性的育人过程,对于这类主体高校理应在精准识别的基础上进行精准施策,在政策制定上要凸显针对性和特殊性。其次,高校应明确联动资源的配置标准和配置原则。资源配置是高校思想政治理论课协同育人联动机制构建的核心,是影响联动机制运作的诸多因素中最为重要的一个。所谓的联动资源,就形态差异可划分为有形资源和无形资源,其中有形资源包括技术设备、图书资源等,无形资源包括师资力量、信息资源等。针对当前日益突出的联动资源相对不足与配置失衡等问题,高校应坚持公平性与互惠性的分配原则,通过资源整合和优化配置,提高联动资源的利用率和转化率。最后,高校应明确联动模式的方案设计与建构指南。所谓联动模式,是指高校思想政治理论课协同育人主体之间以何种方式联结起来,换言之,即多元主体之间呈现出怎样的关系网络。总的来说,高校思想政治理论课协同育人联动模式有两种,即单中心型模式与多中心型模式。其中,单中心型模式是指高校思想政治理论课协同育人联动过程中有且仅有一个中央节点负责协同资源配置与协同过程的控制,各节点与中央节点以点对点的方式联结起来,形成辐射式互联结构。多中心型模式则是指高校思想政治理论课协同育人过程中设有多个中心点,且各中心点之间相互连通、相互支撑,形成多中心网络化的拓扑结构。单中心型模式对各节点的控制力要强于多中心模式,但其中央节点所要处理的事务也更为繁杂。反之，多中心型模式有多个高中心性节点可分散处理协同工作，但其弊端也显而易见，多中心之间的协调配合也绝非易事。基于此，高校应充分立足现有的实践条件和工作基础，集思广益、群策群力、凝聚共识，审慎选择风险性最小、可控性最强的联动模式，力求实现高校思想政治理论课协同育人联动工作的效率最大化与联动结构的最优化。

（三）建立导向鲜明的评价机制

"要抓好深化新时代教育评价改革总体方案出台和落实落地，构建符合中国实际、具有世界水平的评价体系。"[①]建立导向鲜明的评价机制是国家治理体系和治理能力现代化对教育领域的要求，既是健全高校思想政治理论课协同育人工作评估体系的重要保障，也是落实好立德树人根本任务的重要环节，有利于转变协同工作管理模式，提升协同过程治理能力。为此，高校思想政治理论课协同育人工作应从四个方面着手推进。

第一，明确评价目标。进行高校思想政治理论课协同育人评价，能够及时发现协同育人过程中存在的不足，为协同育人工作的调整提供参考依据。就短期目标来看，高校思想政治理论课协同育人评价有助于促进协同育人资源的优化配置，提升协同育人过程的管理水平；就长期目标来看，高校思想政治理论课协同育人评价具有培养人才、服务社会的重要功能。高校应协调好评价目标短期性与长期性的内在关系，充分考虑评价目标与社会政治、经济、文化、生态等方面的内在契合，实现评价目标与协同工作目标的高度耦合。

第二，明确评价主体。评价过程本质上就是监督的过程。高校思想政治理论课协同育人工作资源来自政府、社会组织及个人，高校作为协同资源的分配者，有义务接受资源投资者的考核评价。故此，高校思想政治理论课协同育人评价主体应包含两个圈层：一是内部圈层，即参与高校思想政治理论课协同育人的多元主体构成的内部评价结构。二是外部圈层，即以政府、社会组织及

---

① 习近平：《在教育文化卫生体育领域专家代表座谈会上的讲话》，人民出版社2020年版，第4页。

个人组成的"第三方评价机构"。鉴于评价主体分散、评价信息失衡、评价能力存在差异等现状，高校应尽可能吸收专业人士参与评价过程，适时进行信息公开，确保评价结果的可信度。

第三，明确评价原则。评价工作的展开必须以一定的原则为导向。一是要坚持过程性与结果性相结合。高校应依托大数据分析技术，既注重协同育人工作结果的评价，又要将评价工作贯穿协同育人的全过程，提升评价的科学性和连续性。二是要坚持静态性与动态性相结合。高校思想政治理论课协同育人是一个动态、发展的系统，高校的绩效评价体系在制度化和规范化的同时，还应随着协同育人发展进程的演进，实现自身的与时俱进。三是要坚持定性与定量相结合。高校思想政治理论课协同育人评价既要依托大数据等前沿技术成果，用数据说话，又要坚持审慎入微，克服数据假象对评价结果的干扰。

第四，明确评价指标。评价指标是评价工作的核心所在。根据高校思想政治理论课协同育人工作的要素构成与过程演变，评价主体可从五个维度开展评价。一是协同主体参与度，评价主体要分析协同主体参与协同工作的积极性和主动性以及在协同实践过程中的工作投入和工作质量。二是协同决策执行力，要着重考查协同育人各方面工作部署是否得到有效落实，是否产生预期实践效果。三是协同机制成熟度，要对协同育人工作机制运作情况以及运作过程中的风险研判、风险防控以及危机处理能力进行综合评估。四是协同资源整合度，要对资源挖掘和资源配置进行精细分析和精准评估，考察资源使用是否达到预期目标。五是协同实效满意度，可通过问卷调研与半结构化访谈的方式，深入了解主管部门、社会组织等对高校思想政治理论课协同育人工作的满意程度和工作建议。

（四）建立支撑有力的激励机制

高校思想政治理论课协同育人激励机制是指在协同工作的过程中，激励者以协同目标为导向，通过设计适当的奖励形式和惩罚措施来激发协同主体的主观能动性，唤起协同主体的工作热情，促使协同育人主体不断进行自我提升和自我塑造，以饱满的热情和高昂的斗志投入工作。具体而言，高校思想政治理论课协同育人激励机制的建构要从以下四个层面着手。第一,要坚持激励对象的全员性。顾名思义,全员性是指高校思想政治理论课协同育人激励机制理应面向所有参与协同工作的主体和对象,尽可能激活协同主体内部的工作活力。第二,要坚持激励畛域的全程性。高校思想政治理论课协同育人是一项长期性、稳定性的工作,这要求与之相伴的激励机制也应贯穿协同育人工作的始终。第三,要坚持激励方式的多样性。从基本形态来看,高校思想政治理论课协同育人激励方式可划分为物质激励和精神激励,其中物质激励包括奖品、奖金、奖牌、证书等,精神激励包括口头表扬、通报表扬等。从内容导向来看,可划分为正向激励与反向激励。正向激励是指以一定的奖酬形式或适宜的工作环境来激发协同主体的工作积极性,反向激励是指以一定的行为规范和惩戒措施来规范协同主体行为。故此,高校思想政治理论课协同育人要根据现有条件,在多维对比的基础上做到取长补短,选择最为适宜的激励形式,以有效达成协同育人目标。第四,要坚持激励过程的规范性。所谓激励过程的规范性,是指在高校思想政治理论课协同育人的过程中,激励者要以客观指标为激励标准,给予被激励者公平的机会和待遇。高校应建立协同育人主体的专门评审机构和个人评审档案,对评审过程实施动态化和透明化管理,打造公平公正、规范有序的激励机制,为高校思想政治理论课协同育人工作的深入开展保驾护航。

第五章 历史合力论视域下高校思想政治理论课协同育人的价值意蕴

历史合力论深刻揭示了人类社会的发展规律,即人类社会是多种力量相互作用的实然过程和必然结果。以历史合力论观照高校思想政治理论课,其悠久历史和美好未来也"是从许多单个的意志的相互冲突中产生出来的",培养时代新人必然需要"无数个力的平行四边形"共同作用。本研究高擎马克思主义理论大旗,创造性地以历史合力论为研究视域,从历史合力论中汲取丰厚营养以滋润和引领高校思想政治理论课协同育人实践,具有十分重要的价值意蕴,必将有利于在新阶段高质量地构建高校思想政治理论课协同育人新格局,更好地完成党和人民交付的立德树人这一根本政治任务。本章内容将着重从微观、中观、宏观三个层面深入探讨历史合力论视域下高校思想政治理论课协同育人的价值意蕴。

第一节 历史合力论视域下高校思想政治理论课协同育人的微观价值

微观价值主要是指从微观视角和相对狭小的领域揭示客体对主体的价值及其价值表现形式,这是就事物本身影响的范围而言的。思想政治理论课是政治观点、价值观念、道德规范落地落实的关键途径,一直以来发挥着不可替代的育人作用和政治功能。遵循思想政治教育规律和大学生成长成才规律,基于马克思主义历史合力论着力构建协同育人体系,必然能够促使高校思想政治理论课的整体面貌焕然一新,促进教育效果提档升级。

一、协同育人契合了高校思想政治理论课的价值目标

思想政治理论课的价值目标引领着思想政治理论课的具体实践,持什么样的思想政治教育价值目标,相应地就会衍生出什么样的实践过程和结果。思想政治理论课从开设诞生之日起,共产党就为其设定了以人民为中心的价值导向,强调思想政治理论课的根本目标是坚持用马克思主义理论培养和锻造社会主义的合格建设者和可靠接班人,促进人民群众的物质世界、思想世界、心理世界和精神世界的全面协同发展。经过几十年的精心打磨和实践检验,思想政治理论课的价值目标已然变得越发清晰而坚定,更加被人民群众所真心接受和理解、认同和践行。启航中国特色社会主义新时代,坚持问题导向和目标导向相统一,汇聚八方之力加快高校思想政治理论课之力的整合、聚合及调合,形成立德树人的"历史合力",这事实上与高校思想政治理论课的价值目标不谋而合,有助于推动价值目标的顺利实现。

第一,立德树人的"历史合力"明晰了高校思想政治理论课内部各子系统的价值目标。高校思想政治理论课内部各子系统主要是指高校思政课各门课程和思政课教师。通常认为,高校思想政治理论课的必修课程包括"马克思主义基本原理概论""毛泽东思想和中国特色社会主义理论体系概论""中国近现代史纲要""思想道德与法治""形势与政策""中国特色社会主义理论与实践研究""中国马克思主义与当代""习近平新时代中国特色社会主义思想概论"。上述课程在具体的教学目标、教学内容、教学方法等方面各自有其特殊之处,不同年级或专业的学生、不同知识背景的教师对上述课程必然有着自己独特的见解与认知。不同的教育者和受教育者,不同课程的目标、内容和方法,就像是置于同一时空下无数互相交错的力量,只有当这些力量都被归统到立德树人这一根本目标之下,被有序整合为一个力的"平行四边形",才能发挥出各自应有的作用和功效。基于历史合力论构建协同育人路径,一方面既能集中反映思想政治理论课内部各子系统应当追求的价值目标,另一方面也能有效引导相关人员将各子系统的价值目标有机串联起来,进而形成一个清晰的目标群,从而在目标群的指引下乘风破浪、奋勇前行。

第二,立德树人的"历史合力"汇聚了高校思想政治理论课外部各子系统的价值目标。高校思想政治理论课外部各子系统主要是指专业课程、科研、实践等外部育人主体和育人因素。在现实生活中,科研、管理、服务等工作的价值目标和价值追求与思想政治理论课存在差异。如科研处主要组织广大师生开展科学研究,进行项目申报以及结项,使师生在从事科研的过程中不断提升科研能力、享受科研乐趣、创造科研成果;共青团主要根据党的要求和青年特点组织开展各种主题教育,引导广大青年听党话、感党恩、跟党走,不断增强理想信念;辅导员和班主任主要围绕人才培养目标有计划、有组织、有针对性地进行思想教育活动,在学习、生活、恋爱、就业等方面对学生进行全方位指导和服务。但是,殊途同归,"每个意志都对合力有所贡献"①,它们所追求的目标、开展的工作,在根本上都坚持以社会主义主流意识形态为主导,都是为着宣传和普及马克思列宁主义、毛泽东思想和中国特色社会主义理论体系,都是为着促进大学生的自由全面发展,都是为着促进党的路线、方针和政策的贯彻落实和各项任务的圆满完成②。换言之,归根结底,它们都是做"人"的工作。立德树人从来就不是而且将来也不会是思想政治理论课独有的政治"专利",而是家庭、学校、社会与管理、服务、科研等方方面面都应当承担的政治责任,各方人员都必须承担起培育和践行社会主义核心价值观的神圣使命,发挥启迪思想、净化心灵、立德树人的育人功能。根据理论阐释和实证分析所提出的协同育人路径,即树立多维融合的协同育人理念、建设多元参与的协同育人队伍、搭建多式聚合的协同育人平台、构建多层贯通的协同育人体系等,这不仅高度符合构建"十大"育人体系的基本要求,而且能够汇聚并进一步明晰高校思想政治理论课外部各子系统的价值目标,从而有利于外部各子系统人员加深对构建"大思政"格局的理解。

第三,协同育人有利于实现高校思想政治理论课的根本目标和具体目标。按照性质不同,高校思想政治理论课的价值目标可分为根本目标和具体目标,

---

① 《马克思恩格斯选集》第4卷,人民出版社2012年版,第606页。
② 《思想政治教育学原理》编写组编:《思想政治教育学原理》,高等教育出版社2016年版,第370页。

其中根本目标对具体目标起着支配引领作用,具体目标是根本目标在不同层次上的详细展开。高校思想政治理论课的根本目标集中表现为培育德智体美劳全面发展的时代新人,培养中国特色社会主义事业的合格建设者和可靠接班人。具体目标则凸显为帮助大学生准确掌握理论知识、塑造良好的道德品质、提高实践动手能力,形成正确的人生观、世界观和价值观,等等。思想政治理论课如何更加有效地实现思想政治教育的根本目标和具体目标呢?根据历史合力论的基本观点,在方法论上强烈要求学校、家庭、社会、个人等各方力量与思想政治理论课同向同行,努力形成聚合效应。通过积极构建协同育人体系,明晰思想政治理论课内外部子系统的价值目标,合理引导人们的价值预期,科学调配和及时增设育人力量,形成党委统一领导、各部门各方面齐抓共管的育人格局,这势必会大大降低思想政治理论课立德树人的边际成本,从而有利于在实现具体目标的基础上实现根本目标。

二、凝心聚力巩固了高校思想政治理论课的关键地位

恩格斯在致约瑟夫·布洛赫的书信中写道,"历史过程中的决定性因素归根到底是现实生活的生产和再生产"①。这深刻表明,在政治、文化、经济、军事、外交等诸多因素中,经济因素在社会历史发展过程中始终起决定性作用、占据关键性地位。在此,我们不妨以历史合力论来观照高校开设的各类各门课程,相比于其他专业课程和通识课程,思想政治理论课在立德树人方面可以说是独占鳌头,历来发挥着决定性作用,任何时候每一所高校都必须开设并开好思想政治理论课,中国特色社会主义高校不能没有思想政治理论课。根据历史合力论的基本内涵和思想政治理论课的关键地位,不难推导出如下结论:构建高校思想政治理论课协同育人体系,实质上能够凸显和巩固思想政治理论课在立德树人中的关键地位,巩固马克思主义的根本指导地位,继而维护高校意识形态安全。

第一,凝心聚力有利于消除人们长期以来对思想政治理论课的认识误区。

---

① 《马克思恩格斯选集》第4卷,人民出版社2012年版,第604页。

认识误区主要反映的是"掌声和骂声向来都是杂糅并存的。哪里有赞扬,哪里就有诋毁;哪里闪耀着真理,哪里就隐藏着谬误"。当前仍有不少人对思想政治理论课持有抵触、排斥、轻视甚至敌视的态度和情绪,存在价值偏见。比如,有些人在网络空间极力宣扬"工具论",认为思想政治理论课"对于学生专业技能训练以及未来就业没有实质性帮助,挤占了大量的专业教学和学习时间,是与有用的专业课相对立的毫无实际用途的课程"①,大学生成长成才只需要掌握科学文化知识即可,思想道德素质可有可无、可高可低;部分家长、专业课教师和行政管理人员更是怀着"事不关己,高高挂起"的看客心态,"各人自扫门前雪,莫管他人瓦上霜",认为立德树人是学校、思想政治理论课教师、辅导员或党政领导干部的分内职责,与自己无关;而更有甚者,一些居心叵测的人在网络上喊出"减少思想政治理论课的课时量""取消思想政治理论课"等口号。事实证明,这些错误的或片面的看法及做法,已经严重影响和危害到思想政治理论课的健康长远发展,如果不对其加以坚决遏制和彻底清除,高校就不可能顺利完成立德树人这一根本任务,中国特色社会主义伟大事业就会蒙受巨大损失。实施协同育人是经过实践检验过的一种有效解决之道,无疑有利于澄清人们思想上的认识误区。具体来说,一是因为马克思主义历史合力论是科学的彻底的理论,而"理论只要彻底,就能说服人",就能荡涤人心,就能在很大程度上解构并重构人们关于思想政治理论课的思想认识,促使人们在协同育人的实践过程中逐渐产生情感共鸣和价值共识,在不知不觉中发生思想上的良性转变,从而自发地去维护思想政治理论课的关键地位,主动参与到立德树人这一伟大工程中来。二是在于协同育人的关键在于坚持党的集中统一领导。只有依靠党的集中统一领导,依靠科学理论的指导,努力形成"党委统一领导、党政齐抓共管、有关部门各负其责、全社会协同配合的工作格局",我们在任何时候才能有底气化危机为机遇、化"白区""黑区""灰区"为"红区"。

---

① 范宝舟:《破除思想政治理论课认识误区》,《中国社会科学报》2015年7月30日第6版。

第二,凝心聚力有利于消除人们长期以来关于思想政治理论课的实践盲区。实践盲区,即思想政治理论课在立德树人实践过程中看不到、到不了的区域。实践盲区存在的原因之一就在于思想政治理论课这个主渠道受到了时空的限制、支撑和连接主渠道的支渠不通畅。但是,实践盲区不会永恒存在,它具有暂时性和可移除性。只要我们积极贯彻落实党中央关于"守好一段渠、种好责任田"的根本要求,确保主渠和干渠畅通无阻,主流和支流双向流动,小河和大河彼此映照,实现"三全育人""协同育人",相应的就可以极大地压缩甚至是完全消除思想政治理论课的实践盲区。具体来讲,一是全员育人能够压缩实践盲区。办好思想政治理论课,家庭、学校、政府、社会都有责任。思想政治理论课教师打头阵,家长、辅导员、班导师、党政干部、后勤人员、社会杰出人物等齐上阵,形成"一个也不少"的专兼职紧密结合的育人队伍,必将极大地提升育人的实效性。二是全程育人能够压缩实践盲区。全程育人,即在小学、中学、大学循序渐进地开设思想政治理论课,使思想政治理论课贯穿学生从入学到毕业的整个求学阶段①。思想政治理论课不漏掉任何一个培养时段,不缺席学生的任何一段成长过程,这将极大压缩实践盲区,从而巩固思想政治理论课的关键地位。三是全方位育人可以压缩实践盲区。全方位育人,即为了提升思想政治理论课实效,实现学生全面发展,需要各门课程、各个环节协同发力、齐心协力,形成网上网下、课内课外、显性隐性"同心圆"。一旦实现全方位育人,必将有助于提升立德树人的效果。总之,协同育人将有效拓展思想政治理论课的覆盖范围,促使思想政治理论课作为立德树人关键课程的地位得到明显巩固。

三、同频共振避免了思想政治理论课育人力量的耗散

"同频共振"强调的是人们在思想、意识、价值观、实践行为等方面的协调统一。历史合力的大小取决于各个力之间的方向性、联系性和协调性,因此"同频共振"也就充分意味着各个力在方向、联系和协调方面高度一致。历史

---

① 张润杰、齐成龙:《实现全员全程全方位育人》,《人民日报》2020年2月20日第9版。

合力是各种力量同频共振的集结状态和聚合结果。教育者之间、教育者和教育对象之间、教育对象之间全都围绕着"人的德智体美劳全面发展"这一共同目标同频共振，势必会产生令人倍感震撼的育人效应，能够有效避免高校思想政治理论课育人力量的无形耗散。

第一，教育者之间同频共振，将有效避免思想政治理论课育人力量的耗散。一是思政课教师之间同频共振会形成不可估量的育人力量。思政课教师是对大学生进行思想政治教育的主力军，他们长期位于同一个系统里，奋战在同一个战壕里。当他们采取集体备课的方式，有组织地发挥各自的聪明才智共同设计、打磨和优化教案，显然能够提升教案质量，有利于更好地满足大学生的心理需求和成长期待。与此相反，如果思政课教师之间建立起内部壁垒，为了评奖评优陷入恶性竞争，不处于同一频道，不互相通气，不沟通交流，单靠自己的能力和知识备课教学，那么必然会消耗系统内大量的人力、物力和财力，一损俱损，得不偿失。二是思政课教师与专业课教师及其他教育者根据立德树人任务同频共振会形成势不可挡的育人力量。立德树人不是思政课教师与专业课教师或其他教育者之间的"拔河比赛"，完成立德树人根本任务，迫切需要思政课教师和专业课教师及其他教育者组成同一支队伍报名参赛，在党的领导下同西方社会思潮进行"拔河比赛"，循着口令朝着相同方向加足马力、同频发力，形成共振现象。当思政课教师与其他教育者坚持共同的理想目标，心往一处想、劲往一处使、路往一处走，这必将以最少的力量消耗赢得这场攸关党和国家命运生死的"拔河比赛"。

第二，教育者与教育对象同频共振，将在一定程度上减少思想政治理论课育人力量的耗散。作为思想政治教育必不可缺的两个基本要素之一，教育对象是指在思想政治教育活动中作为教育者活动对象的人。事实证明，思想政治理论课没有大学生的积极配合、主动参与，必将成为一场思政课教师自导自演的"独角戏"，毫无实际意义。如果学生经常与老师唱反调、对着干，老师不了解学生的个性特征和真正需求，二者自始至终都不位于同一频道，整个教育过程必然会以失败草草收场。因此，思想政治理论课教师必须坚持"主体性与主导性相统一"的原则，确保自己和大学生之间保持有效的经常的沟通，争取与他们同频共振。当然"一个巴掌拍不响",力是相互的,形成同频共振的育人力量也同样需要大学生自觉更换频道,主动与思政课教师、辅导员、班主任、导师等教育者互动交流,真正从内心认同教育内容、从情感上相信教育者、从行为上支持教育者。总而言之,构建协同育人体系的目的,正是致力于解决二者之间的同频共振问题,一旦该问题得到有效解决,必将有利于思想政治理论课的顺利实施,有助于提升立德树人的针对性和实效性。

第三,教育对象之间同频共振,将有效避免思想政治理论课育人力量的耗散。作为思想政治教育活动的接受者和参与者,教育对象在参与和接受思想政治教育的过程中并不是消极、被动、无为的,而是有目的、有主见、有选择、有创造性的,是具有主观能动性的独立个体。尤其是对当代大学生而言,他们的自我感强烈、个性鲜明,课后可以自由支配的时间比较多。思想政治理论课教师、辅导员、班主任等不可能常伴大学生左右,时时刻刻都对大学生进行思想政治教育。因此,在这个"空档期"施行"朋辈辅导计划",号召大学生之间互帮互助、团结友爱,高年级的学长学姐主动帮助低年级的学弟学妹,党员学生、学生干部主动帮助普通学生、困难学生,学生之间在学业、生活、实践、竞赛、求职、创业等诸多方面形成一种朋辈辅导的良好氛围,主动组团学习马克思主义基本理论,习近平新时代中国特色社会主义思想,党史、新中国史、改革开放史、社会主义发展史,将社会主义核心价值观内化于心、外化于行,与祖国同呼吸共命运、与时代同步伐共奋进,这必将有利于增强思想政治理论课育人力量,实现立德树人力量指数级增长。

综上所述,各个主体、不同力量相互协调、同频共振,一起构成了丰富多彩、生机盎然、卓有成效的思想政治理论课。

四、多方联动壮大了高校思想政治理论课的师资队伍

唯物史观认为创造历史的主体是个体分力和群体合力的融通,人类社会发展是广大人民群众和杰出英雄人物共同作用的过程。毫不夸张地说,思想政治理论课教师扮演的角色实质上就是众人敬仰的英雄人物,正是因为有着这样一群信仰坚定、学识渊博、理论功底深厚的英雄人物,我国的思想政治教

育事业才能顺利进行并取得巨大成就。当然究其本质，英雄人物仍属于人民群众中的一分子，没有人民群众的参与、支持和配合，英雄人物单打独斗、孤军奋战，便什么也创造不出来。因此，思想政治理论课教师在讲好唯物史观的同时必须率先垂范坚持唯物史观，自觉走群众路线，推动建立最广泛的立德树人统一战线，将广大人民群众充分调动起来、组织起来。

第一，多方联动充实了师资队伍的数量。历史和现实表明，高校思想政治教育若要赢得意识形态斗争的胜利，数量充足的师资队伍是必不可少的基本前提。教育部明确规定，高等学校应当按总体上师生比不低于 1∶200 的比例设置专职辅导员岗位，严格按照师生比不低于 1∶350 的比例核定专职思政课教师岗位。然而，调查发现，尽管教育部已经发文明确规定专职辅导员、专职思想政治理论课教师以及心理咨询师的配比率，但实际上很多学校由于多种因素的影响，如学生扩招、编制紧张、学校地理位置偏僻、薪资待遇较低、发展空间有限、办学层次较低等，在短时间内仍无法达到教育部规定的配比标准，"生多师少"的局面将继续长期存在。这无疑严重制约了立德树人工作的顺利开展。因此，通过采取多方联动、协同育人、专兼结合的教育方式，可以在一定程度上缓解当前"僧多粥少""孤岛效应"的尴尬局面，一定程度上填补因专职思想政治理论课教师、专职辅导员人数不足造成的"育人真空"。其中，思想政治教育队伍既包括各级党组织，也包括工会、共青团、妇联等人民团体以及各种社会组织；既包括专门从事思想政治教育工作的思想政治理论课教师、辅导员、学生处工作人员，也包括从事学校教育、新闻出版、文艺工作、社会科学研究等与思想政治教育相关的专业人员；既囊括各级各个社会组织的领导者、管理者，也涵括参与教育活动、承担一定教育任务的杰出人物。[1] 总之，一旦各条战线上的工作人员积极配合、投入立德树人这一根本任务，思想政治教育队伍的数量将会得到极大充实，而呈现出来的育人图景必然是"万马奔腾"，声势浩大。

---

[1] 《思想政治教育学原理》编写组编：《思想政治教育学原理》，高等教育出版社 2016 年版，第 369 页。

第二，多方联动提升了师资队伍的质量。数量影响质量，质量关乎成败。完成立德树人根本任务，不仅需要课程、科研、实践等各司其职、提质增效，而且需要"十大"育人体系之间协同配合，在协同育人中实现高校思想政治工作质量的整体提升。多线联动在充实师资队伍数量的基础上，显然能够很好地提升师资队伍的质量。究其缘由，就在于多方联动的本质是合作式、交叉式、学习式的联动模式，合作共赢是多方联动的本质属性和价值旨归，多元合作的育人过程也是一个取长补短、彼此学习的互动过程。思想政治理论课教师在同其他教育者、管理者、服务者通力合作的过程中，不仅可以减轻自己的教育教学压力，而且能够打破自己原有的固化思维，拓宽知识视野。与此同时，专业课教师在向思想政治理论课教师的"拜师学艺"过程中，也能够了解和掌握到比较专业的立德树人方法，促使个人能力和育人质量得到双重提升。

第三，多方联动增强了师资队伍的力量。恩格斯指出："许多人协作，许多力量溶合为一个总的力量，用马克思的话来说，就造成'新的力量'，这种力量和它的一个个力量的总和有本质的差别。"[1]这充分表明"新的力量"之力大于"单个力量"的简单之和。习近平总书记对此更是旗帜鲜明地说，"团结就是力量"，"每个人的力量是有限的，但只要我们万众一心、众志成城，就没有克服不了的困难"。[2] 具体而论，一是多方联动将增强师资队伍的物质力量。"个人力量（关系）由于分工而转化为物的力量这一现象，不能靠人们从头脑里抛开关于这一现象的一般观念的办法来消灭，而只能靠个人重新驾驭这些物的力量，靠消灭分工的办法来消灭。没有共同体，这是不可能实现的。"[3]物质力量在分工中消灭，却在共同体中增强。通过积极构建"大思政"格局，精心打造立德树人"共同体"，有利于将分散的物质力量凝聚起来。比如，高校通过制定统一规范的财务制度，集中调配各学院或职能部门的闲散资金并用于开展思想政治工作，这会在无形之中提高资金的使用效率，从而避免财力的浪费。再如，由教育部统筹打造的线上思政课集体备课平台，各位专家

---

[1] 《马克思恩格斯全集》第20卷，人民出版社1971年版，第139页。
[2] 《习近平著作选读》第一卷，人民出版社2023年版，第57、61页。
[3] 《马克思恩格斯选集》第1卷，人民出版社2012年版，第199页。

学者集体出谋划策,这显然也有利于增强思想政治理论课教师的个人力量。二是多方联动将增强师资队伍的精神力量。物质决定意识,物质力量的增强将带动精神力量的提升。思想政治教育者积极培育和践行社会主义核心价值观,为了共同理想紧紧团结在一起,那么实现"两个一百年"奋斗目标就指日可待。总之,一旦党政干部、工会妇联共青团等人民团体的工作人员、军队政治工作干部、学校思想政治理论课和哲学社会科学课教师、辅导员和班主任等思想政治教育专业骨干队伍同新闻出版工作者、社会科学工作者、后勤服务人员等兼职队伍紧密配合、协调联动,自然而然地会汇聚起立德树人的磅礴伟力。

第二节　历史合力论视域下高校思想政治理论课协同育人的中观价值

合作共赢已经成为浩浩荡荡的时代潮流,而当这股时代潮流流经高校这片阵地时,高校应及时以历史合力论为理论指引,着力构建思想政治理论课协同育人体系,这不仅是对时代潮流的顺应与回应,而且能起到促进大学生德智体美劳全面发展、增强和拓宽高校思想政治教育的整体功效和发展视野、夯实高校意识形态主阵地等多重功效。

一、"十大"育人促进了大学生德智体美劳全面发展

"八仙过海,各显神通"是在民间流传已久的神话传说。传说汉钟离、张果老、韩湘子等八位神仙赴蟠桃会归来,却遇到东海龙王的百般阻挠,于是他们纷纷拿出看家本领,最终顺利过海。在落实立德树人根本任务、促进大学生德智体美劳全面发展这个重大问题上,课程、科研、实践、文化等"十大"育人体系就像现代版的"八仙过海,各显神通"。专业课程同思想政治理论课同向同行,形成"育人共同体",必定能够释放出强大的"法力"。

第一,课程育人促进大学生自由而全面地发展。所谓课程育人就是指各门专业课程或通识课程在传授文化知识的同时,应当全面而深入地挖掘课程本身所蕴含的思想道德元素,实现知识文化传授与思想价值引领的有机统一。

促进大学生德智体美劳全面发展,这既是课程育人的使命所系,也是其价值所彰。鉴于高校开设的专业课程繁多,在此仅举例对各课程协同育人的作用加以论证和说明。比如,伦理学课程育人能够帮助大学生懂得"义"与"利"的辩证关系,成为有道德修养和伦理素养的时代新人;专业课程如法理学能够促使大学生在明晰法的前世今生的同时增强法治意识、成为守法公民;人工智能课在帮助大学生掌握人工智能专业知识的同时能够引导大学生遵守人工智能相关伦理道德;体育课具有野蛮其体魄、文明其精神的强大功效,①可以帮助大学生养成自强不息、永不言弃、团结合作、顽强拼搏、爱国奉献等崇高精神品质;书法课能够帮助大学生在写好中国字的同时深入了解和传承中国文化,形成良好的心理品质、高尚的道德情操,通过"写好中国字"而"做好中国人";美育课通过"以美育人、以文化人"的方式,能够培养学生的审美认识、提升学生的审美眼光、夯实学生的人文素养;劳动教育对提升人的劳动能力、丰富人的劳动技巧、强化人的本质等具有不可替代的重要功效,大学生通过参加劳动实践,既能掌握劳动技能、提升生存本领,也能更加直观地体验到"锄禾日当午,汗滴禾下土"的艰辛,懂得劳动人民的伟大之处,进一步明白劳动最光荣、最崇高、最伟大、最美丽的深刻道理。

第二,科研育人促进大学生自由而全面地发展。高校是公认的科学研究"重镇",大学生尤其是研究生历来是科学研究的"生力军"。因此,完成立德树人这一根本政治任务,就必须充分发挥科研育人的重要作用,清醒认识到科研育人所具有的独特价值。具体来讲有如下三个方面:一是科研育人能够帮助学生坚定崇高的科研理想。为完成学业而科研,为金钱和名利而科研,还是为国家和民族而科研?这些都是思想政治理论课教师必须向大学生讲清楚的问题。但是,仅仅通过思想政治理论课的理论讲解,并不能让学生对科研理想产生深刻感触、形成理性认知。而通过积极发挥科研育人功效,由导师带领着学生开展科研活动,在科研实验中向学生细心讲解我国科研发展历史以及当前关键核心技术"卡脖子"问题,显然可以起到事半功倍的良好效果。二是科

---

① 参见《毛泽东早期文稿(1912—1920)》,湖南人民出版社2013年版,第60页。

研育人能够帮助学生养成良好的科研作风。由于制度衔接、评价导向、内在约束等诸多原因,学术科研不端问题逐渐显露,有些学生缺乏最基本的科研操守、科学道德,频频触及科学研究底线,出现不少科研滥制甚至科研不端行为①。高校组织力量及时、有效、持续地开展科研警示教育活动,显然有利于一些"出轨"学生"悬崖勒马",转而追求严谨求实求真的科研作风、学术行为。三是科研育人能够帮助学生提高科研水平。这是科研育人最为明显且最为直接的价值功能。总之,通过切实地科研育人,大学生更容易理解科学精神的实质与要求,进而自觉成长为高素质的科研型人才。

第三,实践育人促进大学生自由而全面地发展。全部社会生活在本质上是实践的,因而实践育人对人的思想道德进步和全面发展起着基础性、决定性的重要作用,有着课堂教育、理论灌输无法媲美的育人功效。其一,劳动实践(生产实践)是塑造时代新人的根本途径,是幸福生活的重要源泉。这就恰如马克思在《资本论》中所指出的:"……生产劳动同智育和体育相结合,它不仅是提高社会生产的一种方法,而且是造就全面发展的人的惟一方法。"②其二,实践是认识的来源,是检验真理的唯一标准。实践育人能够帮助大学生在实践过程中提高实践动手能力,加深对知识的领悟程度,不断产生新的实践认识,检验出哪些是真理哪些是谬误。总之,坚持理论与实践有机统一是马克思主义的基本要求,大学生通过积极参与社会实践、劳动实践、科学实践等实践活动,不仅可以达到"育智增慧"的效果,而且也可以实现"育德炼心"的良好功效,从而为德育和智育的相互结合与促进奠定坚实的基础。

第四,文化育人促进大学生自由而全面地发展。文化育人就是指在文化传承与创新的过程中引导人们进行正确的文化选择,使社会文化转化为个体文化,实现人的自我完善与自我超越的过程。③ 文化育人具有"随风潜入夜,润物细无声"的突出特征。尤其是在中国这样一个拥有五千年悠久历史和灿烂文化的国度,以文化人、以文育人无疑有着非常牢固的文化根基和深厚的文

---

① 魏强、李苗:《高校科研育人论析》,《思想理论教育》2018 年第 7 期。
② 《马克思恩格斯全集》第 44 卷,人民出版社 2001 年版,第 557 页。
③ 刘献君:《论文化育人》,《高等教育研究》2013 年第 2 期。

化底蕴。就文化育人的作用来讲,主要体现在两个方面。一是文化育人能够唤醒大学生的文化自觉。"文化自觉"一词为著名社会学家费孝通先生所创,他在《何为"文化自觉"?》一文中讲道,文化自觉是学术反思的扩大和发展,文化自觉就是要了解和掌握孕育自己思想的优秀传统文化。换句话说,在中西方的文化交流与激烈碰撞中,人们应该对中华文化有着全面认知,明白它的渊源、演变、特色、发展趋势等。虽然文化自觉不会从天上掉下来,但是长期学习和生活在有着良好文化氛围的校园环境里,通过耳濡目染中国特色社会主义文化,能够起到唤醒文化自觉的良好效果。如果再通过开展系统的有组织的文化教育,毫无疑义"文化自觉"将得到进一步强化。二是文化育人能够增强人们的文化自信。文化自信是一个国家、一个民族发展中更基本、更深沉、更持久的力量,"没有高度的文化自信,没有文化的繁荣兴盛,就没有中华民族伟大复兴"。① 增强大学生的文化自信既是文化育人的价值追求,也是文化育人的必然结果。学校通过营造良好的校园(网络)文化氛围,有系统、有组织、有计划、有目的地向大学生讲解中国特色社会主义文化,同时加上大学生的刻苦钻研和勤奋努力,必然能够促使大学生的文化修养得到提升,文化自信得到增强,进而为立德树人起到"锦上添花"的良好功效。

第五,网络育人促进大学生自由而全面地发展。互联网已经全面融入并深刻影响着人们的生产生活,虚拟、开放、自由的网络空间业已成为有着"网络世代"之称的大学生最主要的活动场域。习近平总书记指出,蓬勃发展的互联网既是思想政治教育的"最大变量",也是思想政治教育的"最大增量",为此我们应"推动思想政治工作传统优势同信息技术高度融合",化变量为增量。大学生是网络使用的主力军。因此,着力打造网上网下育人"同心圆",必然能够促进这支"主力军"健康成长、全面发展。一是网络育人超越"时空",时时育人、处处育人,将有效化解线下思想政治理论课"鞭长莫及"的尴尬局面。二是网络育人内容经过精心挑选和编排,始终以马克思主义尤其是

---

① 习近平:《决胜全面建成小康社会 夺取新时代中国特色社会主义伟大胜利——在中国共产党第十九次全国代表大会上的报告》,人民出版社 2017 年版,第 41 页。

中国化马克思主义理论成果为根本指导思想,大批"红色主题"网站主旋律高昂、正能量充沛,这些在一定程度上将助力大学生在鱼龙混杂的网络世界中"出淤泥而不染",避免遭受错误社会思潮的侵袭和毒害。三是通过加强网络文化建设,打造网络文化精品,营造健康积极向上的网络空间,将拓宽大学生的文化视野和知识格局,为他们发挥聪明才智、建功立业提供广阔舞台。

除此之外,心理育人、管理育人、服务育人、资助育人、组织育人在促进大学生德智体美劳全面发展中也发挥着不可替代的作用,在此不再一一详述。简要来说,心理育人能够帮助大学生排解学习、生活或工作压力,舒缓焦躁情绪,养成健康乐观的心态和健全完整的人格;管理育人能为立德树人的顺利实施起到更好的支撑、促进和监督作用,使学生在和谐有序的校园中健康成长;服务育人以贴心、细心、精心、爱心的亲情式服务,可以消解大学生初到校园的不适感,促使大学生在接受服务的同时增强奉献意识和感恩意识;资助育人可以充分保证家庭经济困难的学生都有平等接受教育、享有自我发展的机会,促使大学生在接受资助的过程中强化自强不息的精神、感恩诚信意识;组织育人将党团组织建设与思想政治教育有机结合,能够强化高校党团组织的政治属性,在校园形成讲政治、守纪律的清风正气,有利于大学生形成正确的道德认知与价值观念,不断提高思想水平和政治觉悟。

二、合力育人增强了高校思想政治教育的整体效能

通过合力育人,完全可以取得"1+1>2"的育人效果,显著提升高校思想政治教育的整体效能。

第一,合力育人能够有效解决思想政治教育发展不平衡问题。发展不平衡主要是指"各区域各领域各方面发展不够平衡,存在'一条腿长、一条腿短'的失衡现象"①。资源分配不均衡,将严重制约经济社会发展水平的整体提升。而不平衡问题投射到高校思想政治教育领域,就突出表现为在立德树人

---

① 中共中央宣传部编:《习近平新时代中国特色社会主义思想三十讲》,学习出版社 2018 年版,第 69 页。

问题上思想政治理论课教师、辅导员或班主任"口干舌燥",专业课教师、管理或服务人员"三言两语";学校整体事业"蒸蒸日上",思想政治教育却"原地踏步";自然科学领域科研经费投入"源源不断",哲学社会科学领域科研经费"能省则省";公办高校思想政治教育开展得"如火如荼",民办高校思想政治教育工作"冷冷清清"。这些问题的存在必然阻碍思想政治教育的进一步发展,最终影响立德树人的成效。着力解决思想政治教育发展不平衡问题,加强协同育人就显得必不可少。因此,促使"课程思政"与"思政课程"协同发力,高校与家庭、社会协同用力,公办高校与民办高校、"双一流"高校与普通院校齐心协力,这必将促使思想政治教育的单项发展动能聚合成整体发展势能,进而形成有利于解决思想政治教育发展不平衡问题的总体势能。

第二,合力育人能够有效解决思想政治教育不充分问题。"发展不充分,主要是指一些地区、一些领域、一些方面还存在发展不足的问题"①。发展不充分的原因多种多样,既有内部原因,也存在外部因素。虽然内因占据根本,但是有时候外因也会起到"推波助澜"甚至是致命性的作用。也就是说,当外部因素积极作为并与内部因素相互补益,发展不充分问题也就可以迎刃而解。对于思想政治教育而言,通过合力育人促使思政课小课堂与社会大课堂有机结合,充分发挥科研、管理、服务、网络、实践、组织等育人作用,在一定程度上能够解决思想政治理论课因课时安排、教师学识等内部因素所造成的育人不充分问题。比如,思想政治理论课教师通过安排实践教学,带领学生实地参观爱国主义教育基地,不仅可以帮助学生更好地理解教师在课堂上讲授的理论内容,还可以更加深刻地感受和领悟爱国主义的内涵与精髓,学生在实地参观之际还能进一步拓宽个人视野,了解一些在书本上不能接触到的理论知识。总之,在立德树人问题上,思想政治理论课教师不可能面面俱到,肯定存在着讲解不充分的地方,而这些地方都有可能通过合力育人得到及时弥补。

第三,合力育人富有创新性和系统性,增强了思想政治教育的整体效能。

---

① 中共中央宣传部编:《习近平新时代中国特色社会主义思想三十讲》,学习出版社 2018年版,第 69 页。

一是创新增效。创新是一个国家或民族向前发展的不竭动力。高校思想政治理论课合力育人的根本要求之一就是教育者必须树立创新创造意识，即要创造性地进行队伍整合、资源融合和方法嵌合，绝不能墨守成规，必须善于运用人工智能、大数据、5G 技术等最新科学技术成果。换言之，富有创造性的合力育人必将成为高校思想政治教育提质增效的"牛鼻子"和"动力源"。二是系统增效。合力育人实质上是一项系统性工程，需要运用系统思维方法。本研究运用系统思维着力构建高校思想政治理论课协同育人体系，注重顶层设计和具体实践的有机统一，有利于形成总体效应，继而取得非凡的育人效果。

三、齐抓共管提升了高校思想政治教育发展质量

高质量发展是现阶段党和国家最为重要的一项工作任务。实现高校思想政治教育的高质量发展，是构建高质量教育体系、推动经济社会高质量发展的题中应有之义，是助推经济社会高质量发展的强大精神动力。对此，有学者论述道："思想政治教育高质量发展是深化教育体系改革、建立健全立德树人机制的客观要求，是培养担当民族复兴大任的时代新人的必然选择"。① 齐抓共管、协同育人，既是推动思想政治教育高质量发展的基本要求，也是实现思想政治教育高质量发展的重要保障。

第一，齐抓共管明确"一岗多责"与"多部一责"的有机统一，这有利于高校思想政治教育的高质量发展。"一岗多责"，即领导干部既要履行好职务所对应的岗位职责，也要对该岗位所分管和涉及的多项工作担责。就高校思想政治教育来讲，"一岗多责"则意味着高校的教育者、管理者和服务者不仅要做好业务工作，推动学科建设、学术建设和学校建设，而且要积极承担起立德树人的神圣职责，在致力于业务工作的同时做好安全稳定工作和思想政治工作。"多部一责"，强调的是各学院、各部门、各单位的具体分工虽有所不同，但均承担着立德树人的根本任务，都应该坚持人民至上的价值追求，努力与思

---

① 张国启、刘亚敏：《新时代思想政治教育高质量发展的逻辑内涵与实践理路》，《思想理论教育》2021 年第 5 期。

想政治理论课教师"同向同行"。一言以蔽之,通过构建齐抓共管的长效机制,将促使人们更加明晰其分内职责,激发出他们的责任感和助人为乐精神,从而更好地凝聚起思想政治教育高质量发展的磅礴力量。

第二,齐抓共管突出"横向联合"与"纵向贯通"的有机结合,这有利于高校思想政治教育的高质量发展。在横向维度上,齐抓共管强调"十大"育人体系都承担着培育时代新人的政治使命,要深入挖掘高校各学科门类专业课程和中小学所有课程蕴含的思想政治教育资源,解决好各类课程与思政课相互配合的问题,发挥所有课程的育人功能,积极构建家庭、学校和社会"三位一体"育人格局;而在纵向维度上,齐抓共管内在要求构建大中小学思政课一体化育人格局,"结合各年龄阶段学生的特点,利用各学科、各课程分学段有序推进思想政治教育,使小学、初中、高中、大学各教育阶段的课程形成分层递进、螺旋上升、整体衔接的内容教育序列,最终培养自由而全面发展的人"①。坚持横向齐抓、纵向共管、协同育人的基本原则,构建既有共性又有差异,目标协同、方向相同、有序衔接的思想政治教育体系开展立德树人工作,必定有利于高校思想政治教育摆脱低效的发展模式。

第三,齐抓共管促进"内生动力"与"外在动力"的有机融合,这有利于高校思想政治教育高质量发展。"内生动力"指的是思政课教师、专业课教师、党政领导干部、辅导员、团学工作人员、后勤服务人员等致力于思想政治教育的能力、斗志和勇气。"外在动力"强调的是家庭、社会等各方面存在的有利于高校思想政治教育发展的动力因素,思想政治教育实现高质量发展离不开家庭、社会的积极参与。然而,思想政治教育发展的"内生动力"和"外在动力"长期处于分离甚至互相矛盾的状态。高校思想政治教育不是单线性的育人工作,而是多线性的需要各方高度配合的系统工程。因此,"新时代思想政治教育的高质量发展,仅仅强调重视思想政治教育系统的内生动力研究是远远不够的,还要进一步重视思想政治教育高质量发展的外在动力研究。科学

---

① 许瑞芳:《一体化视角下高校课程思政建设的四个维度》,《中国高等教育》2020 年第 8 期。

把握思想政治教育系统运行的内生动力与外在动力之间的运行张力,努力形成思想政治教育高质量发展的系统合力"①。促使思想政治教育高质量发展的"内生动力"与"外在动力"有机融合,努力打造全员、全过程、全方位齐抓共管格局,既是思想政治教育高质量发展的内在要求,也是实现高质量发展的基本前提。

四、里应外合维护了新时代高校意识形态的安全

意识形态工作是党的一项极端重要的工作。而在我国意识形态工作体系中,高校既非"象牙塔"也非"桃花源",而是意识形态斗争的前沿阵地,大学生历来是各方力量竞相争夺的主要对象。因此,坚决维护好高校意识形态安全的重要性更是不言自明。如何做好新时代高校意识形态工作呢?这就强烈要求必须坚持和加强党对意识形态工作的全面领导,注重党的思想政治教育,把思想政治理论课摆在更加突出的战略位置。可以说,思想政治理论课的质量高低将直接影响到高校意识形态安全与否,维护高校意识形态安全必须不断提升思想政治理论课的质量。同时实践表明,质量的提升离不开协同育人、里应外合,因此必须紧紧依托于"建立党委统一领导、党政齐抓共管、有关部门各负其责、全社会协同配合的工作格局"。综上,里应外合的协同育人模式反过来则可以增强思想政治理论课的实效性,有利于维护高校意识形态的安全。对此,我们可从以下两个方面进一步加以阐释。

第一,里应外合是维护高校意识形态安全的必然要求。高校意识形态安全是党和国家意识形态安全的重要组成部分,扮演着"牵一发而动全身"的关键角色。正因如此,高校常常成为舆论的"众矢之的",成为敌对势力集中火力猛攻、进行"和平演变"图谋的首选之地。自由主义、享乐主义、历史虚无主义等错误社会思潮侵蚀了部分师生的头脑,动摇了他们的"四个自信"和"四个意识"。总结经验教训,联防联控不到位、没有形成铁板一块的意识形态防

---

① 张国启、刘亚敏:《新时代思想政治教育高质量发展的逻辑内涵与实践理路》,《思想理论教育》2021 年第 5 期。

线是主要原因之一。高校党委、二级学院党政干部、职能部门工作人员、专业课教师、辅导员等在维护高校意识形态安全上缺乏系统思维、合作意识，各自为政，仅仅盯着自己的"一亩三分地"，长期习惯于张开五指干工作，却可能给敌对力量造成可乘之机。意识形态安全关系到党和国家的前途命运。因此，做好新时代的高校意识形态工作，维护好高校意识形态安全，依赖于全党全社会全人员齐动手、同上阵，努力构建联防联控机制，不断壮大协同育人效应。

第二，高校意识形态安全是里应外合的实然结果。辩证唯物主义强调，事物是普遍联系的，在事物因果联系的长链中，原因与结果相互依存和相互转化，通过不断努力，消除不利因素，创造有利条件，使因果关系运动朝着有利于人的发展的方向运行，就能得到理想中的结果。一旦形成正面引导和依法管理相结合的网络治理强大合力，形成党委领导、政府管理、企业履责、社会监督、网民自律等多主体参与，经济、法律、技术等多种手段相结合的综合治网格局，就可以达到我们想要的理想状态——高校意识形态安全。具体来讲，一是"里应外合"为高校意识形态安全筑起了"同心圆"。"同心圆"越滚越大，错误社会思潮的"地盘"就会越来越小，以致最后无处容身。而与此同时，圆无缺口，特别是"同心圆"是以马克思主义为圆心、以中国特色社会主义理论与实践为半径，从而极大地避免了错误社会思潮"乘隙而入"，继而堵死了错误思想观念的传播渠道。在充满正能量与主旋律的"同心圆"里，广大师生则能够更好地践行社会主义核心价值观，自觉为实现中国梦而不懈团结奋斗。二是"里应外合"为高校意识形态安全打通了营养"补给线"。维护高校意识形态安全离不开学校所有师生的共同参与，需要调动和汇聚学校所有的能量和资源，需要教育、管理和服务，家庭、学校和社会之间相互"借力助威"。通过里应外合，在一定程度上就可以消除部门与部门、人与人之间的物理距离或情感隔阂，资源和人才就能快速流动和流通起来，也就能更好地用习近平新时代中国特色社会主义思想团结和凝聚广大师生，确保高校意识形态安全。

第三节　历史合力论视域下高校思想政治
理论课协同育人的宏观价值

思想政治理论课既是高校思想政治教育的重要"一枝",也是中国特色社会主义伟大事业的关键"一叶"。正所谓"一枝一叶总关情",高校思想政治理论课协同育人的价值"由小及大、由此及彼、由内而外",由此在宏观上便深刻体现为丰富和发展了马克思主义历史合力论、促进了思想政治教育学科的体系构建、增强了实现中国梦的精神动能。

一、协同育人丰富和发展了马克思主义历史合力论

与时俱进是马克思主义最为鲜明的理论品质。我们必须结合中国具体实际情况,持之以恒地丰富和发展马克思主义。而立足经典、着眼现实、面向未来,努力构建高校思想政治理论课协同育人体系,这在某种意义上正是对历史合力论的遵循、丰富与发展,正是马克思主义理论与时俱进的生动体现。

第一,高校思想政治理论课协同育人在方向上强调坚定不移地发展中国特色社会主义和"四个服务",丰富和发展了唯物史观的基本原理。在历史合力论看来,由生产力与生产关系、经济基础与上层建筑等社会有机体的环节、因素构成的社会基本矛盾运动是人类社会形态更替的根本动力,规定着人类社会发展的根本方向。协同育人强调,高校思想政治理论课谋生存、求发展,首先就必须坚持正确的发展方向。富有中国特色的社会主义教育之路既坚持了科学社会主义的基本原则,又根据我国实际和时代特征赋予其鲜明的中国特色,是被历史和实践所证明了的唯一正确的发展方向。始终坚持发展的中国特色社会主义方向,关键就是要把思想政治教育同我国发展的现实目标和未来方向紧密联系在一起,坚持"四个服务",充分认识到思想政治教育是经济工作和其他一切工作的生命线。总之,协同育人既坚持了历史合力论关于生产力与生产关系、经济基础与上层建筑辩证运动的基本原理,又把历史唯物主义关于"两个必然"与"两个决不会"的基本原理有机地统一于中国特色社

会主义的伟大实践,把阶段性发展战略与根本性发展方向辩证地统一起来①。

第二,高校思想政治理论课协同育人在目的上强调坚持以人为本,丰富和发展了"人类历史发展是主体选择力与规律制约力互为作用的思想"。历史合力论认为:历史是一个人为过程,人民群众是历史的主体,人们自己创造着自己的历史。同时,历史又是一个自然过程,具有自身的客观规律性,人们并不能随心所欲地创造自己的历史。也就是说,历史合力的实质是主体选择性及创造性同历史进程的客观规律性的辩证统一。协同育人特别强调培养德智体美劳全面发展的时代新人是其根本任务,提升育人实效性是其价值旨归;强调必须遵循三大规律,即"思想政治工作规律、教书育人规律和学生成长规律";突出思政课教师是关键,要求"其他各门课都要守好一段渠、种好责任田,使各类课程与思想政治理论课同向同行";强调"四个服务",坚持把促进大学生的自由全面发展当作建设社会主义新社会的本质要求,当作科学发展的根本目的。作为协同育人的本质和核心,坚持以人为本,做到协同育人为了师生、依靠师生,协同育人成果由全体师生共享,这实质上就是要坚持以人民为本,走群众路线,把人民群众看作历史的剧作者与剧中人的高度重合,看作育人手段与育人目的有机叠合;就是要在充分发挥思政课教师的积极性、主动性、创造性的基础上,统筹协调党政干部、辅导员、班主任、专业课教师、后勤服务人员、家长、社会名流的育人力量,最大限度地调动有利于培育时代新人的一切积极因素,充分激发全社会各单位立德树人的潜力和活力。如此一来,高校思想政治理论课协同育人就在坚持历史合力论关于历史发展是主体选择性与客观规律性、合目的性与合规律性的辩证统一原理的基础上,鲜明地突出了人民群众在历史创造中的主体地位,生动地再现了社会进步是历史尺度与价值尺度辩证统一的基本原理,从而在新时代丰富和发展了历史合力论。

第三,高校思想政治理论课协同育人在内容上强调德智体美劳全面发展,丰富和发展了历史发展多种力辩证运动、综合作用的思想。生产力是历史发展的最终决定性力量,同时政治力、文化力、社会力、生态力等依赖并通过生产

---

① 蔡文:《科学发展观对历史合力论的丰富和发展》,《理论学刊》2009 年第 7 期。

力共同作用于人类历史的发展进程。也正是在此基础上,我们党才反复强调社会主义社会应是全面发展进步的社会,大学生应是德智体美劳全面发展的时代新人。人的全面发展本质上就是"德力、智力、体力、美力、劳力"辩证运动的过程,也是一个"五力并举"的实践过程。而"五力并举"既是一个内部辩证运动的过程,也是一个外部辩证运动的过程,需要从外部实施协同育人,在牢记"才者,德之资也;德者,才之帅也"的前提下充分发挥思政课、专业课、体育课、美术课、劳动课,家庭、学校和社会各自的育人功能。总之,坚持协同育人既与社会结构层次上的历史合力论在精神实质上达到高度统一,又根据思想政治教育实际赋予了历史合力论以具体的时代内容和鲜明的中国特色①。

第四,高校思想政治理论课协同育人在机制上强调在党的领导下全社会协调联动,丰富和发展了历史合力论关于历史发展是动力系统各环节、各要素相对平衡运动的思想。根据历史合力论的基本观点,无论是自然社会还是人为社会,其动力系统都是由诸多因素和众多环节构成的不平衡的动态系统,社会发展过程事实上就是一个社会动力系统由失衡态向平衡态,然后引起新的失衡态再逐渐趋向更高级的平衡态的矛盾运动过程。然而,如果社会动力系统长期处于失衡状态,就极可能导致社会发展失调甚至出现"历史的终结"。这便强烈要求我们必须勤于思考"动机背后隐藏着的各种动力",善于协调各种社会动力,以确保思想政治教育协调有序发展。针对长期以来存在的高校立德树人不平衡的问题,协同育人注重力的整合与调度,注重大中小学思政课一体化,注重构建课上课下、网上网下、校内校外"同心圆",不仅"加强思政课自身建设,更新教学内容,创新教学方法",而且"加快构建中国特色哲学社会科学学科体系和教材体系,努力构建全方位、全领域、全要素的哲学社会科学体系"。由此可见,坚持协同育人既是新发展理念对思想政治教育发展机制的创新,也深刻体现了历史合力论关于人类社会发展的系统性要求。

总而言之,协同育人在坚持历史合力论基本观点的基础上,结合当代中国思想政治教育发展的阶段性特征和时代性要求,为历史合力论赋予了崭新的

---

① 蔡文:《科学发展观对历史合力论的丰富和发展》,《理论学刊》2009 年第 7 期。

内涵,是马克思主义中国化最新成果的实践表达。

二、协同育人促进了新时代思想政治教育学科体系的建构

自20世纪80年代思想政治教育学作为马克思主义理论一级学科下的二级学科建立以来,它就一直备受学界的关注,其中思想政治教育学科体系建构问题又是关注中的焦点。何为思想政治教育学科体系呢? 张耀灿先生讲道,思想政治教育学的完整的学科理论体系应包括思想政治教育的基本理论研究、形成和发展研究、方法理论研究和管理理论研究四个部分。实事求是地说,思想政治教育学创立的时间尚属短暂,故而从学科建设的进程来看,思想政治教育学科体系的构架尚处在探索之中,因而必须科学把握时代问题和关注时代声音,结合社会发展新情况新阶段加以不断丰富和完善,构建起富有中国特色的思想政治教育学科体系。协同育人是思想政治教育学科体系的重要组成部分,积极推进协同育人事实上就有助于加快思想政治教育学科体系的建构进度。

第一,协同育人是思想政治教育学科体系发展理念的时代彰显。思想政治教育学科发展理念的时代变革,它在某种程度上集中反映了人们希望更好地运用马克思主义观察时代、认知时代的理论思维,揭示了人们更好地运用马克思主义解读时代、驾驭时代的现实关切,彰显了人们更好地运用马克思主义引领时代、创造时代的"理想意图"。相比于以往的思想政治教育学科体系的发展理念,新时代协同育人既承续了马克思主义历史合力论的基本内核,又贯彻落实了新发展理念,并且及时解答了教育的时代之问,即"怎样培养人,如何培养人,为谁培养人"。思想政治教育学科体系要"因事而化,因时而进,因势而新",其内在逻辑就必然包含着必须实现"大中小学思政课一体化",推动"其他各门课程同思政课同向同行"。当前,也只有牢固树立协同育人理念,促使该理念转化为有效实践,思想政治教育学科体系才会变得更加坚实而多元。

第二,协同育人是构建思想政治教育学科体系的价值诉求。思想政治教育学是一门涉及教育学、政治学、管理学、心理学等多学科知识的综合性极强

的学科。因此,思想政治教育学科要实现健康发展,就必须与其他学科充分结合,吸纳其他学科的最新成果,需要其他学科为构建思想政治教育学科体系出谋献策。当前和今后对大学生进行思想政治教育,就必须广泛借鉴和积极运用管理学、心理学、教育学等学科知识,充分吸引其他学科完全参与进来,努力形成各学科协同育人的良好局面。

第三,协同育人汇聚起构建思想政治教育学科体系的强大动力。习近平总书记在哲学社会科学工作座谈会上的重要讲话中指出,必须紧紧围绕"四个自信"展开哲学社会科学创新,努力建设具有中国特色、中国风格、中国气派的学科体系、学术体系和话语体系,着力构建一个全方位、全领域、全要素的哲学社会科学体系。不言自明,构建一个全方位、全领域、全要素的思想政治教育学科体系是其题中应有之义。但是,怎样构建合理有序的思想政治教育学科体系呢？这就需要寻找其动力所在。因为一旦缺乏动力,思想政治教育学科发展就会原地打转。中国特色社会主义教育实践已充分证明,把无数互相交错的力量、无数个力的"平行四边形"整合凝聚起来,有选择性地引入其他学科的育人力量和资源,那么便可以无限接近"十全十美"的良好状态。究其缘由,一是各学科全方位协同育人为思想政治教育学科体系发展壮大提供了强大的学科资源支持;二是全员协同育人为思想政治教育学科体系的发展壮大提供了强大的人才队伍支撑;三是协同育人理念是经过实践检验过的科学的真理性认识,而以真理性认识为指引为思想政治教育学科体系的发展壮大廓清了思想之迷雾。

三、协同育人增强了中华民族伟大复兴中国梦的实现动能

"当前形势下,办好思政课,要放在世界百年未有之大变局、党和国家事业发展全局中来看待,要从坚持和发展中国特色社会主义、建设社会主义现代化强国、实现中华民族伟大复兴的高度来对待。"[①]协同育人是思想政治教育

---

① 习近平:《思政课是落实立德树人根本任务的关键课程》,人民出版社 2020 年版,第 5 页。

取得实效的重要法宝,提升思想政治教育实效则是实现中华民族伟大复兴的客观要求。具体来讲,高校思想政治理论课协同育人对实现中华民族伟大复兴中国梦的作用主要体现在以下三个方面。

第一,协同育人为实现中国梦培养了全面发展的时代新人。党的十九大报告提出"培养担当民族复兴大任的时代新人"。这是"时代新人"一词首次出现在党的全国代表大会的政治报告中。承续于"有理想、有道德、有文化、有纪律"的"四有新人"提法,立足于中国特色社会主义新时代的坐标体系,显然"时代新人"的提法更富有时代性、包容性、发展性。关于"时代新人"的具体内涵,冯刚教授认为,"蕴含'主体性'特征的时代新人应具备坚定的理想信念、崇高的爱国情怀、高尚的道德品质、丰富的知识储备,成为德智体美劳全面发展的社会主义建设者和接班人"[①]。培养担当民族复兴大任的时代新人,显然离不开思想政治教育,离不开思想政治教育协同育人。可以说,"协同育人"与"培养时代新人"始终是辩证统一的逻辑关系。一是协同育人为时代新人的纵向成长奠定基本前提。构建大中小学思政课一体化协同育人格局,形成螺旋式上升的教学目标体系和循序渐进的课程内容体系,确保时代新人在成长过程中接受的思想政治教育内容"不断代、不重复、不冲突",这将帮助大学生更加坚定为实现中国梦而不懈奋斗的理想信念。二是协同育人为时代新人的横向发展创设多元路径。横向发展,即处于同一时空下的多维发展,强调的是发展的全面性和多样性。在坚守思想政治理论课主渠道的基础上,通过发挥科研、管理、服务、网络等方面的育人功能,能够拓宽人们的知识获取面,为时代新人的横向发展打开一扇新的大门,提供更多的可供选择的发展路径。三是协同育人为时代新人施展才华搭建广阔舞台。理论联系实际是马克思主义的重要原则。思政小课堂与社会大课堂协调联动,政府、企业、社区等提供实习锻炼的机会,这些切实举措有助于大学生将所学化为所用,在知识的运用中直接提高改造客观世界和主观世界的能力,在知行合一中为实现伟大中国梦贡献智慧和力量。

---

① 冯刚、王莹:《时代新人培育的内在要求与实现路径》,《中国高等教育》2020 年第 23 期。

　　第二，协同育人为实现中国梦提供了强大的思想保证。保证功能是思想政治教育的一个重要功能。协同育人是高校思想政治教育创新发展的基本要求，它有利于提升思想政治教育的整体功效。换言之，加强协同育人，能为思想政治教育发挥其保证功能提供广阔空间，继而为实现中华民族伟大复兴创设良好的思想政治条件。一是思想政治教育协同育人为实现中国梦保证了正确的思想方向。中国梦的实现过程是多种合力的辩证统一，其中就包括主体合力与客体合力、历史合力与现实合力、正向合力与反向合力、隐性合力与显性合力、内生合力与外生合力。[①]　通过合力育人，思想政治教育者更容易把马克思列宁主义、毛泽东思想、中国特色社会主义理论体系、党的纲领路线方针政策等灌输给大学生，更容易帮助他们随时随地随处接受爱国主义、集体主义和社会主义教育，从而增强抵抗西方社会思潮侵蚀的能力，以"正确的价值观"确保经济社会发展的正确方向不动摇，为中国梦的实现汇聚起强大的思想合力。二是思想政治教育协同育人能为实现中国梦创造了良好的思想政治环境。实现中国梦离不开一个积极、健康、稳定、团结的环境。但是，在改革开放越来越深入的复杂情况下，梦想的实现必然会面临各种相互激荡碰撞的思想文化和利益矛盾。思想政治教育对人具有导向功能、激励作用、整合效能，人们在既吸引又排斥、既凝聚又分化的矛盾运动中，通过学习理解、协商对话、限制批评等多种方式，能够整合各种社会力量，排除错误思想干扰，进而达成思想政治共识。通过思想政治教育文化协同育人，形成马克思主义主导的一元与多元并存的立德树人环境，就更容易把人们的思想观念、道德认知和个体力量团结凝聚起来，以马克思主义的真理力量消灭错误社会思潮的负面影响，有效化解人们之间的利益矛盾，为实现中国梦提供良好的思想政治环境。

　　第三，协同育人为实现中国梦汇聚了无坚不摧的磅礴力量。思想政治理论课协同育人不仅展示出强大的力量，而且还能将分散各处的点滴力量汇聚成海，形成更大的力量集群，任凭国内外敌对势力"千磨万击，风吹浪打"而"岿然不动"。首先，协同育人为实现中国梦汇聚了强大的物质力量。协同育

[①]　谢霄男：《实现"中国梦"的合力研究》，博士学位论文，电子科技大学，2016 年。

人在某种程度上就是"统筹推进'五位一体'总体布局和协调推进'四个全面'战略布局"的具体体现,是新发展理念在思想政治领域的生动彰显。实施协同育人,就充分意味着必须紧密服从并服务于"五位一体"总体布局和"四个全面"战略布局,把分散的育人力量聚合起来,努力形成人人参与、人人尽力的发展模式;充分调动全党全国全社会的资源为立德树人服务,为经济社会发展服务;教育广大人民群众掌握真理和运用真理,使物质世界和精神世界得到协同发展。马克思主义强调,理论一旦被群众所掌握,就会变成改造社会和变革世界的物质力量。以历史合力论指引协同育人,实现伟大梦想也就拥有了源源不断的磅礴伟力。其次,协同育人为实现中国梦汇聚了钢铁般的精神力量。实现中华民族伟大复兴不仅需要充盈的物质财富,而且需要丰富的精神财富。高校教师、领导干部、公众人物、先进模范等行为主体都积极行动起来,贯彻落实党的教育方针,自觉把精神文明建设贯穿改革开放和社会主义现代化建设全过程、渗透到社会生活的方方面面,最大限度地团结一切可以团结的力量,随之而来就是人民群众的精神境界普遍得到提高,思想道德素质普遍得到加强,理想信念普遍得到升华。进而,我们就能够彻底战胜全面建设社会主义现代化国家新征程上的一切艰难险阻和魑魅魍魉,早日实现中华民族伟大复兴的中国梦。

参 考 文 献

一、著作

［1］《马克思恩格斯选集》第1—4卷,人民出版社2012年版。

［2］《马克思恩格斯文集》第1卷,人民出版社2009年版。

［3］《马克思恩格斯文集》第2卷,人民出版社2009年版。

［4］《马克思恩格斯文集》第9卷,人民出版社2009年版。

［5］《马克思恩格斯文集》第10卷,人民出版社2009年版。

［6］《马克思恩格斯全集》第20卷,人民出版社1971年版。

［7］《马克思恩格斯全集》第26卷,人民出版社2014年版。

［8］《马克思恩格斯全集》第28卷,人民出版社2018年版。

［9］《马克思恩格斯全集》第36卷,人民出版社1975年版。

［10］《列宁全集》第18卷,人民出版社2017年版。

［11］《列宁全集》第45卷,人民出版社2017年版。

［12］《毛泽东选集》第一卷,人民出版社1991年版。

［13］《毛泽东选集》第三卷,人民出版社1991年版。

［14］《毛泽东文集》第七卷,人民出版社1999年版。

［15］《邓小平文选》第二卷,人民出版社1994年版。

［16］《江泽民文选》第三卷,人民出版社2006年版。

［17］《胡锦涛文选》第一卷,人民出版社2016年版。

［18］《习近平谈治国理政》,外文出版社2014年版。

［19］《习近平谈治国理政》第二卷,外文出版社2017年版。

［20］习近平:《在经济社会领域专家座谈会上的讲话》,人民出版社2020年版。

［21］习近平:《在文艺工作座谈会上的讲话》,人民出版社2015年版。

［22］习近平:《思政课是落实立德树人根本任务的关键课程》,人民出版社2020

年版。

　　[23] 习近平:《在全国党校工作会议上的讲话》,人民出版社 2016 年版。

　　[24] 习近平:《在教育文化卫生体育领域专家代表座谈会上的讲话》,人民出版社 2020 年版。

　　[25] 习近平:《决胜全面建成小康社会 夺取新时代中国特色社会主义伟大胜利——在中国共产党第十九次全国代表大会上的报告》,人民出版社 2017 年版。

　　[26] 习近平:《在网络安全和信息化工作座谈会上的讲话》,人民出版社 2016 年版,第 23 页。

　　[27] 习近平:《在庆祝中国人民解放军建军 90 周年大会上的讲话》,人民出版社 2017 年版。

　　[28] 习近平:《在纪念马克思诞辰 200 周年大会上的讲话》,人民出版社 2018 年版。

　　[29] 习近平:《在教育文化卫生体育领域专家代表座谈会上的讲话》,人民出版社 2020 年版。

　　[30] 中共中央文献研究室编:《十六大以来重要文献选编(中)》,中央文献出版社 2006 年版。

　　[31] 中共中央宣传部编:《习近平新时代中国特色社会主义思想三十讲》,学习出版社 2018 年版。

　　[32] 中共中央文献研究室编:《毛泽东年谱(1893—1949)》(上卷),中央文献出版社 1993 年版。

　　[33] 中共中央文献研究室编:《毛泽东思想年编:1921~1975》,中央文献出版社 2011 年版。

　　[34] 中共中央文献研究室编:《习近平关于全面深化改革论述摘编》,中央文献出版社 2014 年版。

　　[35] 中共中央文献研究室编:《习近平关于青少年和共青团工作论述摘编》,中央文献出版社 2017 年版。

　　[36] 中共中央文献研究室编:《改革开放三十年重要文献选编(上)》,中央文献出版社 2008 年版。

　　[37] 中共中央宣传部编:《习近平总书记系列重要讲话读本(2016 年版)》,学习出版社、人民出版社 2016 年版。

　　[38] 张耀灿、郑永廷、吴潜涛等:《现代思想政治教育学》,人民出版社 2006 年版。

　　[39]《思想政治教育学原理》编写组编:《思想政治教育学原理》,高等教育出版

社 2016 年版。

　　[40] 张再兴:《网络思想政治教育研究》,经济科学出版社 2009 年版。

　　[41] 郭凤志:《高校思想政治理论课程建设研究》,北京师范大学出版社 2019 年版。

　　[42] 本书编写组编著:《新时代党员干部学习关键词(2019 版)》,党建读物出版社 2019 年版。

　　[43] 谷佳媚:《思想政治教育沟通的理论反思与建构》,人民出版社 2014 年版。

　　[44] 陈万柏、张耀灿:《思想政治教育学原理》,高等教育出版社 2007 年版。

　　[45] 彭虹:《涌现与互动——网络社会的传播视角》,中国社会科学出版社 2010 年版。

　　[46] 黄欣荣:《复杂性科学方法及其应用》,重庆大学出版社 2012 年版。

　　[47] [英]卡尔·波兰尼:《大转型:我们时代的政治与经济起源》,冯钢、刘阳译,浙江人民出版社 2001 年版。

　　[48] R. N. 伯尔基:《马克思主义的起源》,伍庆、王文扬译,华东师范大学出版社 2007 年版。

　　[49] [苏联]巴班斯基:《论教学过程最优化》,吴文侃等译,教育科学出版社 1982 年版。

　　[50] [法]皮埃尔·布迪厄、[美]华康德:《实践与反思:反思社会学导引》,李猛、李康译,中央编译出版社 2004 年版。

　　[51] [美]曼纽尔·卡斯特:《网络社会的崛起》,夏铸九、王志弘等译,社会科学文献出版社 2001 年版。

　　[52] [匈牙利]卢卡奇:《历史与阶级意识》,杜章智译,商务印书馆 2020 年版。

　　[53] [美]米歇尔·沃尔德罗普:《复杂——诞生于秩序与混沌边缘的科学》,陈玲译,生活·读书·新知三联书店 1997 年版。

　　[54] [美]约翰·霍兰:《涌现——从混沌到有序》,陈禹译,上海科学技术出版社 2005 年版。

　　[55] Karl Korsch, *Marxism and Philosophy*, trans. by Fred Halliday, NLB, 1970.

　　[56] Antonio Gramsci, *Selections from the Prison Notebook*, ed. and trans. by Quintin Hoare and Geoffrey Nowell Smith, Lawrence and Wishart Ltd., 1971.

二、期刊论文/学位论文

　　[1] 任伟:《"互联网+"时代高校思想政治理论课协同教学路径探析》,《民族教育

研究》2020 年第 5 期。

[2] 赵浚、张澍军:《信息化时代高校思想政治教育供应链的建构》,《广西社会科学》2018 年第 7 期。

[3] 杨恒:《立德树人视域下高校思想政治教育协同育人机制研究》,《南京理工大学学报(社会科学版)》2020 年第 6 期。

[4] 楼艳:《德育共同体视角下高校思想政治教育协同育人机制探究》,《学校党建与思想教育》2020 年第 11 期。

[5] 李娜、白小强:《高校思想政治教育与积极心理学协同育人路径探索》,《延安大学学报(社会科学版)》2020 年第 6 期。

[6] 陈淑丽、贾志鹏:《高校自然科学类课程与思想政治理论课协同育人的实现路径》,《成都理工大学学报(社会科学版)》2021 年第 1 期。

[7] 冯刚:《思想政治理论课与日常思想政治教育协同育人的理论思考》,《学校党建与思想教育》2017 年第 21 期。

[8] 韩宇:《思想政治理论课与日常思政教育协同育人的理论分析》,《当代教育实践与教学研究》2019 年第 13 期。

[9] 艾四林:《充分发挥马克思主义理论学科在协同育人中的作用》,《学校党建与思想教育》2017 年第 23 期。

[10] 代玉启、李济沅:《辅导员与思想政治理论课专职教师协同育人理路优化》,《高校辅导员》2019 年第 4 期。

[11] 胡绪明:《高校思政课教师与辅导员协同育人的功能定位及实施对策》,《学术论坛》2018 年第 4 期。

[12] 谭群英、何会宁:《高校辅导员与思政课教师队伍的融合建设探讨》,《学校党建与思想教育》2012 年第 34 期。

[13] 凌小萍、张荣军、严艳芬:《高校思政课线上线下混合教学模式研究》,《学校党建与思想教育》2020 年第 10 期。

[14] 张承祖、凤启龙:《高校学生党建与思想政治教育协同育人模式探究》,《苏州科技大学学报(社会科学版)》2020 年第 5 期。

[15] 曲一歌:《大学生党建与思想政治教育协同育人论》,《学校党建与思想教育》2019 年第 16 期。

[16] 张培佳:《高校学生党建和大学生思想政治教育的协同育人模式构建》,《继续教育研究》2020 年第 3 期。

[17] 袁小平:《高校思想政治教育与创新创业教育的协同育人模式研究》,《教育

评论》2014 年第 6 期。

［18］曹胜、李萌萌:《基于协同理论的高校创新创业教育与思想政治教育相融合教学改革研究》,《思想政治课研究》2020 年第 4 期。

［19］李淑娟:《高校思想政治教育与创业教育协同育人路径探索》,《学校党建与思想教育》2019 年第 2 期。

［20］刘杰、张哲、焦梦媛:《创新创业教育与思想政治教育协同育人的理路探讨》,《高教学刊》2019 年第 19 期。

［21］梁齐伟、王滨:《思想政治教育与创新创业教育协同发展机制及路径》,《广西社会科学》2019 年第 2 期。

［22］张青、张波:《高校思想政治教育协同育人机制研究》,《学校党建与思想教育》2017 年第 23 期。

［23］卿云:《高校思想政治教育的显性与隐性协同育人机制探析》,《贵州广播电视大学学报》2019 年第 4 期。

［24］张琼:《高校思想政治教育协同育人机制探析》,《学校党建与思想教育》2019年第 18 期。

［25］赖金茂:《基于协同视角的高校思想政治教育育人机制研究》,《西部学刊》2018 年第 10 期。

［26］牛先锋:《"经济决定论"的谬误与"历史合力论"对其的批判》,《马克思主义研究》2020 年第 9 期。

［27］种鹍:《有效提升青年党建工作的三维透视——基于恩格斯对德国社会民主党"青年派"的批判》,《北京科技大学学报(社会科学版)》2020 年第 2 期。

［28］左亚文、刘争明:《关于恩格斯历史合力论几个核心问题的再认识》,《江汉论坛》2020 年第 11 期。

［29］龚宏龄:《历史合力论在民主政治中的方法论价值》,《求索》2011 年第10 期。

［30］马胜强、关海庭:《当代中国改革启动的合力分析及时代启示——基于恩格斯历史合力论的理论视域》,《中共天津市委党校学报》2018 年第 3 期。

［31］李翔:《历史合力论视域下全面深化改革的价值意蕴》,《青海社会科学》2014年第 3 期。

［32］赵炜、于国丽:《历史合力论视域下社会主义核心价值观培育的意义解读》,《重庆邮电大学学报(社会科学版)》2017 年第 1 期。

［33］邹燕矫:《历史合力论:大学生社会责任感养成的理论探讨》,《宁夏社会科

学》2014 年第 6 期。

　　[34] 郭国祥:《历史合力论视角下陈独秀缺席中共"一大"原因探析》,《学术论坛》2018 年第 6 期。

　　[35] 陈中伟:《浅谈思想政治教育多主体认知的系统性》,《理论与改革》2005 年第 5 期。

　　[36] 张耀、刘家俊:《试论高校思想政治理论课教育教学的整体性和特殊性》,《高等教育研究》2017 年第 7 期。

　　[37] 艾四林:《充分发挥马克思主义理论学科在协同育人中的作用》,《学校党建与思想教育》2017 年第 23 期。

　　[38] 赵静:《协同推进高校思想政治理论课建设研究》,《思想理论教育导刊》2019 年第 9 期。

　　[39] 甄卓铭:《理论教学与实践教学的同构关系》,《现代教育科学》2011 年第 9 期。

　　[40] 李友富:《论整体协同把握思想政治教育的三个着力点》,《学术论坛》2015 年第 5 期。

　　[41] 乌杰:《关于自组(织)涌现哲学》,《系统科学学报》2012 年第 3 期。

　　[42] 董立均:《提高思想政治教育实效性的几点思考》,《高校理论战线》2004 年第 10 期。

　　[43] 刘妍熙、罗雄:《家庭思想政治教育初探》,《成都教育学院学报》2005 年第 2 期。

　　[44] 邱柏生:《要重视研究思想政治教育的生态环境》,《学校党建与思想教育》2004 年第 5 期。

　　[45] 张琦:《基于校园文化活动平台的高校思想政治理论课实践教学探究》,《思想理论教育导刊》2012 年第 11 期。

　　[46] 刘建军:《论高校思想政治理论课的课程属性和教学难度》,《广西大学学报(哲学社会科学版)》2020 年第 2 期。

　　[47] 郭长义:《人的全面发展视域下的新时代高校劳动教育研究》,《辽宁大学学报(哲学社会科学版)》2019 年第 4 期。

　　[48] 林洁:《思想政治教育真善美的力量形态探论》,《理论导刊》2020 年第 11 期。

　　[49] 杨修平:《论"课程育人"的本质》,《大学教育科学》2021 年第 1 期。

　　[50] 娄雨:《什么是"劳动的独特育人价值"——论劳动之于"体、技、心"的教育

意义》,《中国教育学刊》2020 年第 8 期。

[51] 刘在洲:《高校科研育人的内涵、特征与实践方略》,《思想理论教育》2021 年第 3 期。

[52] 魏强、李苗:《高校科研育人论析》,《思想理论教育》2018 年第 7 期。

[53] 刘献君:《论文化育人》,《高等教育研究》2013 年第 2 期。

[54] 陈虹、潘玉腾:《立德树人视域下高校心理育人价值及其实现路径》,《思想理论教育》2019 年第 5 期。

[55] 刘洁:《高校管理育人的途径探析》,《思想理论教育导刊》2012 年第 8 期。

[56] 张远航:《高校资助育人的价值意蕴与实现路径》,《思想理论教育》2018 年第 6 期。

[57] 项久雨、王依依:《高校组织育人:价值、目标与路径》,《思想教育研究》2019 年第 5 期。

[58] 张国启、刘亚敏:《新时代思想政治教育高质量发展的逻辑内涵与实践理路》,《思想理论教育》2021 年第 5 期。

[59] 蔡文:《科学发展观对历史合力论的丰富和发展》,《理论学刊》2009 年第 7 期。

[60] 苏振芳:《对思想政治教育学科定位的若干思考》,《思想教育研究》2013 年第 11 期。

[61] 张国启:《思想政治教育学科发展理念的时代变革》,《思想理论教育》2020 年第 4 期。

[62] 冯刚、王莹:《时代新人培育的内在要求与实现路径》,《中国高等教育》2020 年第 23 期。

[63] 高德毅、宗爱东:《课程思政:有效发挥课堂育人主渠道作用的必然选择》,《思想理论教育导刊》2017 年第 1 期。

[64] 谢霄男:《实现"中国梦"的合力研究》,博士学位论文,电子科技大学,2016 年。

[65] 戚静:《高校课程思政协同创新研究》,博士学位论文,上海师范大学,2020 年。

[66] 崔江婉:《协同学理论视域下大学生思想政治教育研究》,硕士学位论文,西安建筑科技大学,2017 年。

[67] 吴敏:《大中小学思政课一体化背景下的中小学教学衔接研究》,硕士学位论文,江西师范大学,2020 年。

[68]陈华洲:《思想政治教育资源论》,博士学位论文,华中师范大学,2007年。

三、报纸类

[1]《习近平在全国教育大会上强调:坚持中国特色社会主义教育发展道路 培养德智体美劳全面发展的社会主义建设者和接班人》,《人民日报》2018年9月11日。

[2]《习近平主持召开学校思想政治理论课教师座谈会强调:用新时代中国特色社会主义思想铸魂育人 贯彻党的教育方针落实立德树人根本任务》,《人民日报》2019年3月19日。

[3]《习近平在全国高校思想政治工作会议上强调:把思想政治工作贯穿教育教学全过程 开创我国高等教育事业发展新局面》,《人民日报》2016年12月9日。

[4]吴小妮:《新中国成立初期的思想政治理论课建设》,《光明日报》2019年9月6日。

[5]范宝舟:《破除思想政治理论课认识误区》,《中国社会科学报》2015年7月30日。

[6]张润杰、齐成龙:《实现全员全程全方位育人》,《人民日报》2020年2月20日。

[7]唐景莉:《高水平大学聚焦本科教学改革》,《中国教育报》2011年10月21日。

四、网络资源类

[1]《〈中共中央宣传部 教育部关于进一步加强和改进高等学校思想政治理论课的意见〉实施方案》,http://www.moe.gov.cn/srcsite/A13/moe_772/200503/t20050302_80414.html。

[2]《中共中央 国务院印发〈深化新时代教育评价改革总体方案〉》,http://www.gov.cn/zhengce/2020-10/13/content_5551032.htm。

[3]《深化大中小学思政课一体化建设研究》,http://www.rmlt.com.cn/2020/0904/592308.shtml。

[4]《中共中央 国务院印发〈关于加强和改进新形势下高校思想政治工作的意见〉》,http://www.gov.cn/xinwen/2017-02/27/content_5182502.htm。

[5]《中共中央国务院关于全面加强新时代大中小学劳动教育的意见》,http://www.gov.cn/zhengce/2020-03/26/content_5495977.htm。

〔6〕《关于深化新时代学校思想政治理论课改革创新的若干意见》,http://www. gov.cn/zhengce/2019−08/14/content_5421252.htm。

〔7〕《中共教育部党组关于教育系统认真学习贯彻党的十八大精神的通知》,ht-tp://www. moe. gov. cn/publicfiles/business/htmlfiles/moe/A12 _ zcwj/201211/xxgk _ 144791.html。

附　　录

"历史合力论视域下高校思想政治理论课协同育人
建构路径研究"调查问卷
（学生版）

亲爱的同学：

　　您好！为了深入了解新时代高校思想政治理论课协同育人现状,有针对性地构建协同育人路径,最终增强立德树人的成效,恳请您能抽出时间填写这份调查问卷。本问卷采取匿名方式进行,您提供的信息将得到最严格的保密。非常感谢您的帮助与支持!

1.您的性别(　)

　A.男　B.女

2.您的年级(　)

　A.大一　B.大二　C.大三　D.大四　E.研究生

3.您的专业(　)

　A.人文社科类　B.理工农医类　C.艺术体育类　D.军事国防类　E.其他

4.您的政治面貌(　)

　A.中共党员(含预备党员)　B.共青团员　C.民主党派　D.群众

5.您接受思想政治教育的主要途径(多选)(　)

　A.思想政治理论课　B."课程思政"课　C.其他专业课　D.班团活动

　E.家庭教育　F.社会实践　G.报纸网络新闻媒体　H.其他

6.您认为对学生进行思想政治教育的责任主体是( )

  A.家长 B.思想政治理论课教师 C.辅导员 D.专业课教师

  E.学校党政领导干部 F.主流媒体或社会组织 G.政府机关

7.您对思想政治理论课感兴趣吗?( )

  A.非常感兴趣 B.比较感兴趣 C.一般 D.不感兴趣

8.您最喜欢的思想政治理论课的教学方式是( )

  A.课堂教学/理论讲解 B.报告讲座 C.案例教学 D.社会实践

  E.网络教学

9.思想政治理论课教师在教学过程中更注重课本知识的讲授( )

  A.非常符合 B.比较符合 C.符合 D.不太符合 E.不符合

10.您认为目前思想政治教育资源(如红色资源、网络资源、传统文化资源)是否得到了充分开发和有效整合( )

  A.有 B.没有

11.您与思想政治理论老师的课下交流频率( )

  A.经常 B.偶尔 C.从不

12.辅导员或班导师与您谈话交流的频率( )

  A.经常 B.偶尔 C.从不

13.您认为辅导员在您的学习生活中发挥着什么样的作用?( )

  A.非常重要 B.比较重要 C.一般 D.可有可无 E.起不了任何作用

14.您所在学校是否形成了比较健全的思想政治理论课协同育人队伍?( )

  A.完全形成 B.基本形成 C.正在形成 D.没有形成

15.您认为思想政治教育工作者的协同育人意识如何?( )

  A.非常强烈 B.比较强烈 C.淡薄 D.完全没有

16.您所在学校的思想政治理论课与其他专业课程的联动互补情况( )

  A.非常好 B.良好 C.一般 D .较差 E.不清楚

17.专业课教师在课程讲授过程中是否积极融入思想政治教育内容( )

  A.非常积极 B.比较积极 C.一般 D.不积极 E.不清楚

18.您认为专业课教师在开展"课程思政"过程中存在哪些问题?(多选)( )

A.思政元素挖掘不深　B.教学能力有待提升　C.强行拼接,生搬硬套

D.理论讲解不透彻　E.不能灵活使用思想政治教育教学技巧

19.您是否关注自身的身心健康?(　)

A.非常关注　B.比较关注　C.偶尔关注　D.从未关注

20.您在校园日常生活中有没有接收到思想政治教育内容(　)

A.经常接收到　B.偶尔接收到　C.从未接收到

21.您所在学校是否有"校—企、校—校、校—家"协同举行的思想政治教育活动(　)

A.有　B.没有　C.不清楚

22.您认为建立校际优质思想政治教育课程资源共享机制对于提升您的思想政治理论水平和规范自己的行为是否有帮助(　)

A.帮助非常大　B.有一定帮助　C.没有任何帮助

23.您所在学校是否有统一的思想政治教育领导机构及制度(　)

A.有　B.没有　C.不清楚

24.校院两级党政领导是否定期组织召开思想政治教育协同育人专题会议(　)

A.有　B.没有　C.不清楚

25.学校是否有出台有关思想政治理论课协同育人的政策文件?(　)

A.有　B.没有　C.不清楚

26.您认为高校内部各教育系统之间是否应该相互配合、共同推动思想政治教育水平的提升(　)

A.是　B.不是

27.您所在学校开展协同育人是否拥有充足的物力、人力、财力和制度保障(　)

A.有　B.没有　C.有,但未能发挥真正实效　D.不清楚

28.学校各部门之间思想政治教育协同育人的联动效果如何?(　)

A.非常好　B.良好　C.一般　D.较差

29.您对校内各部门协同进行思想政治教育的状况及效果的总体评价是(　)

A.非常好　　B.良好　　C.一般　　D.较差

30.您对于构建高校思想政治理论课协同育人路径有什么好的建议?

"历史合力论视域下高校思想政治理论课协同
育人建构路径研究"调查问卷
（教师版）

尊敬的老师：

您好！为了深入了解新时代高校思想政治理论课协同育人现状，有针对性地构建协同育人路径，最终增强立德树人的成效，恳请您能抽出时间填写这份调查问卷。本问卷采取匿名方式进行，您提供的信息将得到最严格的保密。非常感谢您的帮助与支持！

1.您的性别（　　）

　　A.男　　　B.女

2.您的年龄段（　　）

　　A.25—40 岁

　　B.41—50 岁

　　C.51—59 岁

　　D.60 岁以上

3.您的学历（　　）

　　A.本科　　　B.硕士研究生　　　C.博士研究生

4.您的职称（　　）

　　A.助教　　B.讲师　　C.副教授（副研究员）　　D.教授（研究员）

5.您的身份类别（　　）

　　A.教学人员　　B.行政管理人员　　C.后勤人员

6.您认为对大学生进行思想政治教育的责任主体是（　　）

　　A.家长　　B.思想政治理论课教师　　C.辅导员　　D.专业课教师

　　E.学校党政领导干部　　F.社会主流媒体或社会组织　　G.政府机关

7.您认为自己的协同育人意识和水平如何？（　　）

A.非常高　B.较高　C.一般　D.有待增强

8.您认为学校思想政治教育工作者的协同育人意识如何？（　）

　　A.非常强烈　B.比较强烈　C.淡薄　D.完全没有

9.您认为学校思想政治理论课教师的能力和素质如何？（　）

　　A.非常高　B.较高　C.一般　D.有待增强

10.您在工作中与思想政治理论教师的交流频率如何（　）

　　A.经常　B.偶尔　C.从不

11.您对思想政治理论课的内容体系的了解程度（　）

　　A.非常了解　B.有一定了解　C.完全不了解

12.当前思想政治理论课资源（如红色资源、网络资源、传统文化资源）是否得到了充分开发和有效整合（　）

　　A.有　B.没有

13.您所在的学校是否形成了比较健全的思想政治理论课协同育人队伍？（　）

　　A.完全形成　B.基本形成　C.正在形成　D.没有形成

14.您所在学校思想政治理论课与专业课程的联动互补情况如何？（　）

　　A.非常好　B.良好　C.一般　D.较差　E.不清楚

15.学校在开展"课程思政"过程中存在哪些问题？（多选）（　）

　　A.思想认识程度不够　B.思政元素挖掘不深　C.组织协调工作欠佳

　　D.相关技能培训缺乏　E.保障机制滞后

16.您所在学校是否有"校—企、校—校、校—家"协同举行的思想政治教育活动（　）

　　A.有　B.没有　C.不清楚

17.您认为建立校际优质思想政治教育课程资源共享机制对于提升思想政治理论水平和规范自己的教学行为是否有帮助（　）

　　A.非常有帮助　B.有一定帮助　C.没有帮助

18.学校是否有统一的思想政治教育领导机构及制度（　）

　　A.有　B.没有　C.不清楚

19.校院两级党政领导干部是否定期组织召开思想政治理论课协同育人专题会议（　　）

A.有　B.没有　C.不清楚

20.您的学校是否出台有关思想政治理论课协同育人的政策文件？

A.有　B.没有　C.不清楚

21.您认为高校内部各系统之间是否应该相互配合、共同推动思想政治教育水平的提升（　　）

A.是　B.不是

22.您所在学校开展协同育人是否拥有充足的物力、人力、财力和制度保障（　　）

A.有　B.没有　C.有,但未能发挥真正实效　D.不清楚

23.您认为学校各部门之间思想政治教育协同育人的联动效果如何？（　　）

A.非常好　B.良好　C.一般　D.较差　E.不清楚

24.您对校内各部门协同进行思想政治教育的状况及效果的总体评价是（　　）

A.非常好　B.良好　C.一般　D.较差　E.不清楚

25.您对于构建高校思想政治理论课协同育人路径有什么好的建议？

————————————————————————

后　记

本书是笔者承担的 2020 年度教育部人文社会科学研究规划基金项目"历史合力论视域下高校思想政治理论课协同育人的建构路径研究"（项目编号：20YJA710001）的结题成果。

协同育人是一个老生常谈而又常谈常新的重要话题，尤其是自党的十八大以来，以习近平同志为核心的党中央格外强调"推动学校各类课程与思想政治理论课同向同行，形成协同育人效应"。习近平总书记强调，"大思政课"我们要善用之。所谓善用"大思政课"，就是要善用社会大课堂、搭建大资源平台、构建大师资体系、拓展工作格局，充分发挥"大思政"的协同育人作用。本书的主要特色在于：

首先，本书坚持马克思主义基本立场、观点和方法，秉持理论阐释与实证调研相互支撑的原则，运用恩格斯的历史合力论聚焦高校思想政治理论课协同育人的建构路径，从"何以所需"和"何以可为"两个方面澄清问题缘起，细致梳理并客观评价国内外研究现状，全面论述历史合力论的提出背景、思想渊源、科学内涵，继而立足"立德树人、党的领导、全面发展、点线面体"四个方面深入解析历史合力论视域下高校思想政治理论课协同育人的基本内涵，这既为人们重新认识和准确理解历史合力论提供了窗口，也为科学把握历史合力论与高校思想政治教育协同育人的内在契合打开了"门扉"。

其次，本书还创造性地将高校思想政治理论课协同育人的合力结构划分为主体合力、内容合力、载体合力、场域合力，将高校思想政治理论课协同育人合力依照存在形态、作用方向、作用大小、作用环境、作用时间和作用效果等方面的显著差异，划分为显性合力与隐性合力、正向合力与反向合力、主干合力与分支合力、线下合力与线上合力、连续合力与阶段合力、有效合力与无效合力，将高校思想政治理论课协同育人合力演进过程划分为要素准备、要素整合、行为转化三个阶段，建构起对历史合力论视域下高校思想政治理论课协同育人的感性认识和理性认识。

再次，本书着重分析了高校思想政治理论课协同育人的现实境遇，概括其既有成就、不足及其成因，有针对性地制定解决方案，提出需要"坚持主导性和方向性相统合、注重统一性和多样性相弥合、注重时代性和开放性相契合、注重科学性和制度性相融合、坚持理论性和实践性相结合、坚持长期性和动态性相嵌合"的建构原则和"立德树人、'三全育人'、以学生为本、协同联动、精准施教"的指导理念，需要"整合高校思想政治理论课协同育人的多维要素、组建高校思想政治理论课协同育人的多元队伍、搭建高校思想政治理论课协同育人的聚合平台、构建高校思想政治理论课协同育人的联动场域、创建高校思想政治理论课协同育人的保障机制"，这相较于既有研究是一大亮点。

最后，从理论深化的视角加以审视，本书恰当运用了历史合力论分析新时代高校思想政治理论课协同育人这一具有时代性、前沿性的重大课题，展现了历史合力论的生命力，实现了历史合力论的赓续传承与创新发展，丰厚了高校思想政治理论课协同育人的理论土壤。从微观、中观、宏观三个层面深入探讨了历史合力论视域下高校思想政治理论课协同育人的价值意蕴。

高校思想政治理论课是社会实践的产物，高校思想政治理论课协同育人也是常论常新的研究议题。因此，高校思想政治理论课协同育人的研究要不断发现新问题、解决新矛盾、呈现新面貌，积极回应不同时代课题对高校思想政治理论课协同育人提出的新要求，这既是历史合力论视域下高校思想政治理论课协同育人建构路径研究的发展性与动态性的展现，也是未来研究必须考虑的重点问题。

本书由曹银忠负责撰写大纲，确定研究思路、拟定写作格式和具体要求，并与黄晓利共同负责全书的修改、统稿和最终定稿工作，各章撰写人具体分工如下：导论，曹银忠、汪东瑶；第一章，刘晓琳、黄晓利；第二章，马静音、曹银忠；第三章，张咪、魏佳红；第四章，闫兴昌、李栓栓；第五章，覃优军、黄晓利。覃优军和马静音两位同志为本书的校对工作付出了大量时间和精力。

感谢人民出版社陈晓燕女士为本书编辑和出版工作所付出的辛勤劳动。

本书在写作过程中参阅了大量文献资料,因篇幅所限未能详尽列出,在此深表谢忱!尽管我们做了很多努力,但是限于我们的研究水平和知识结构,本书难免会有一些瑕疵和疏漏之处,恳请各位专家学者和广大读者提出宝贵的批评意见和建议!

曹银忠

2022 年 10 月 25 日于成都成电花园

责任编辑：陈晓燕

封面设计：九五装帧设计

图书在版编目(CIP)数据

历史合力论视域下高校思想政治理论课协同育人的建构路径研究 / 曹银忠等著 . -- 北京 ：人民出版社，2025. 3 (2025. 7 重印). -- ISBN 978－7－01－026665－7

Ⅰ．G641

中国国家版本馆 CIP 数据核字第 2024250UA9 号

历史合力论视域下高校思想政治理论课协同育人的建构路径研究

LISHI HELILUN SHIYU XIA GAOXIAO SIXIANG ZHENGZHI LILUN KE XIETONG
YUREN DE JIANGOU LUJING YANJIU

曹银忠　黄晓利
覃优军　马静音　等著

人民出版社 出版发行

（100706　北京市东城区隆福寺街 99 号）

北京建宏印刷有限公司印刷　新华书店经销

2025 年 3 月第 1 版　2025 年 7 月北京第 2 次印刷
开本：710 毫米×1000 毫米 1/16　印张：17.5
字数：268 千字

ISBN 978－7－01－026665－7　定价：58. 00 元

邮购地址 100706　北京市东城区隆福寺街 99 号
人民东方图书销售中心　电话 （010）65250042　65289539

版权所有·侵权必究
凡购买本社图书,如有印制质量问题,我社负责调换。
服务电话:(010)65250042

2020年度教育部人文社科研究规划基金项目
"历史合力论视域下高校思想政治理论课协同育人的建构路径研究"
（项目批准号20YJA710001）结项成果
电子科技大学马克思主义学院学术出版基金资助出版